पंचायत में महिलाएँ
चुनौतियाँ और संभावनाएँ

लोकोपयोगी सामाजिक विज्ञान

पंचायत में महिलाएँ
चुनौतियाँ और संभावनाएँ

महीपाल

nbt.india
एकः सूते सकलम्
राष्ट्रीय पुस्तक न्यास, भारत
NATIONAL BOOK TRUST, INDIA

ISBN 978-81-237-7968-3

पहला संस्करण : 2017
दूसरी आवृत्ति : 2019 *(शक 1941)*

Panchayat Mein Mahilayen :
Chunotiyaan or Sambhavnayen *(Hindi Original)*

₹ 210.00

निदेशक, राष्ट्रीय पुस्तक न्यास, भारत
नेहरू भवन, 5 इंस्टीट्यूशनल एरिया, फेज-II
वसंत कुंज, नई दिल्ली-110070 द्वारा प्रकाशित
Website: www.nbtindia.gov.in

"अगर घर के किसी कोने में गड़ा खजाना अचानक मिल जाए तो कितनी खुशी होगी। महिला शक्ति सुस्त पड़ी है, अगर एशिया की महिलाएँ जाग जाएँ तो वे इसी प्रकार विश्व को चकाचौंध कर देंगी।"

–महात्मा गाँधी

"समाज में स्त्री का बड़ा महत्त्व है, जिस घर-परिवार में स्त्री शिक्षित एवं प्रशिक्षित हो, उनके बच्चे सदा ही उन्नति के पथ पर अग्रसर रहते हैं। वह सुंदर परिवार की निर्मात्री है, जब तक हमारे आंदोलनों में महिलाएँ भी भरपूर हिस्सा नहीं लेंगी, तब तक हमारा आंदोलन कभी सफल नहीं हो सकता।"

–डॉ. भीम राव अंबेडकर

विषय-सूची

भूमिका

भारत में पंचायतों की परंपरा तो बहुत पुरानी है, लेकिन इनमें महिलाओं की भागीदारी की परंपरा आजादी के बाद की ही है। पंचायतों में ही नहीं, महिलाओं को सामाजिक व धार्मिक रीति-रिवाजों के बंधनों के शिकंजे में ऐसा कस दिया गया है कि वे सामाजिक जीवन में भाग ही न ले सकें। स्वतंत्रता प्राप्ति के बाद बलवंत राय मेहता समिति की रिपोर्ट के बाद लोकतांत्रिक पंचायती राज व्यवस्था की शुरुआत हुई। उससे पहले पंचायतें अलोकतांत्रिक थीं। इस रिपोर्ट ने महिलाओं को पंचायतों में आरक्षण की सिफारिश दी थी यह कहकर कि यदि महिलाएँ स्वतंत्र रूप से चुनकर नहीं आती हैं, तो दो महिलाओं का पंचायतों में 'नोमीनेशन' किया जाए। अशोक मेहता समिति की रिपोर्ट ने भी महिलाओं की भागीदारी की कोई खास सिफारिश नहीं की। हाँ, कुछ राज्यों के पंचायती राज अधिनियमों में महिलाओं के लिए एक या दो सीटों के आरक्षण की बात कही गई थी। लेकिन ज्यों-ज्यों समय बीतता गया, महिला आंदोलनों ने महिलाओं की देश में शासन, प्रशासन, योजना व विकास में भागीदारी की पुरजोर माँग की। 'वीमेन परसपेक्टिव प्लान' में सिफारिश की गई कि महिलाओं के पंचायतों में 30 प्रतिशत पद आरक्षित किए जाएँ। इस 'प्लान' की सिफारिशें, विभिन्न महिला मंचों, संस्थाओं और इस क्षेत्र में कार्यरत बुद्धि-जीवियों व महिला आंदोलनों के प्रयास का ही प्रतिफल है कि 73वें संविधान संशोधन में महिलाओं को सदस्य व अध्यक्ष पदों का आरक्षण प्राप्त हुआ जिसके कारण लगभग 2.5 लाख ग्राम पंचायत, 5000 से अधिक पंचायत समितियों व 500 से अधिक जिला पंचायतों में विभिन्न वर्गों की लगभग 11 लाख महिलाएँ चुनकर आई हैं। इस प्रावधान ने महिलाओं की दबी ऊर्जा को उजागर किया है। शुरू में संदेह किया जा रहा था कि इतनी महिलाएँ कहाँ से ढूँढ़ी जाएँगी। लेकिन

यह संदेह निराधार साबित हुआ, क्योंकि पंचायतों में महिलाएँ कुछ राज्यों में तो एक-तिहाई से ज्यादा चुनकर आईं।

प्रस्तुत पुस्तक को तीन भागों में विभक्त किया गया है। प्रथम भाग में महिलाएँ एवं पंचायत की ऐतिहासिक पृष्ठभूमि, 73वें संविधान संशोधन व विस्तार अधिनियम की मुख्य विशेषताओं पर प्रकाश डाला है।

पंचायतों को 73वें संविधान संशोधन के बाद कार्य करते हुए 2 दशक से अधिक समय बीत चुका है। इस समय के दौरान पंचायतों में कार्यरत महिलाओं का अध्ययन बताता है कि उनकी अनेक सामाजिक, आर्थिक, राजनीतिक चुनौतियाँ हैं, जिनके कारण वे प्रभावी ढंग से अपनी भूमिका निभा नहीं पाईं। देश के उत्तरी राज्यों में तो प्रधान पति या सरपंच पति तक नया पद ही सृजित हो गया है। स्त्री स्वयं चुनाव न लड़कर किसी राजनेता या गाँव के असरदार व्यक्ति या परिवार की माँ, बहन, बहू के रूप में चुनाव लड़ती। इन सबके अलावा पंचायतों को स्वयं भी वांछित अधिकार व शक्तियाँ प्रदान नहीं की गई हैं। यही वजह है कि पंचायतें स्वयं में ही स्वायत्त शासन की संस्थाओं के रूप में उभरकर नहीं आईं, जिसके कारण महिलाएँ उनमें स्वतंत्र रूप से कार्य भी नहीं कर पाईं। इन चुनौतियों के बावजूद महिलाओं के आर्थिक विकास के लिए केंद्र सरकार व राज्य सरकारों द्वारा चलाए गए विभिन्न कार्यक्रम, केंद्र सरकार, राज्य सरकारों व स्वयंसेवी संस्थाओं द्वारा चलाए गए अनेक प्रशिक्षण एवं क्षमतावर्धन कार्यक्रमों के अच्छे परिणाम सामने आए हैं। महिला पंचों व सरपंचों की मुखरता के अनेक उदाहरण हैं जिनका सकारात्मक प्रभाव कम मुखर महिलाओं पर पड़ रहा है। इसके अतिरिक्त संसद एवं विधानसभाओं में महिला आरक्षण विधेयक व महिलाओं के लिए सरकार द्वारा घोषित महिला राष्ट्रीय नीति आदि प्रयास यह ढाढ़स बँधाते हैं कि महिलाएँ अपने दायित्वों का निष्पादन प्रभावी ढंग से कर पाएँगी। पंचायत क्षेत्र में सारगर्भित पुस्तकों का अभाव है। लेकिन यदि हम पंचायत एवं महिला विषय पर देखें तो हिंदी में शायद ही कोई पुस्तक उपलब्ध हो।

प्रस्तुत पुस्तक में पंचायत में कार्यरत महिलाओं की विभिन्न चुनौतियों का अध्ययन करने के साथ यह बताने का प्रयास किया गया है कि इन संस्थाओं में महिलाओं की भागीदारी प्रभावी बनाने की अनेक संभावनाएँ हैं। अतएव, यह पुस्तक प्रशिक्षकों, शोधकर्ताओं, अध्यापकों, विद्यार्थियों, पंचायत प्रतिनिधियों व ऐच्छिक संस्थाओं में कार्यरत व्यक्तियों तथा सामान्य जन के लिए उपयोगी

सिद्ध होगी। पुस्तक सरल भाषा-शैली में लिखी गई है और हम आशा करते हैं कि सभी को पसंद आएगी तथा पंचायतों में महिलाओं की भागीदारी को प्रभावी बनाने के लिए सहायक सिद्ध होगी।

अंत में लेखक राष्ट्रीय पुस्तक न्यास के सहायक संपादक पंकज चतुर्वेदी का आभार प्रकट करता है, जिन्होंने पुस्तक को अविलंब रुचि लेकर प्रकाशित किया। लेखक डॉ. कमलेश कुमारी संपादकीय सहायक का भी आभार प्रस्तुत करता है।

नई दिल्ली **—महीपाल**

2016

भाग-1

ऐतिहासिक संदर्भ एवं पंचायत अधिनियम

इस भाग में महिलाओं की पंचायतों में भागीदारी को ऐतिहासिक पृष्ठभूमि में अध्ययन करने के साथ-साथ 73वें संविधान संशोधन एवं विस्तार विधेयक की मुख्य्य विषेशताओं पर प्रकाश डाला है।

1

महिलाएँ व पंचायत : ऐतिहासिक पृष्ठभूमि

प्रस्तावना

इस अध्याय में महिलाओं व पंचायतों की ऐतिहासिक पृष्ठभूमि पर प्रकाश डाला गया है। इसमें परंपरागत पंचायतों में महिलाओं की भूमिका और वैदिकहीन पंचायतों में महिलाओं की स्थिति का विश्लेषण किया गया है। ब्रिटिश काल, विशेषकर 1882 के बाद पंचायतों में महिलाओं की भागीदारी के मुद्दे पर तत्कालीन सरकार की सोच का ब्योरा भी यहाँ प्रस्तुत है।

स्वतंत्रता प्राप्ति के बाद पंचायतों को सुदृढ़ बनाने तथा उनमें महिलाओं की सक्रियता बढ़ाने का लेखा-जोखा देने के साथ-साथ 73वें संविधान संशोधन से पहले विभिन्न राज्यों की पंचायतों में महिलाओं की स्थिति का आकलन भी इसमें किया गया है।

महिलाएँ, पंचायती राज व्यवस्था : ऐतिहासिक परिप्रेक्ष्य

भारत में महिलाएँ सामाजिक परिवर्तन के विभिन्न दौर से गुजरी हैं। जाति-व्यवस्था व लिंग-भेद ने उन्हें समाज के साथ सार्थक संवाद स्थापित करने व अपने आपको अभिव्यक्त करने के समुचित अवसर प्रदान नहीं किए। सुदूर अतीत में जरूर कुछ ऐसे उदाहरण मिलते हैं, जिनसे ज्ञात होता है कि महिलाओं को पुरुषों के बराबर अधिकार प्राप्त थे। उपलब्ध प्रमाण बताते हैं कि ऋषि-मुनि भी अपनी पत्नियों को पर्याप्त स्वतंत्रता देते थे। लड़कियों को अपनी इच्छा से विवाह करने

का अधिकार था। लेकिन मनु के समय में महिलाओं की सामाजिक स्थिति में घोर गिरावट आई। पुरुषों के समान बराबरी के अधिकार उनसे छीन लिए गए, उनका कार्यक्षेत्र सीमित कर दिया गया और सिर्फ कर्तव्य उनके सिर मढ़ दिए गए। उनको दोयम दर्जे का नागरिक समझा जाने लगा। पुरुषों से अलग स्त्रियों की अपनी कोई पहचान न रही। पुरुषों को उन्हें प्रताड़ित करने, पीटने का मानो विधि सम्मत अधिकार मिल गया। अतीत में भारत में पंचायतें थीं, इसके अनेक प्रमाण मिलते हैं। लेकिन इनमें महिलाओं की भागीदारी भी थ्री—इसके प्रमाण नहीं मिलते। तत्कालीन पंचायतों के सदस्यों के लिए जो अर्हताएँ निर्धारित की गई थीं, महिलाएँ उनकी परिधि में नहीं आती थीं। डॉ वी.पी. वैश्य के अनुसार, उत्तर भारत में वही व्यक्ति पंचायत में चुना जा सकता था, जिसके पास कर देने योग्य यानी बेली की एक-चौथाई भूमि हो (बेली 6.35 एकड़ के बराबर होती थी), उसके पास अपना मकान हो, वह 'मात्र ब्राह्मण' जानता हो तथा उसकी शिक्षा देने योग्य हो। अगर उसके पास बेली की एक बटा आठ भूमि हो तो उसे एक वेद व चार भाषाओं में से एक को जानना आवश्यक था। साथ ही उसे दूसरे को बताने में भी उसका ज्ञान परिपक्व होना अपेक्षित था। वह व्यवसाय करना जानता हो तथा यह भी कि उसने अपना धन ईमानदारी से कमाया हो।

इन योग्यताओं के आधार पर महिलाएँ चुनाव के योग्य हो ही नहीं सकती थीं। न उनके पास भूमि थी, न उनको शिक्षा ग्रहण करने का अधिकार था, आर्थिक गतिविधियों में संलग्न होना तो बहुत दूर की बात थी। लेकिन जॉन मथाई ने अपनी पुस्तक 'विलेज गवर्नमेंट इन ब्रिटिश इंडिया' में बताया है। विभिन्न ग्रामीण समितियों के गठन में महिलाओं को सदस्य बनने की मनाही नहीं थी। पंडित जवाहरलाल नेहरू ने अपनी पुस्तक 'भारत की खोज' में भी इस तरह का इशारा करते हुए लिखा है कि ग्रामीण समितियाँ एक वर्ष के लिए गठित होती थीं और महिलाएँ भी ऐसी समितियों की सदस्य हो सकती थीं। इन दो संदर्भों से यह तो ज्ञात होता है कि महिलाएँ भी ग्रामीण समितियों की सदस्या बन सकती थीं, लेकिन ऐसा प्रावधान यदि था भी तो उसका प्रचलन नहीं था। महिलाओं की जीवनशैली इस तरह से होती थी कि वे किसी समिति की सदस्य नहीं हो सकती थीं। इन समितियों को अनेक सार्वजनिक सामाजिक उत्तरदायित्वों का निर्वाह करना पड़ता था, इसलिए महिलाएँ इनसे संबद्ध नहीं हो पाती थीं। मुगलों ने अपने शासनकाल में स्थानीय प्रशासनिक व्यवस्था से कोई छेड़छाड़ नहीं की।

उनका ऐसा कोई उद्देश्य भी नहीं था कि वे महिलाओं की भागीदारी सुनिश्चित करें। मुगलकाल में महिलाएँ और भी पिछड़ीं। उनकी भूमिका अधिक सिकुड़ गईं। सामाजिक, राजनीतिक व आर्थिक गतिविधियों में भाग लेने की बजाय उन्हें घूँघट में बंद करके घर की चारदीवारी तक ही सीमित कर दिया गया। ब्रिटिश काल के दौरान पंचायतों के विकास की दिशा में अनेक कदम उठाए गए, जैसे—14 दिसंबर, 1870 को सत्ता के विकेंद्रीकरण और स्वायत्त शासन के गठन का प्रस्ताव, 18 मई 1882 को लॉर्ड रिपन का स्वायत्त शासन की इकाई का प्रस्ताव, 1907 में चार्ल्स हाब हाउस की अध्यक्षता में शाही विकेंद्रीकरण आयोग का गठन तथा ऐसे ही अन्य कदम। लेकिन इन प्रयासों में महिलाओं की भागीदारी सुनिश्चित करने की दिशा में कोई कार्रवाई नहीं की गई।

राष्ट्रीय स्तर पर महात्मा गाँधी के आगमन से पहले जितने भी सुधारवादी आंदोलन चले, उनका बल महिलाओं को उचित स्थान व सम्मान दिलाने पर था, लेकिन महिलाओं को स्थानीय, राज्य व केंद्र स्तर पर निर्णय लेने की प्रक्रिया में भागीदारी मिले, इसके लिए कोई खास प्रयोग नहीं हुए। महात्मा गाँधी ने पहली बार स्वतंत्रता आंदोलन को महिलाओं की मुक्ति से जोड़ा। 1925 में उन्होंने कहा था, "जब तक भारत की महिलाएँ सार्वजनिक जीवन में भाग नहीं लेंगी, तब तक इस देश को मुक्ति नहीं मिल सकती। . . .मेरे लिए ऐसे स्वराज का कोई अर्थ नहीं है, जिसको प्राप्त करने में महिलाओं ने अपना भरपूर योगदान न किया हो।" गाँधीजी की पहल पर पहली बार महिलाएँ बड़े पैमाने पर सार्वजनिक जीवन में सक्रिय हुईं। उन्होंने अपने अस्तित्व की सार्थकता प्रमाणित की। यह भी सिद्ध किया कि भारत के पिछड़ेपन का एक कारण उनकी उपेक्षा भी है।

पंचायतों व उनमें महिलाओं की भागीदारी के बारे में संविधान सभा का उल्लेख करना आवश्यक है। पहले तो पंचायतों को संविधान का अंग ही नहीं बनाया जा रहा था, क्योंकि डॉ. भीमराव अंबेडकर ने गाँवों को स्थानीय कूप, अज्ञान, संकीर्णता व सांप्रदायिकता की गुफा बताकर पंचायतों का विरोध किया था। लेकिन गाँधीजी के प्रभाव व अन्य दबावों के कारण अंततः पंचायतें संविधान का अंग बनीं। फिर भी पंचायतों में महिलाओं की भागीदारी सुनिश्चित हो, इसके बारे में कोई चर्चा नहीं हुई। संविधान सभा में पंचायतों की बात तो दूर, विधान मंडल व संसद में भी महिलाओं की भागीदारी सुनिश्चित करने की बात चली तो उसे भी समता, लिंग व भेदभाव के विपरीत बताकर रद्द कर दिया।

स्वतंत्र भारत में पंचायती राज व्यवस्था एवं महिलाओं की भागीदारी

15 अगस्त, 1947 को भारत स्वतंत्र हुआ तथा 26 जनवरी, 1950 को नया संविधान बनकर वह गणतंत्र राज्य बना। लेकिन स्वतंत्रता मिलने के बाद भी पंचायतों के विकास व उनमें महिलाओं की भागीदारी सुनिश्चित करने के लिए कोई खास प्रयास नहीं किए गए। पंचायतें गठित करने के बजाय केंद्र सरकार ने सामुदायिक योजना कार्यक्रम व राष्ट्रीय विस्तार कार्यक्रम चलाए। स्थानीय पहलकदमी को राष्ट्रीय विकास में भागीदार बनाने के लिए तदर्थ समितियाँ, जिनके अधिकांश मनोनीत सदस्य अधिकारी ही थे, जरूर गठित की गईं, लेकिन इनमें नौकरशाही का ही बोलबाला था। परिणामस्वरूप ये समितियाँ जनता की भागीदारी सुनिश्चित नहीं कर पाईं, क्योंकि स्थानीय ऊर्जा व पहलकदमी को विकास प्रक्रिया में तभी समाहित किया जा सकता है, जब स्थानीय संस्थाएँ सभी वर्गों व समाजों का प्रतिनिधित्व करती हों।

इसी पहलू को ध्यान में रखते हुए केंद्र सरकार ने सामुदायिक परियोजनाओं के लिए बलवंत राय मेहता की अध्यक्षता में एक अध्ययन समिति गठित की। इस समिति ने 24 नवंबर, 1957 को अपनी रिपोर्ट सरकार को सौंप दी। बलवंत राय मेहता समिति ने महिलाओं की भागीदारी सुनिश्चित करने के उद्देश्य से पंचायतों के तीनों स्तरों पर दो महिला सदस्यों को मनोनीत करने का सुझाव दिया। समिति ने यह भी सुझाया कि इन दो महिलाओं का चयन करते समय यह देखना अनिवार्य है कि इनकी महिला एवं बाल कल्याण में रुचि हो।

महिलाओं की पंचायतों में भागीदारी सुनिश्चित करने का यह पहला प्रयास था लेकिन अफसोस कि इन महिलाओं को निर्वाचित सदस्यों के रूप में नहीं लिया जाना था।

समिति की सिफारिशों का क्रियान्वयन

12 जनवरी, 1958 को राष्ट्रीय विकास परिषद् की बैठक में बलवंत राय मेहता समिति की सिफारिशों को स्वीकार कर लिया गया। उसके बाद विभिन्न राज्यों ने अपने-अपने पंचायती राज अधिनियम बनाए और लगभग सभी राज्यों ने अपने अधिनियमों में महिलाओं की सदस्यता का प्रावधान किया।

यहाँ पर संक्षेप में विभिन्न राज्यों में प्रावधानों का उल्लेख करना भी प्रासंगिक होगा। आंध्र प्रदेश में आरक्षण का प्रावधान था। असम में ग्राम पंचायत स्तर पर एक महिला के सहयोजन का प्रावधान था। बिहार में पंचायत समिति स्तर पर 2

व जिला स्तर पर 3 महिलाओं के आरक्षण का प्रावधान था। गुजरात में पंचायत के तीनों स्तरों पर महिलाओं के आरक्षण का प्रावधान था। जम्मू व कश्मीर में जिला बोर्ड में एक महिला को मनोनीत करने का प्रावधान था। केरल में एकस्तरीय पंचायती राज व्यवस्था ही थी, जिसमें एक महिला को मनोनीत करने का प्रावधान था। मध्य प्रदेश में ग्राम व जनपद स्तर पर दो-दो महिलाओं को मनोनीत करने व जिला स्तर पर एक महिला को सदस्य बनाने का प्रावधान था। तमिलनाडु में ग्राम स्तर पर एक महिला व पंचायत यूनियन स्तर पर तीन महिलाओं को सदस्य बनाने का प्रावधान था। इसी प्रकार राजस्थान में दो महिलाओं को व उड़ीसा में एक महिला को सदस्य बनाने का प्रावधान था। पश्चिम बंगाल में प्रावधान तो था, लेकिन कितना था इसका उल्लेख नहीं किया गया था। केंद्र शासित प्रदेश जैसे दिल्ली में भी महिला-भागीदारी का प्रावधान अधिनियम में था।

यह बड़े आश्चर्य की बात है कि उत्तर प्रदेश ही अकेला राज्य था, जिसने मेहता समिति की त्रिस्तरीय पंचायती राज व्यवस्था की सिफारिश मानी, लेकिन अन्य राज्यों की तरह महिलाओं के सहयोजन की सिफारिश को नहीं माना। दूसरे, पंचायतों में सदस्यों के रूप में जो महिलाएँ सहयोजित हुई हैं, वे ग्रामीण अभिजात्य वर्ग की ही थीं, क्योंकि समिति ने अनुसूचित जाति की महिलाओं को पंचायतों में लेने की कोई सिफारिश नहीं की थी।

लेकिन अभिजात वर्ग की इन महिलाओं की भागीदारी भी बहुत दिनों तक कायम नहीं रह सकी, क्योंकि शुरुआती उत्साह के बाद अनेक राज्यों में पंचायतों के चुनाव ही नहीं हो पाए और शक्ति व अधिकार के नाम पर उन्हें अँगूठा दिखा दिया गया। इस प्रकार पंचायतें मरणासन्न अवस्था में पहुँच गईं, जिसके परिणामस्वरूप महिलाएँ स्थानीय स्वशासन में भागीदारी से वंचित हो गईं।

जी.एल. राय व सागर मंडल की पुस्तक *'ग्राम पंचायत ऑर्गेनाइजेशन : इफेक्टिव मैनेजमेंट फॉर रूरल डेवलपमेंट'* में पश्चिम बंगाल में 1968-69 के दौरान महिलाओं की पंचायतों में स्थिति को प्रस्तुत किया गया है। इसके अनुसार जिला परिषद् की कुल 675 सीटों में महिलाओं की संख्या 32 थी। वर्द्धमान, जलपाईगुड़ी व प्रेसीडेंसी—इन तीन डिवीजनों में मध्य स्तर अर्थात् अंचल पंचायत में कुल 217,050 सीटों में से महिलाओं की संख्या 185 तथा ग्राम पंचायत स्तर पर कुल 217,050 सीटों में से महिलाओं की संख्या 469 थी। इस प्रकार हम देखते हैं कि महिलाओं की जिला स्तर पर भागीदारी 4

प्रतिशत, मध्य स्तर पर 0.18 प्रतिशत व ग्राम पंचायत स्तर पर 0.21 प्रतिशत थी, जिसे नगण्य ही कहा जाएगा।

अन्य प्रयास

1971 में 'भारत में महिलाओं की स्थिति' पर भारत सरकार ने एक समिति गठित की। इसने 'समानता की ओर' शीर्षक से अपनी रिपोर्ट दिसंबर 1974 को प्रस्तुत की थी। इस समिति ने महिलाओं की राजनीतिक स्थिति का उल्लेख करते हुए कहा था कि वैसे तो महिलाओं की राजनीतिक भागीदारी बढ़ी है, लेकिन उनके राजनीतिक रूप से निरक्षर होने तथा राजनीतिक पार्टियों व महिला संगठनों की उदासीनता के कारण वे अपनी रोजमर्रा की समस्याओं के संदर्भ में राजनीतिक प्रक्रिया पर कोई खास दबाव नहीं बना सकीं। महिलाओं को निर्णय प्रक्रिया में भागीदार बनाने के लिए यह जरूरी है कि उनकी सामाजिक बाधाओं पर दृष्टिपात किया जाए। समिति ने यह भी कहा है कि महिलाओं को स्थानीय संस्थाओं में विशेष अवसर प्रदान करके और उनका प्रतिनिधित्व बढ़ाकर इन बाधाओं को दूर किया जा सकता है। समिति के अनुसार दो महिलाओं को मनोनीत करने का प्रावधान मात्र 'टोकनिज्म' था। इसलिए अगर अलग से कोई महिला पंचायत होगी तो इन रुकावटों को दूर कर महिलाएँ अपनी भागीदारी सुनिश्चित कर सकती हैं। समिति के शब्दों में–

> "इसलिए हम लोग कानूनी तौर पर ग्राम स्तर पर महिला पंचायतों की स्थापना की सिफारिश करते हैं, ताकि राजनीतिक प्रक्रिया में महिलाओं की ज्यादा-से-ज्यादा भागीदारी सुनिश्चित हो सके। ये संस्थाएँ ग्राम पंचायतों की समानांतर संस्थाएँ नहीं होंगी। इन्हें पंचायती राज संरचना का एक अभिन्न अंग होना होगा, जिसकी अपनी स्वायत्तता होगी और जिसके संसाधन भी अपने होंगे ताकि महिलाओं और बच्चों के लिए चलाए जाने वाले कल्याण और विकास कार्यक्रमों के प्रबंधन और प्रशासन का काम भी खुद महिलाएँ ही करें। हम इसकी सिफारिश इसलिए कर रहे हैं, ताकि ग्रामीण समाज में जो परंपरागत व्यवहार चला आ रहा है, उसे तोड़ने की दिशा में यह एक संक्रमणकालीन उपाय की भूमिका निभा सके। अभी तक यह परंपरा रही है कि स्थानीय निकायों में अधिकांश महिलाएँ न तो अपनी समस्याओं पर बातचीत कर पाती हैं और न इनमें सक्रिय रूप से भाग ले पाती हैं। अगर केवल महिलाओं का ही कोई संगठन होगा तो वह

इन कठिनाइयों को दूर कर देगा। साथ ही ज्यादा से ज्यादा महिलाओं को अपने कामकाज के संचालन का अनुभव प्राप्त करने और अपने काम में आत्मविश्वास पैदा करने का अवसर प्रदान करेगा। हमारी धारणा है कि इस वैधानिक स्थिति का ग्रामीण समाज में महिलाओं की सामान्य स्थिति पर सीधा प्रभाव पड़ेगा और उन्हें जो अनुभव प्राप्त होंगे तथा उनके अंदर उत्तरदायित्व की जो भावना पैदा होगी उसमें उम्मीद है कि राजनीतिक प्रक्रिया में ज्यादा से ज्यादा हिस्सा लेने के संदर्भ में महिलाओं की इच्छा और क्षमता में भी वृद्धि होगी। अंत में इस तरह के वैधानिक निकायों के अस्तित्व को विभिन्न सरकारी सेवाओं और कार्यक्रमों को कार्यान्वयन के स्तर पर मदद मिलेगी और बेहतर समन्वय स्थापित होगा।''

समिति ने यह भी सुझाव दिया था कि पंचायतों में महिलाएँ प्रत्यक्ष रूप से चुनकर आएँगी तथा ग्राम पंचायत स्तर पर चुनी गई महिलाएँ ही अपने में से पंचायत समिति व जिला परिषद् स्तर पर अपना प्रतिनिधि नियुक्त करेंगी।

इन सिफारिशों को ध्यान में रखकर महाराष्ट्र व आंध्र प्रदेश में कुछ स्थानों पर महिला पंचायतों का गठन किया। अन्य राज्यों ने इन सिफारिशों को ठंडे बस्ते में डाल दिया। इतना ही नहीं, इन सिफारिशों को लागू करने के बजाय राज्य स्तर के राजनेताओं ने इनके विरुद्ध वातावरण तैयार किया। उन्होंने तर्क दिया कि यदि वह सिफारिशें लागू होंगी तो महिलाओं को इनसे कोई लाभ नहीं होगा, क्योंकि ऐसा करने से वे मुख्यधारा से अलग हो जाएँगी, जबकि वास्तव में ऐसा नहीं है। बाद में विभिन्न राज्यों में महिला पंचायतें गठित हुईं और इसके बावजूद वे मुख्यधारा में बनी रहीं। बल्कि उन्होंने तो वह कार्य कर दिखागा जो पुरुषों से संभव नहीं हआ। लेकिन यह सब पुरुष मानसिकता का ही परिणाम है क्योंकि वे नहीं चाहते थे कि उनके किले पर किसी और का झंडा फहराए। बहरहाल, महिलाओं की भागीदारी में कोई विशेष वृद्धि नहीं हुई।

अशोक मेहता समिति की रिपोर्ट

बलवंत राय मेहता समिति की रिपोर्ट के दो दशक बाद अशोक मेहता की अध्यक्षता में 1977 में पंचायती राज समिति का गठन हुआ, जिसने अपनी रिपोर्ट अगस्त 1978 में प्रस्तुत की। इस समिति ने पंचायती राज व्यवस्था का मूल्यांकन किया और इस व्यवस्था को सुदृढ़ बनाने के अनेक सुझाव दिए। महिलाओं की भागीदारी बढ़ाने के लिए जिला परिषद् व मंडल पंचायत स्तर पर चुनाव में अधिकतम मत

प्राप्त करने वाली दो महिलाओं को सदस्य बनाने की सिफारिशें भी इस समिति ने की थी। साथ ही यह प्रावधान भी किया कि यदि कोई भी महिला चुनाव नहीं लड़ती तो दो महिलाओं का सहयोजन किया जाएगा।

यहाँ यह उल्लेख करना प्रासंगिक है कि इस समिति ने दो स्तरीय अर्थात् जिला व मंडल स्तर पर पंचायती राज की सिफारिश की थी। लेकिन समिति ने पंचायत समिति व ग्राम समिति गठित करने का सुझाव जरूर दिया था। पंचायत समिति की सलाहकार समिति ही थी। लेकिन अशोक मेहता समिति ने इन दोनों समितियों में महिलाओं की भागीदारी की सिफारिश नहीं की थी। इसके अलावा पंचायतों का कार्य प्रभावशाली व सुचारू रूप से चलाने के लिए समिति प्रणाली अपनाने का सुझाव भी दिया था। लेकिन अफसोस की बात है कि सुझाई गई समितियों में महिला व बाल विकास समिति के गठन की सिफारिश नहीं की गई, जो कि महिलाओं व बंच्चों के विकास के मुद्दों का भलीभाँति अध्ययन कर सके।

उपरोक्त के अलावा समिति ने पंचायतों को संविधान की नवीं अनुसूची में रखने के लिए संविधान (43वाँ) संशोधन विधेयक 1977 भी रिपोर्ट के साथ संलग्न किया था। इस विधेयक में वैसे तो पंचायती राज व्यवस्था को सुदृढ़ बनाने के लिए अनेक धाराएँ शामिल की गई थीं लेकिन महिलाओं की भागीदारी सुनिश्चित करने के लिए कोई प्रावधान नहीं किया था जबकि समिति ने अपने अवलोकन में यह कहा था कि पंचायती राज संस्थाओं की गतिविधियाँ नहीं के बराबर हैं, उनके आधार कमजोर हैं, उनके प्रति बहुत उपेक्षापूर्ण रवैया अपनाया गया है। अपने इस आकलन के बावजूद समिति ने समाज के आधे हिस्से अर्थात् महिलाओं को पंचायतों में भागीदार बनाने के लिए किसी कदम व प्रावधान की सिफारिश नहीं की, जबकि हम पहले अध्ययन कर चुके हैं कि 1974 में 'भारत में महिलाओं की स्थिति' पर गठित समिति ने महिलाओं की स्थानीय शासन में भागीदारी बढ़ाने के लिए ग्राम पंचायत से लेकर जिला स्तर तक महिला पंचायतें गठित करने का सुझाव राज्यों को दिया था, जिसका कोई खास प्रभाव नहीं हुआ। अगर अशोक मेहता समिति, भारत में महिलाओं की स्थिति की रिपोर्ट की सिफारिशों को अपनी रिपोर्ट में सम्मिलित कर लेती तो शायद महिलाओं की भागीदारी अब तक अधिक प्रभावशाली स्थिति में होती।

अशोक मेहता समिति के बाद 1986 में डॉ. लक्ष्मीमल सिंघवी की अध्यक्षता में फिर एक समिति पंचायती राज व्यवस्था को मजबूत बनाने में सुझाव देने के

लिए गठित हुई। इस समिति ने भी पंचायती राज व्यवस्था को सुदृढ़ बनाने के लिए अन्य अनेक कदम उठाने के साथ-साथ यह सुझाव भी दिया कि पंचायतों को संवैधानिक दर्जा दिया जाए। ऐसा किए बिना इनका विकास असंभव प्रतीत होता है। इस समिति ने अशोक मेहता समिति में अनुबंधित संशोधन विधेयक को अपनी रिपोर्ट में मात्र अनुबंधित ही किया और पंचायतों में महिलाओं को आरक्षण देकर उनकी भागीदारी सुनिश्चित करने के लिए कोई सुझाव नहीं दिया।

अशोक मेहता समिति की रिपोर्ट व 73वें संविधान संशोधन के दौरान दो राज्यों—कर्नाटक व केरल—में क्रमशः 1987 व 1990 में महिलाओं के लिए 25 व 30 प्रतिशत आरक्षण का प्रावधान किया गया जो महिलाओं की भागीदारी सुनिश्चित करने की दिशा में मील का पत्थर साबित हुआ। महिलाओं का आरक्षण पंचायतों में इन दोनों राज्यों के द्वारा किया जाना यहाँ के राजनीतिक नेताओं की राजनीतिक इच्छा का ही परिणाम है। काश, देश के अन्य राज्यों के नेताओं ने इन दो राज्यों के नेताओं की तरह राजनीतिक इच्छा व्यक्त की होती तो महिलाओं की सामाजिक, आर्थिक व राजनीतिक स्थिति में कहीं ज्यादा सुधार आया होता।

73वें संविधान संशोधन से पहले पंचायतों में महिलाओं की सहभागिता

1959 में बलवंत राय मेहता समिति की सिफारिशों को ध्यान में रखकर आंध्र प्रदेश में पंचायत समितियों और जिला परिषद् कानून तथा आंध्र प्रदेश ग्राम पंचायत कानून के जरिए नई पंचायती राज प्रणाली की नींव रखी गई है। इसमें पंचायतों के तीनों स्तरों पर दो-दो महिलाओं को सदस्य बनाए जाने का प्रावधान था। शिक्षा और समाज कल्याण से संबंधित कार्यों की स्थायी समितियों में अनुसूचित जाति से कम से कम एक महिला प्रतिनिधि को चुने जाने का भी प्रावधान था। इस व्यवस्था से महिलाओं को कोई वास्तविक राजनीतिक अधिकार प्राप्त नहीं हुआ था, क्योंकि न तो महिलाएँ ही पंचायतों में भाग लेने में रुचि रखती थीं और न पुरुष ही चाहते थे कि उनकी भागीदारी बढ़े।

1986 में पंचायती राज अधिनियम में संशोधन किया गया जो 15 जनवरी, 1987 को लागू हुआ। इस अधिनियम में महिलाओं के लिए निम्न प्रावधान था— जिले में अध्यक्ष के पदों के लिए कुछ प्रतिशत जिलाधीश एक क्रम से बारी-बारी निर्धारित नियमों के अनुसार महिलाओं के लिए आरक्षित रखेगा, जहाँ मंडल की कुल आबादी के मुकाबले महिलाओं का अनुपात सबसे ज्यादा होगा, अध्यक्ष पद

महिलाओं के लिए ही आरक्षित रखा जाएगा। ग्राम पंचायतों में महिलाओं की भागीदारी दो से चार तक थी, जो कुल सीटों का करीब 22 से 25 प्रतिशत था। मंडल प्रजा परिषदों और जिला प्रजापरिषदों के सदस्यों के लिए महिलाओं की भागीदारी नौ प्रतिशत थी तथा जिला परिषदों के अध्यक्षों के लिए भी 9 प्रतिशत आरक्षण का प्रावधान था।

इस प्रकार नया अधिनियम लागू होने के बाद 1987 के चुनावों में महिला ग्राम पंचायत सदस्यों की संख्या 44,127 थी, जो कुल सदस्यों की संख्या का 27 प्रतिशत थी।

कर्नाटक

कर्नाटक ने महिलाओं को पंचायती राज व्यवस्था में भागीदारी सुनिश्चित करने में अहम भूमिका निभाई है। यहाँ पर वैसे भी आमतौर से पुरुष व महिलाएँ पंचायती राज के बारे में जागरूक हैं। रामकृष्ण हेगड़े की सरकार ने महिलाओं को स्थानीय शासन में भागीदार बनाने में उल्लेखनीय भूमिका निभाई है। कर्नाटक पंचायत अधिनियम, 1983 के अनुसार यहाँ पर महिलाओं के लिए सभी स्तरों पर 25 प्रतिशत स्थान आरक्षित किए गए थे।

राज्य में पंचायतों के 1987 में हुए चुनावों के दौरान महिलाओं की भागीदारी इस प्रकार रही—मंडल पंचायत स्तर पर 25.61 प्रतिशत, जो न्यूनतम कोटे से अधिक थी। यहाँ यह बताना भी आवश्यक है कि किसी भी जनपद में महिलाओं का आरक्षण 25 प्रतिशत ही नहीं रहा अर्थात् सभी जनपदों में आरक्षण न्यूनतम से अधिक था। कुछ जनपद जैसे बीदर, उ. कन्नाडा व मैसूर में तो महिलाओं का प्रतिशत क्रमशः 28.57, 26.59 व 26.60 था। जिला परिषद् में राज्य में महिलाओं की भागीदारी 25.93 प्रतिशत थी, जो मंडल पंचायत से अधिक थी। यहाँ पर गुलबर्गा, मैसूर व मांड्या जिलों को छोड़कर सभी जिलों में महिलाओं का प्रतिशत 25 से अधिक था। कुछ जनपद, जैसे—बेलारी, बीदर व उ. कन्नाड़ा में सदस्यों का प्रतिशत क्रमशः 27.27, 27.58 व 26.31 था।

पश्चिम बंगाल

पश्चिम बंगाल में 1977 में वाम मोर्चे के सत्ता में आने के बाद पंचायतों व महिलाओं की स्थिति में सुधार आया है। साठ के दशक में महिलाओं का प्रतिनिधित्व नहीं के बराबर था, क्योंकि 1964-65 में ग्राम पंचायतों व अंचल पंचायतों में उनकी संख्या क्रमशः 97 व 27 ही थी।

1973 में पश्चिम बंगाल पंचायत अधिनियम के द्वारा पंचायतों को नए सिरे से पुनर्गठित किया गया, जिसके अंतर्गत पंचायतों का तीन स्तरीय ढाँचा खड़ा किया गया। इस अधिनियम के अनुसार पंचायतों के तीनों स्तरों पर दो-दो महिलाओं के लिए स्थान आरक्षित थे। इसमें यह भी प्रावधान था कि अगर अनुसूचित जाति व जनजाति की महिलाओं का प्रतिनिधित्व नहीं है तो इन वर्गों की दो महिलाओं को भी भागीदार बनाया जाएगा।

1992 में 73वाँ संविधान संशोधन अधिनियम बनने से पहले पश्चिम बंगाल में महिलाओं के लिए एक तिहाई आरक्षण का प्रावधान कर दिया गया था। यह आरक्षण सामान्य स्तर के अलावा अनुसूचित जाति व अनुसूचित जनजाति की महिलाओं के लिए भी था।

इस प्रावधान के बाद 1993 में पंचायतों के चुनाव हुए, जिनमें ग्राम पंचायत में कुल 610 सदस्यों में से 21,487 (35.2 प्रतिशत) महिलाएँ थीं। पंचायत समिति स्तर पर कुल 9,453 सदस्यों में से 3,182 (33.6 प्रतिशत) तथा जिला परिषद् स्तर पर कुल 656 सदस्यों में से 224 (34.1 प्रतिशत) महिलाएँ थीं। इस प्रकार हम देखते हैं कि महिलाओं की भागीदारी में 1964-65 की तुलना में कई गुना बढ़ोतरी हुई है। 1964-65 में जहाँ ग्राम पंचायत व अंचल पंचायतों में महिलाओं की संख्या क्रमशः 97 व 27 थी, वह 1973 में बढ़कर 21,487 व 3,182 हो गई थी।

लेकिन यहाँ महिलाओं की भागीदारी से संबंधित यह तथ्य जानना जरूरी है कि यहाँ पर तीनों स्तरों के अध्यक्ष पद के लिए आरक्षण नहीं प्रदान किया गया था। संविधान संशोधन में प्रावधान था कि जिन राज्यों में 73वाँ संविधान संशोधन अधिनियम बनने से पहले चुनाव हो गए हैं, वे अपना कार्यकाल पूरा कर सकते हैं। चूँकि यहाँ पंचायतों के चुनाव, अधिनियम बनने से पहले हो गए थे, इसलिए अध्यक्ष पद के लिए आरक्षण नहीं था। इस प्रकार यहाँ की सरकार ने महिलाओं को 5 वर्षों के लिए पंचायतों के तीनों स्तरों पर अध्यक्ष बनने से वंचित रखा।

गुजरात

यहाँ पर 73वें संविधान संशोधन से पहले ग्राम पंचायतों में महिलाओं के लिए दो सदस्यों के पद आरक्षित थे तथा अनुसूचित जाति व जनजाति की महिलाओं के लिए भी एक या एक से अधिक स्थान आरक्षित थे। पंचायत समिति स्तर पर बलवंत राय मेहता समिति ने दो उन महिलाओं के–जो महिलाओं व बच्चों

के विकास में रुचि रखती हैं - सहयोजन की सिफारिश की थी, लेकिन एक दिलचस्प बात जिला स्तर पर देखने को मिली कि जहाँ सहयोजन की बजाय दो स्थानों का आरक्षण चुनाव द्वारा किया गया। इस प्रकार हम देखते हैं कि आंध्र प्रदेश व कर्नाटक को छोड़कर अन्य राज्यों में 73वें संविधान संशोधन से पहले ऐसा प्रावधान नहीं था।

1989 में गुजरात पंचायत अधिनियम में संशोधन करके पंचायत के तीनों स्तरों पर महिलाओं की भागीदारी को बढ़ाया गया। ग्राम स्तर पर महिलाओं का आरक्षण दो से चार स्थानों पर कर दिया गया। पंचायत स्तर पर तीन से पाँच स्थानों का आरक्षण किया गया। उपलब्ध आँकड़ों के आधार पर 1985 में ग्राम पंचायत स्तर पर कुल 1,10,917 सदस्यों में से 24,962 (22.5 प्रतिशत) तथा तालुका पंचायत स्तर पर कुल 3,914 सदस्यों में से 446 (11.3 प्रतिशत) महिलाएँ थीं, जबकि इसी वर्ष अध्यक्षों की संख्या ग्राम पंचायत स्तर पर कुल 13,330 में मात्र 13 (0.09 प्रतिशत) ही थी। तालुका स्तर की स्थिति में कुछ सुधार था, क्योंकि यहाँ पर कुल 182 अध्यक्षों में से एक (0.54 प्रतिशत) महिला अध्यक्ष थीं। जिला पंचायत स्तर पर कुल 19 अध्यक्षों में से एक भी महिला नहीं थी।

हिमाचल प्रदेश

हिमाचल प्रदेश में महिलाओं की भागीदारी 73वें संविधान संशोधन से पहले नगण्य थी। इस राज्य में ग्राम पंचायत स्तर पर सदस्यों की संख्या के आधार पर आरक्षण का प्रावधान था अर्थात् यदि सदस्य 5 हैं तो महिलाओं के लिए एक स्थान आरक्षित था, यदि सदस्यों की संख्या 7 थी तो दो स्थान महिलाओं के लिए आरक्षित थे। उपलब्ध आँकड़ों के अनुसार 2,598 प्रधानों में से मात्र 5 महिलाएँ थीं तथा 76 पंचायत समितियों में से 2 के अध्यक्ष पद पर ही महिलाएँ पदासीन थीं।

बिहार

बिहार में पंचायती राज व्यवस्था अपने आप में मिसाल है। यहाँ पंचायती राज व्यवस्था की नींव 1961 में रखी गई थी, लेकिन ग्राम पंचायत, पंचायत समिति व जिला परिषद् के चुनाव क्रमशः 1978, 1979 व 1980 में जाकर संपन्न हुए। इस प्रकार पंचायत के चुनाव हुए लगभग 2 दशक हो गए हैं। यह अपने आप में रिकॉर्ड है। देश में अन्य कोई ऐसा राज्य नहीं है, जहाँ की पंचायतें इतनी लचर रही हों।

73वें संविधान संशोधन के बाद यहाँ पर चुनाव होने थे, लेकिन पिछड़े वर्ग के आरक्षण को लेकर विवाद बना हुआ है। इस समय मामला सर्वोच्च न्यायालय में है। अब पंचायतों के चुनाव सर्वोच्च न्यायलय के निर्णय पर अवलंबित हैं। अभी अप्रैल-मई में यहाँ पर पंचायतों के चुनाव संपन्न हुए हैं। लेकिन पंचायत के तीनों स्तरों पर अध्यक्ष पदों के लिए महिलाओं का आरक्षण नहीं है। उपलब्ध आँकड़ों के अनुसार 1978 में ग्राम पंचायतों के चुनावों में कुल 58,265 सदस्यों में से 11,653 महिलाएँ सहयोजित की गई थीं।

महाराष्ट्र

राज्य में मुंबई ग्राम पंचायत अधिनियम तथा जिला परिषद् व पंचायत समिति अधिनियम के द्वारा तीन स्तरीय पंचायती राज व्यवस्था का उदय हुआ। ग्राम पंचायत स्तर पर सात से पंद्रह सीटों में से दो पद महिलाओं के लिए आरक्षित थे। उपलब्ध आँकड़ों के आधार पर 1985 में इस स्तर पर कुल सदस्यों में से 21.3 प्रतिशत महिला आरक्षित थीं। लेकिन 1987 में पंचायतों में महिलाओं की भागीदारी में बड़ा सकारात्मक परिवर्तन हुआ। जब 30 प्रतिशत पद महिलाओं के लिए आरक्षित कर दिए गए। इसी दौरान पाँच ऐसी पंचायतें उभरकर आईं, जिनमें महिलाएँ ही सदस्य थीं।

पंचायत समिति स्तर पर भी आरक्षण का प्रावधान था लेकिन वह ग्राम पंचायत के बराबर नहीं था। यहाँ यह प्रावधान था कि जिन समितियों में महिलाओं का प्रतिनिधित्व नगण्य है, उनमें प्रतिनिधित्व बढ़ाया जाएँ जिला पंचायत स्तर पर प्रावधान यह था कि कुल सदस्यों में से कम से कम दो पद महिलाओं के लिए आरक्षित हों। इस प्रकार जिला परिषद् में सदस्यों की संख्या 50 से 75 थी, जहाँ पर दो महिलाओं की भागीदारी नहीं के बराबर थी। राज्य सरकार ने महिलाओं की भागीदारी बढ़ाने के लिए 1992 में हुए चुनावों में पंचायत के तीनों स्तरों पर महिलाओं की 30 प्रतिशत भागीदारी का प्रावधान कर दिया था। यह महिलाओं की स्थानीय स्तर पर निर्णय लेने की प्रक्रिया में प्रशंसनीय कदम था, जिसे अन्य राज्यों को भी लागू करना चाहिए था।

केरल

केरल में वैसे तो 1957 में पंचायती राज व्यवस्था की स्थापना की शुरुआत हुई

थी, लेकिन सरकारों के आते-जाते रहने के कारण सत्ता के विकेंद्रीकरण की प्रक्रिया में विभिन्न रुकावटें आती रहीं। 1979 में केरल जिला प्रशासन अधिनियम लागू हुआ, जिसके अनुसार जिला परिषद् स्तर पर दो महिलाओं के सदस्य के रूप में नामांकन की व्यवस्था थी। लेकिन 1979 से 1991 के दौरान पंचायती राज अधिनियम में अनेक फेरबदल किए गए, जिनमें एक महत्त्वपूर्ण कदम महिलाओं के लिए 30 प्रतिशत भागीदारी की व्यवस्था थी। इस प्रावधान में सामान्य महिलाओं के अलावा एक पद अनुसूचित जाति एवं जनजातियों के लिए भी आरक्षित किया गया था। यहाँ पर 1991 में जिला परिषदों के चुनाव में कुल 477 पदों में से 145 पदों पर महिलाएँ पदासीन थीं। इस प्रकार यहाँ पर महिलाओं का आरक्षण निर्धारित 30 प्रतिशत से थोड़ा अधिक ही था।

पंजाब

पंजाब में तीन-स्तरीय पंचायती राज व्यवस्था 'पंजाब पंचायत समिति एवं जिला परिषद् अधिनियम, 1961' के लागू होने के बाद शुरू हुई। ग्राम पंचायत अधिनियम, 1952 में महिलाओं के आरक्षण के प्रावधान में कहा गया था कि यदि किसी ग्राम पंचायत में महिला पंच चुनकर नहीं आती है तो ग्राम सभा किसी भी महिला को, जो पंच बनने की योग्यता रखती हो, नियमानुसार पंच के पद पर सहयोजित कर सकती है। यहाँ पर काफी लंबे समय के बाद 1993 में आतंकवाद के वातावरण में ग्राम पंचायत के चुनाव हुए। इन चुनावों में राज्य स्तर पर 14.48 प्रतिशत सीटों पर महिलाएँ विजयी रहीं। सामाजिक विज्ञान संस्थान के एक अध्ययन के अनुसार राज्य के विभिन्न जिलों में महिलाओं की भागीदारी भिन्न-भिन्न थी। उदाहरण के लिए फरीदकोट जिले में महिलाओं की भागीदारी 20 प्रतिशत से भी अधिक थी। भटिंडा में लगभग 18 प्रतिशत महिलाओं की भागीदारी थी। लेकिन दूसरी तरफ अमृतसर जिले में महिलाओं की भागीदारी मात्र 0.64 प्रतिशत ही थी। दरअसल महिलाओं की कम भागीदारी का कारण आतंकवादी हिंसा रही। जहाँ पर आतंकवादी गतिविधियाँ कम थीं, वहाँ महिलाओं की भागीदारी तुलनात्मक दृष्टि से अधिक रही। लेकिन पंचायत समिति व जिला पंचायतों के चुनाव 73वें संविधान संशोधन के बाद संपन्न हुए जिसके अंतर्गत महिलाओं को 33 प्रतिशत आरक्षण का प्रावधान था। इसका परिणाम यह हुआ कि राज्य में पंचायत समिति स्तर पर कुल 24,024 में से 8,222 (34.2 प्रतिशत),

कुल 131 अध्यक्षों में से 46 (35 प्रतिशत) तथा कुल 130 उपाध्यक्षों में से 44 (33.8 प्रतिशत) महिलाएँ थीं। जिला परिषद् स्तर पर महिलाओं का अनुपात सदस्यों में से लगभग 33 प्रतिशत, अध्यक्षों में से 38.45 तथा उपाध्यक्षों में 38.4 था। इस प्रकार हम देखते हैं कि जिला परिषद् में महिलाओं की भागीदारी पंचायत समिति से अधिक रही।

ओड़िशा

ओड़िशा में बलवंत राय मेहता समिति के सुझावों के बाद जिला व पंचायत स्तर पर एक-एक महिला सदस्य बनाने का प्रावधान था। अधिकतर राज्यों की तरह यहाँ भी पंचायतों की हालत ढुलमुल रही। लेकिन बीजू पटनायक ने मुख्यमंत्री के रूप में प्रदेश की बागडोर सँभाली तो महिलाओं की भागीदारी में बढ़ोतरी हुई। जब केंद्र सरकार पंचायतों में महिलाओं के आरक्षण की बात कर ही रही थी, तब इस राज्य ने महिलाओं के लिए 33 प्रतिशत पद आरक्षित कर दिए थे। यही नहीं, प्रावधान यह भी था कि जहाँ महिला अध्यक्ष नहीं हैं, वहाँ उपाध्यक्ष महिला होंगी। इस प्रकार हर स्तर पर महिला या तो अध्यक्ष थी या उपाध्यक्ष।

मध्य प्रदेश

मध्य प्रदेश में भी पंचायतों की स्थिति लचर-पचर रही है। यहाँ 1994 में 16 वर्ष के अंतराल पर चुनाव संपन्न हुए। वैसे बीच-बीच में जब-जब सत्ता परिवर्तित हुई तो पंचायत चुनावों की पहल की गई, लेकिन किसी-न-किसी वैधानिक समस्या के कारण चुनाव प्रक्रिया संपूर्ण नहीं हो सकी।

जैसे और राज्यों में पंचायत व्यवस्था चल रही थी, यहाँ भी महिलाओं के लिए एक या दो पद आरक्षित थे। ग्राम पंचायत व जनपद पंचायत स्तर पर भी दो-दो महिलाओं के लिए पद आरक्षित थे तथा जिला स्तर पर केवल एक ही पद महिलाओं के लिए आरक्षित थे।

निष्कर्ष

अतीत में स्त्रियों का बड़ा आदर था। लेकिन मनु के बाद से उनकी स्थिति में ह्रास आना शुरू हुआ। उनको ताड़न का अधिकारी बना दिया गया। धीरे-धीरे उन्हें विभिन्न सामाजिक व धार्मिक बंधनों ने ऐसा कस लिया कि वे सार्वजनिक जीवन में भाग लेने की सोच भी न सकें। मुगल व ब्रिटिश काल के दौरान भी

महिलाओं का राजनीतिकरण नहीं हुआ। समाज-सुधार के विभिन्न आंदोलन चले, जिनके द्वारा महिलाओं की सामाजिक स्थिति सुधारने के प्रयास किए गए, लेकिन इनकी प्रवृत्ति भी राजनीतिक नहीं थी। महात्मा गाँधी व डॉ. राममनोहर लोहिया ने अवश्य महिलाओं के मुद्दे को आजादी से जोड़ा।

भारत में पंचायती राज व्यवस्था बलवंत राज मेहता समिति की रिपोर्ट के बाद शुरू हुई। इसमें महिलाओं के आरक्षण के बारे में मात्र इतना कहा गया था कि अगर वे स्वयं चुनकर नहीं आतीं तो ऐसी दो महिलाओं को जो महिलाओं व बच्चों के कल्याण में रुचि रखती हों, सदस्य बनाया जा सकता है। इस समिति के दो दशक बाद अशोक मेहता समिति ने भी इस दिशा में कोई खास प्रयास नहीं किया। संविधान संशोधन का मसौदा पंचायतों को नवीं अनुसूची में रखने के लिए तैयार किया गया। लेकिन महिलाओं को आरक्षण देने का मुद्दा तब भी नहीं उठा।

वैसे कर्नाटक, केरल, ओड़िशा व पश्चिम बंगाल आदि राज्यों में वहाँ की सरकारों ने स्वयं पहल कर महिलाओं को आरक्षण प्रदान किया, जिसके ग्रामीण विकास पर अच्छे प्रभाव पड़े। सभी राज्यों में महिलाओं को पंचायतों में आरक्षण का प्रावधान 73वें संविधान संशोधन द्वारा प्रदान किया गया, जिसका अध्ययन हम अगले अध्यायों में कर रहे हैं।

2

73वाँ संविधान संशोधन, 1992 एवं पंचायत उपबंध (अनुसूचित क्षेत्रों का विस्तार) विधेयक, 1996

इस अध्याय में संविधान संशोधन द्वारा पंचायतों में महिलाओं के आरक्षण की पृष्ठभूमि, 73वें संविधान संशोधन में आरक्षण के प्रावधान व अनुसूचित क्षेत्रों में पंचायती राज के उपबंधों के विस्तार में महिलाओं के आरक्षण के साथ-साथ 73वें संविधान संशोधन के बाद विभिन्न राज्यों में महिलाओं के प्रतिनिधित्व की स्थिति का विश्लेषण किया गया है।

पंचायतों में महिलाओं के आरक्षण की पृष्ठभूमि

'भारत में महिलाओं की स्थिति' का अध्ययन करने वाली समिति ने 1974 में अपनी रिपोर्ट में सुझाव दिया था कि ग्रामीण क्षेत्रों में वैधानिक महिला पंचायतें गठित की जाएँ तथा उनको वित्तीय व कार्यात्मक स्वायत्तता दी जाए, ताकि वे महिलाओं के विकास व कल्याण के लिए योजनाएँ बनाकर लागू कर सकें। वे प्रत्यक्ष रूप से महिलाओं द्वारा ही चुनी जाएँ तथा उन्हें यह अधिकार हो कि वे अपने में से ही पंचायत समिति व जिला पंचायत तक अपने प्रतिनिधियों को चुनकर भेज सकें। इसका उद्देश्य उस अवधारणा का उन्मूलन करना था, जिसके अनुसार महिलाओं को घर की चारदीवारी तक रहना चाहिए था।

यद्यपि देश में इस तरह की पंचायतें बनाने को वैधानिक रूप नहीं दिया गया, लेकिन कुछ राज्यों जैसे–आंध्र प्रदेश में कुछ महिला पंचायतें गठित की गईं। इसके विरोधियों का तर्क यह था कि इसके द्वारा महिलाएँ मुख्यधारा से जुड़ने के बजाय अलग-थलग पड़ जाएँगी। अशोक मेहता समिति ने 1978 में यह सिफारिश की थी कि जो दो महिलाएँ चुनाव में सबसे ज्यादा मत प्राप्त करें, उनको पंचायतों का सदस्य बनाया जाए, इसके उपरांत कुछ राज्यों–जैसे आंध्र प्रदेश, महाराष्ट्र व कर्नाटक में महिलाओं के लिए आरक्षण का प्रावधान किया गया था।

इसके एक दशक बाद 'वीमेन पर्सपेक्टिव प्लान' में, जो 1988 से 2000 तक थी, में सिफारिश की गई थी कि ग्राम पंचायत से लेकर जिला पंचायत तक महिलाओं के लिए 30 प्रतिशत स्थान आरक्षित किए जाएँ। इसके अलावा यह भी सिफारिश की गई थी कि सभी स्तरों पर महिलाओं के लिए 30 प्रतिशत अध्यक्ष पद आरक्षित किए जाएँ। यही नहीं, इस योजना में यह भी सुझाव दिया गया था कि पंचायतों के मुख्य प्रशासक पद के लिए भी महिलाओं को आरक्षण दिया जाए।

इन समितियों के अलावा विभिन्न महिला मंचों, संस्थाओं व इस क्षेत्र में कार्यरत बुद्धिजीवियों के प्रयासों का ही प्रतिफल है कि संविधान के 73वें संविधान संशोधन में महिलाओं के लिए सदस्य व अध्यक्ष पद के लिए आरक्षण का प्रावधान किया गया।

73वाँ संविधान संशोधन व महिला आरक्षण का प्रावधान

73वाँ संविधान संशोधन की धारा 243-घ के अनुसार प्रत्येक पंचायत में प्रत्यक्ष निर्वाचन द्वारा भरे जाने वाले स्थानों की कुल संख्या के एक-तिहाई से अन्यून पद महिलाओं के लिए हैं। ऐसे स्थान किसी पंचायत में भिन्न-भिन्न निर्वाचन क्षेत्रों को चक्रानुक्रम से आवंटित किए जाएँगे। अनुसूचित जाति व जनजाति के लिए उनकी जनसंख्या के अनुपात में कुल आरक्षित पदों में से एक-तिहाई से अन्यून पद इन जातियों की स्त्रियों के लिए आरक्षित होंगे। पिछड़ी जाति की महिलाओं के लिए भी आरक्षण का प्रावधान अधिनियम में है लेकिन यह अनिवार्य नहीं है। अगर राज्य विधान मंडल चाहे तो इस वर्ग की महिलाओं के लिए भी पद आरक्षित कर सकता है।

इसके अतिरिक्त धारा 243-घ की उपधारा चार के अनुसार, पंचायतों के तीनों स्तरों अर्थात् ग्राम पंचायत, पंचायत समिति एवं जिला पंचायत के स्तर पर कुल अध्यक्षों में से एक-तिहाई पद महिलाओं के लिए आरक्षित हैं। सदस्यों की तरह

अध्यक्ष पद के लिए भी महिलाओं के लिए आरक्षित कुल पदों में से एक-तिहाई सीटें अनुसूचित जाति एवं अनुसूचित जनजाति की महिलाओं के लिए आरक्षित हैं।

73वें संविधान संशोधन ने पंचायतों को स्वावत्त संस्थाओं का दर्जा दिया है। आर्थिक विकास व सामाजिक न्याय की योजनाएँ बनाने का जिम्मा, जिसमें संविधान की 11वीं अनुसूची में सूचीबद्ध 29 विषय भी शामिल हैं, पंचायतों को सौंपा गया है। इस प्रकार महिलाएँ अपने क्षेत्रों के आर्थिक विकास व सामाजिक न्याय की योजनाएँ बनाएँगी। यहाँ यह बताना उचित है कि वैसे तो महिलाएँ संपूर्ण ग्राम पंचायत व जिला पंचायत स्तर की योजनाएँ बनाएँगी, लेकिन अनुसूची-11 में जो 29 विषय हैं, उनमें स्त्री एवं बाल कल्याण, स्वास्थ्य व स्वच्छता–अस्पताल, प्राथमिक स्वास्थ्य केंद्र तथा औषधालय–परिवार कल्याण, समाज कल्याण, शिक्षा आदि ऐसे विषय हैं, जो प्रत्यक्ष रूप से महिलाओं से संबंधित हैं। 73वें संविधान संशोधन की प्रति अनुबंध-1 में दी गई है।

अनुसूचित क्षेत्रों में पंचायती राज के उपबंधों का विस्तार

पंचायत उपबंध (अनुसूचित क्षेत्रों पर विस्तार) विधेयक, 1996 के द्वारा पंचायती राज व्यवस्था, जो 73वें संविधान संशोधन में है (जिसका वर्णन हम अभी कर चुके हैं), उसका विस्तार किया गया है। जिन राज्यों में इसका विस्तार किया है, उनमें हिमाचल प्रदेश, झारखंड, ओड़िशा, राजस्थान, गुजरात, मध्य प्रदेश, छत्तीसगढ़ महाराष्ट्र, आंध्र प्रदेश व तेलंगाना राज्य आते हैं।

अधिकतर जनजातीय जनसंख्या अनुसूचित क्षेत्रों और आदिवासी क्षेत्रों में रहती है। इस विधेयक में कुछ अपवादों और संशोधनों के साथ अनुसूचित क्षेत्रों में पंचायती राज का विस्तार करने का प्रस्ताव है। इन अपवादों और संशोधनों का उद्देश्य यह सुनिश्चित करना है कि जनजातीय समाज की प्रमुख विशेषताओं को अक्षुण्ण रखा जाए।

विधेयक के अनुसार राज्यों के कानून, जो ऐसे विस्तार का अनुसरण करेंगे, वे अनुसूचित जाति के रीति-रिवाज संबंधी कानूनों, सामाजिक और धार्मिक पद्धतियों, रिवाजों और परंपराओं के अनुरूप होने चाहिए। प्रत्येक गाँव में एक ग्रामसभा होगी, जिसमें गाँव में रहने वाले निर्णायक सूची में दर्ज सभी लोग होंगे। जनजातीय क्षेत्रों में जनसंख्या संबंधी ढाँचे को ध्यान में रखते हुए गाँव 5-30 परिवारों की बसावटों का समूह, एक बस्ती या बस्तियों का समूह हो सकता है।

इस विधेयक का मुख्य उद्देश्य ग्राम सभा को सशक्त बनाना है। यह ग्राम सभा जनता के रीति-रिवाजों और परंपराओं की सुरक्षा और संरक्षण में सक्षम होगी।

इसको सामाजिक और आर्थिक विकास के लिए कार्यक्रमों और परियोजनाओं को अनुमोदित करने, गरीबी उन्मूलन कार्यक्रमों के लिए लाभार्थियों की पहचान करने और धनराशि के उपयोग को प्रमाणित करने की शक्तियाँ सौंपने का प्रस्ताव है।

जनजातीय समुदायों को अरसे तक भूमि, पानी, छोटे वनों के उत्पादों, गौण खनिजों आदि उनके प्राकृतिक आर्थिक संसाधनों पर उनके वैध नियंत्रण से वंचित रखा गया है। यह निजी क्षेत्र के प्रभाव और कुछ विकास परियोजनाओं के परिणामस्वरूप भी हुआ।

इस विधेयक में इस बात की व्यवस्था करके इसको दूर करने का प्रस्ताव है, जिसके अनुसार ग्राम सभा और पंचायतों को अनुसूचित क्षेत्रों में भूमि के अंतरण को रोकने और किसी अनुसूचित जनजाति की गैरकानूनी रूप से अंतरित भूमि की बहाली करने के लिए उपयुक्त स्तर पर शक्तियाँ सौंपी जाएँगी। किसी विकास परियोजना के लिए भूमि अर्जित करने हेतु परियोजना से प्रभावित व्यक्तियों के पुनर्वास के लिए और गौण खनिजों के विदोहन के लिए ग्राम सभा और पंचायतों की पूर्व सिफारिश अनिवार्य होगी।

इस विधेयक में जनजातीय ऋणग्रस्तता की समस्या पर भी ध्यान दिया गया है और अनुसूचित क्षेत्रों में ऋण देने पर नियंत्रण लगाने का पंचायतों को अधिकार दिया गया है।

इस विधेयक में अनुसूचित क्षेत्रों में पंचायतों के स्थानीय बाजारों का प्रबंध करने और किसी भी नशीले पदार्थ की बिक्री और खपत पर नियंत्रण और प्रतिबंध लगाने का अधिकार देने का भी प्रस्ताव किया गया है।

विकेंद्रीकरण को सार्थक बनाने के उद्देश्य से पंचायतों एवं ग्राम सभा को जनजातीय उपयोजनाओं सहित स्थायी योजना संसाधनों पर नियंत्रण का अधिकार दिया गया है। इसके साथ ही, उन्हें समस्त सामाजिक क्षेत्रों में संस्थाओं एवं कार्यकर्ताओं पर भी नियंत्रण रखने का अधिकार सौंपा गया है।

स्वशासन को वास्तविक बनाने के लिए यह प्रस्ताव किया गया है कि राज्य के कानून पंचायतों को प्रत्येक स्तर पर विशिष्ट शक्तियाँ एवं अधिकार प्रदान करें तथा तत्संबंधी संरक्षण प्रदान करें, जिससे निचले स्तर की पंचायतों अथवा ग्राम सभा की शक्तियों को ऊँचे स्तर की पंचायतें हासिल न कर सकें।

इस विधेयक में यह व्यवस्था भी है कि पंचायतों में सभी स्तरों पर अध्यक्ष पदों हेतु अनुसूचित जनजातियों को आरक्षण प्रदान दिया जाए तथा इन पदों का

आरक्षण अनुसूचित जनजातियों के लिए प्रत्येक पंचायत में कुल सीटों की संख्या के पचास प्रतिशत से कम नहीं हो।

इस विधेयक में यह भी व्यवस्था है कि राज्य सरकारें ऐसी जनजातियों, जो चुनाव में जीतकर नहीं आ पाई हैं, को मध्यवर्ती एवं जिला स्तर पर पंचायतों में नामांकित कर सकें। ऐसे नामांकन किसी भी स्थिति में चुने गए प्रतिनिधियों की कुल संख्या के 50 प्रतिशत से अधिक नहीं होने चाहिए।

इस प्रकार हम देखते हैं कि यह विधेयक वास्तव में पंचायती राज व्यवस्था को स्थापित करने का प्रयास करता है। इसके द्वारा ग्राम सभा को भी सशक्त बनाया गया है। अतः महिलाएँ, जिनकी संख्या कुल प्रतिनिधियों का कम-से-कम एक तिहाई होगी, इन क्षेत्रों में अहम भूमिका अदा कर सकती हैं। अधिनियम की प्रति अनुबंध-2 में दी गई है।

73वें संविधान संशोधन के बाद महिलाओं की सहभागिता

73वाँ संविधान संशोधन विधेयक 24 अप्रैल, 1993 को लागू हुआ। इसमें यह प्रावधान था कि राज्य केंद्रीय अधिनियम को ध्यान में रखकर अपने पंचायती राज अधिनियम को एक वर्ष के दौरान या तो संशोधित कर लेंगे या नया अधिनियम बना लेंगे। चूँकि यह अनिवार्य प्रावधान था, इसलिए सभी राज्यों ने समय सीमा के दौरान अपने अधिनियमों में तो संशोधन कर लिए, लेकिन पंचायतों के चुनाव कराने में सभी ने दिलचस्पी नहीं दिखाई। अधिकतर राज्यों में पंचायतों के चुनाव 1995 व 1996 में ही संपन्न हो सके। केंद्र सरकार की धमकी के बाद ही ये चुनाव संभव हो सके। केंद्र ने धमकी दी थी कि यदि शीघ्र चुनाव न कराए गए तो केंद्रीय सहायता बंद करके धारा-356 लागू कर दी जाएगी, क्योंकि निर्धारित समय में चुनाव न कराना संविधान की अवहेलना होगी। बहरहाल, अब हम देखते हैं कि चुनावों के बाद महिलाओं की कितनी संख्या विभिन्न राज्यों में चुने गए प्रतिनिधियों के रूप में आई है।

महिलाओं की भागीदारीः एक सर्वेक्षण

महिला विकास के लिए यह आवश्यक है कि निर्णय लेने की प्रक्रिया में उनकी सक्रिय भागीदारी हो। राज्यों ने अपने पंचायती राज अधिनियमों में महिलाओं के लिए पंचायतों के सभी स्तरों पर सदस्य व अध्यक्ष के एक तिहाई पद आरक्षित किए हैं। चुनाव के बाद जो स्थिति उभरकर आई है, वह इस प्रकार है।

महिला पंचायतों में सदस्यों का प्रतिनिधित्व

अनुबंध 3 में महिला प्रतिनिधियों को राज्यवार प्रतिनिधित्व का प्रतिशत दिया गया है। यहाँ पर महिलाओं का प्रतिनिधित्व वर्ष 2010 की स्थिति पर आधारित है। आंध्र प्रदेश में महिला सदस्यों का प्रतिनिधित्व ग्राम पंचायत स्तर पर 33.31 प्रतिशत, पंचायत समिति स्तर पर 33.0 प्रतिशत व जिला स्तर पर 33.54 प्रतिशत है। असम में ग्राम पंचायत स्तर पर प्रतिनिधित्व 39.20 प्रतिशत है, पंचायत समिति स्तर पर यह प्रतिनिधित्व 36.83 प्रतिशत है। जिला परिषद् स्तर पर यह प्रतिनिधित्व 34.62 प्रतिशत है। गोवा में ग्राम पंचायत स्तर पर 34.00 प्रतिशत प्रतिनिधित्व है।

गुजरात में महिला सदस्यों का प्रतिशत ग्राम पंचायत स्तर पर 33.33, पंचायत समिति स्तर पर 33.50 तथा जिला परिषद् स्तर पर 33.46 प्रतिशत है। हरियाणा में पंचायतों के तीनों स्तरों पर महिला सदस्यों का प्रतिशत क्रमशः 36.92, 33.26, 35.16 है। हिमाचल प्रदेश में ग्राम पंचायत स्तर पर प्रतिनिधित्व 39.92 प्रतिशत है। पंचायत समिति स्तर पर 36.0 प्रतिशत व जिला पंचायत स्तर पर 36.60 प्रतिशत है।

कर्नाटक में महिलाओं की स्थिति मजबूत है, क्योंकि यहाँ पर ग्राम स्तर पर महिलाओं की भागीदारी 43.33 प्रतिशत, तालुका स्तर पर 41.45 प्रतिशत तथा जिला स्तर पर 37.19 प्रतिशत है। यहाँ पर भागीदारी की स्थिति मजबूत होने का महत्त्वपूर्ण कारण यह है कि वहाँ पर 1987 से पंचायतों में महिला आरक्षण रहा है। केरल में महिलाओं की भागीदारी ग्राम स्तर पर 35.32 प्रतिशत, ब्लॉक पंचायत स्तर पर 34.66 प्रतिशत व जिला स्तर पर 34.39 प्रतिशत है।

मध्य प्रदेश में महिलाओं की ग्राम स्तर पर भागीदारी 48.44 प्रतिशत, जनपद पंचायत में 39.40 प्रतिशत व जिला स्तर पर 48.79 प्रतिशत है। महाराष्ट्र में महिलाओं की भागीदारी ग्राम पंचायत, पंचायत समिति व जिला स्तर पर क्रमशः 33.33 प्रतिशत, 33.32 प्रतिशत व 33.35 प्रतिशत है। मणिपुर में स्थिति मजबूत है, क्योंकि यहाँ पर ग्राम स्तर पर 51.25 प्रतिशत व जिला स्तर पर 36.07 प्रतिशत महिलाओं की भागीदारी है। ओड़िशा में तीनों स्तरों पर भागीदारी न्यूनतम स्तर से अधिक है। राजस्थान में ग्राम पंचायत स्तर पर महिलाओं की भागीदारी 49.0 प्रतिशत, पंचायत समिति स्तर पर 52.00 प्रतिशत व जिला परिषद् स्तर पर 58.0 प्रतिशत है।

तमिलनाडु में भागीदारी तीनों स्तरों पर न्यूनतम से अधिक है, लेकिन ज्यादा मध्य स्तर पर है। त्रिपुरा में ग्राम स्तर पर 36.03 प्रतिशत, पंचायत समिति स्तर पर 35.78 प्रतिशत व जिला स्तर पर 34.14 प्रतिशत महिलाओं की भागीदारी

है। उत्तर प्रदेश में ग्राम पंचायत स्तर पर महिलाओं की भागीदारी 50.32 प्रतिशत है, जिला पंचायत स्तर पर 51.75 प्रतिशत है। पश्चिम बंगाल में ग्राम पंचायत स्तर पर महिलाओं की भागीदारी 43.0 प्रतिशत, पंचायत समिति स्तर पर 42.0 प्रतिशत व जिला पंचायत स्तर पर 46.0 प्रतिशत है।

उपरोक्त अध्ययन से स्पष्ट है कि महिलाओं की भागीदारी लगभग सभी राज्यों में न्यूनतम से अधिक है। पंचायतों के चुनाव हर पाँच वर्ष के बाद होते रहते हैं। इसलिए महिलाओं के प्रतिनिधित्व का प्रतिशत भी बदलता रहता है। कुछ राज्य जैसे आंध्र प्रदेश, असम, बिहार छत्तीसगढ़, हिमाचल प्रदेश, झारखंड, कर्नाटक, केरल, मध्य प्रदेश, महाराष्ट्र, ओड़िशा, राजस्थान, त्रिपुरा, उत्तराखंड व पश्चिम बंगाल में महिलाओं के लिए पंचायतों में सदस्य एवं अध्यक्ष स्तर पर आरक्षण 50 प्रतिशत कर दिया है। तालिका-1 में राज्यानुसार पंचायतों की संख्या एवं 50% आरक्षण का विवरण दिया है।

तालिका-1

पंचायतों में राज्यवार महिलाओं के 50 प्रतिशत आरक्षण का विवरण

क्र.सं.	राज्य	पंचायतों की संख्या
1.	आंध्र प्रदेश	22945
2.	असम	2431
3.	बिहार	9040
4.	छत्तीसगढ़	9982
5.	हिमाचल प्रदेश	3330
6.	झारखंड	3979
7.	कर्नाटक	5833
8.	केरल	1165
9.	मध्य प्रदेश	23412
10.	महाराष्ट्र	28277
11.	ओड़िशा	6578
12.	राजस्थान	9457
13.	त्रिपुरा	540
14.	उत्तराखंड	7335
15.	पश्चिम बंगाल	3713

स्रोतः लोकसभा में प्रश्न संख्या 379 (22.05.2013) के संदर्भ में दिया गया उत्तर

निष्कर्ष

73वें संविधान संशोधन के द्वारा सदस्यों और अध्यक्षों के एक-तिहाई पद महिलाओं के लिए आरक्षित करके उनको स्थानीय शासन में सक्रिय भागीदारी प्राप्त हुई है। इस प्रावधान के कारण महिलाओं की छुपी ऊर्जा उजागर हुई है, जो भविष्य में भारत की राजनीति को एक नया मोड़ दे सकती है। लेकिन महिलाओं के सामने अनेक चुनौतियाँ और समस्याएँ हैं, जिनका अध्ययन हम पुस्तक में आगे करेंगे।

भाग-2
चुनौतियाँ

पहले भाग में हमने पंचायतों में महिलाओं के आरक्षण का विश्लेषण किया है। इस विश्लेषण से यह तथ्य सामने आया है कि पंचायतों के चुनाव से पहले जो यह संदेह व्यक्त किया जा रहा था कि चुनाव के लिए एक-तिहाई महिलाएँ नहीं मिल पाएँगी, वह निर्मूल साबित हुआ। जब चुनाव का समय आया तो एक-तिहाई तो छोड़िए, कुछ राज्यों में तो इससे कहीं अधिक महिलाएँ चुनकर आईं। इन महिलाओं में सामान्य वर्ग की महिलाओं के अतिरिक्त अनुसूचित जाति/अनुसूचित जनजाति एवं पिछड़े वर्गों की महिलाएँ भी शामिल हैं। यद्यपि आज ये महिलाएँ पंचायतों में अपनी भूमिका सदस्य व अध्यक्ष, उपाध्यक्ष के रूप में निभा रही हैं। तथापि उनकी प्रभावी भूमिका निभाने में अनेक सामाजिक, आर्थिक राजनीतिक व प्रशासनिक चुनौतियाँ सामने आ रही हैं। इन्हीं चुनौतियों का विस्तृत अध्ययन पुस्तक के इस भाग में किया जा रहा है। सुविधा के लिए व अध्ययन को सरल व सुग्राह्य बनाने के लिए महत्त्वपूर्ण समस्याओं को अलग-अलग अध्यायों में दिया जा रहा है।

3

सामाजिक चुनौतियाँ

सामाजिक चुनौतियों में इस अध्याय के अंतर्गत पुरुष प्रधान समाज-व्यवस्था, कर्म की धारणा, रीतिरिवाज व रूढ़ियाँ, शिक्षा व स्वास्थ्य समस्याओं का आकलन किया गया है। आइए, प्रत्येक मुद्दे पर अलग-अलग चर्चा करते हैं।

पुरुष प्रधान सामाजिक व्यवस्था

पुरुष प्रधान व्यवस्था का मूल हिंदुओं के विभिन्न धार्मिक ग्रंथों में है। महिलाओं के बारे में शास्त्रों में लिखा है कि पति पतित हो, रोगी हो, दुष्ट हो, गरीब हो, बुद्धिहीन हो, बूढ़ा हो या जवान; उसकी सेवा करना ही सती स्त्री का धर्म है। महिलाओं को जब बुजुर्ग महिलाएँ आशीर्वाद देती हैं तो कहती हैं कि बहू सुहागन रहे अर्थात् मरने तक पति की सेवा में लगे रहो। अपने बारे में कुछ न सोचो। पति क्या कर रहा है उसके बारे में सोचने की या दिमाग लगाने की जरूरत ही नहीं। मनु ने भी कहा है कि बाल्यावस्था में पिता के अधीन, युवा अवस्था में पति के और यदि पति का देहांत हो जाए तो पुत्रों के अधीन रहना ही स्त्री का धर्म है। इसका अभिप्राय यह है कि महिलाएँ जन्म से लेकर मृत्यु तक पुरुषों पर ही निर्भर रहें। नारी को होश सँभालते ही समाज समझा देता है कि तुम्हारा अपना कुछ भी नहीं है, तुम्हारा उद्देश्य बस पति को जीवन समर्पित करना है। इसका परिणाम यह होता है कि नारी स्वयं को हाड़-मांस के एक लगभग निर्जीव पुतले के सिवा और कुछ नहीं समझती। नारी की पहचान उनकी अनेक भूमिकाओं में

निहित है, जिनको वह माँ, बहन व बहू के रूप में निभाती है। उसकी पहचान मानव, कामगार के रूप में बन ही नहीं पाती भले ही वह परिवार की खुशहाली के लिए कितनी ही मेहनत-मजदूरी करे। परिणामस्वरूप वह स्वयं को अनुपयोगी व अयोग्य महसूस करना शुरू कर देती है, जिसके कारण उसकी अपनी पहचान बन ही नहीं पाती। इसी आत्मसम्मान की भावना की कमी के कारण उसके सीखने की प्रक्रिया भी शिथिल पड़ जाती है।

इस प्रकार महिलाओं में आश्रित बनकर जीवनयापन के संस्कार आरोपित कर दिए जाते हैं। यह संस्कार पुरुष को शोषक तथा स्त्री को शोषित के रूप में प्रस्तावित करते हैं। पुरुष प्रधान समाज सामाजिक शोषण के विरुद्ध संघर्ष करने की जिम्मेदारी भी नारी पर ही डाल देता है। इसी व्यवस्था का उल्लेख डॉ. बाबा साहिब अंबेडकर इस प्रकार करते हैं कि सामाजिक व्यवस्था संस्कृति के द्वारा समाज के सदस्यों की भावना को नियमित करती है और संस्कृति की जड़ें इतनी गहरी होती हैं कि इनका उन्मूलन व्यवस्था के आधार पर परिवर्तन के बिना संभव नहीं। जाति व वर्गों में बँटे समाज में 'निम्न' जातियों (अनुसूचित जाति एवं जनजाति) की स्थिति तो और भी दयनीय है। ऊँची जातियों की महिलाओं की आर्थिक स्थिति फिर भी ठीक है, लेकिन गरीब परिवारों की महिलाओं के बारे में तो 'गरीब की जोरू सबकी भाभी' वाली कहावत चरितार्थ होती है, क्योंकि उसका तो अपना कोई अस्तित्व ही नहीं है।

आइए, अब इस सामाजिक व्यवस्था को पंचायतों के संदर्भ में देखें।

हरियाणा में इस पुस्तक के लेखक को अनेक महिला सरपंचों ने बताया कि वे वोट माँगने नहीं गईं और न ही उन्होंने चुनाव प्रसार किया। हमारे लिए तो हमारे घरवाले, पति व ससुर ही गए। हमको कह दिया कि जब तक चुनाव के परिणाम नहीं आते, तुम लोग घर से बाहर नहीं निकलोगे। हाँ, अगर चुनाव में विजयी हो जाती हो, फिर घर से बाहर जा सकती हो। बहुत से मामलों में पंचायतों में निर्णय लेने का कार्य भी महिलाओं के सगे-संबंधी ही करते हैं। वे जनता की प्रतिनिधि हैं, जनता ने उन्हें चुना है, इस विषय में वे सोचती तक नहीं। जब इस विषय में महिला पंचों-सरपंचों से चर्चा की जाती है तो उत्तर मिलता है कि हमारे पति व घरवालों ने ही तो हमारा पर्चा भरवाया था, उन्होंने ही तो वोट माँगे थे, इसलिए हमें तो जैसे वे कहते हैं कि वैसे ही अँगूठा लगा देते हैं।

सामाजिक विज्ञान संस्थान, नई दिल्ली ने 24-25 अप्रैल को 'महिला सशक्तीकरण दिवस मनाया था। 24 अप्रैल को ही 73वाँ संविधान संशोधन विधेयक लागू हुआ था। इस समारोह का उद्घाटन करते हुए हिमाचल प्रदेश की राज्यपाल श्रीमती रमादेवी ने पंचायतों के अनुभव बताते हुए कहा कि हिमाचल प्रदेश में सारा कार्य महिलाएँ ही करती हैं। पुरुष तो बीड़ी-हुक्का पीते रहते हैं या फिर ताश खेलते रहते हैं। पुरुष मानसिकता का उदाहरण देते हुए उन्होंने बताया कि पुरुष ग्राम पंचायत का उपप्रधान होते हुए भी कहते हैं कि चूँकि वे पुरुष हैं, इसलिए बैठक की अध्यक्षता वे ही करेंगे। महिलाएँ भी इसे मान लेती हैं चूँकि उनको होश सँभालते ही यह पढ़ाना शुरू कर दिया जाता है कि वे पुरुष के अधीन ही रह सकती हैं। कर्नाटक का उदाहरण हमारे सामने है। बैठकों में महिलाएँ अगर खुलकर बोल नहीं पाती थीं तो उसका कारण बैठक में पुरुषों की मौजूदगी थी। पुरुषों के सामने बोलने की उनकी आदत नहीं थी। इसके अलावा उन्हें यह विश्वास भी नहीं था कि वे जो बातें कहेंगी, उन्हें स्वीकारा भी जाएगा। अधिकांश महिला सदस्य बैठकों में भाग लेने के अलावा जिला परिषद् के कार्यालयों में कभी नहीं जाती थीं। अक्सर पुरुष सदस्य या महिला सदस्य का जो पति होता था, वे बैठकों में अपनी पत्नी की ओर से बोलने की कोशिश करता था।

आगे बढ़ती महिलाओं को पुरुष किस प्रकार पीछे खींचता है, इसका एक उदाहरण प्रस्तुत है—पंचायतों के विभिन्न प्रशिक्षण शिविरों में महिला पंचायत प्रतिनिधियों ने चरित्र हनन मसला उठाया। उन्होंने कहा कि जब-जब महिलाएँ घर से बाहर निकलकर ग्राम विकास करना चाहती हैं तो समाज उन पर चरित्र हनन का लांछन लगाकर हतोत्साहित कर देता है। तब उनके सामने घर में बैठे रहने के अतिरिक्त कोई अन्य रास्ता शेष नहीं रहता।

मैं पश्चिम उत्तर प्रदेश के जनपद, सहारनपुर में महिला प्रतिनिधियों के प्रशिक्षण शिविर में उपस्थित था। वहाँ पर जिला परिषद् की एक सदस्या ने बताया कि गाँव में स्कूल खोलना, धुएँ रहित चूल्हे लगाना, स्वास्थ्य सेवाओं को बढ़ावा देना उसकी प्राथमिकताएँ है, लेकिन जब अन्य स्रोत से मालूम कराया तो पता चला कि पिछले वर्ष इन्होंने ईंटों की सड़क बनाई थी। यह सड़क इनके पति की देख-रेख में बनी थी। इससे स्पष्ट है कि प्राथमिकता इनकी नहीं, इनके पति की महत्त्वपूर्ण है।

पुरुष प्रधानता का एक उदाहरण जिला बाँदा (उत्तर प्रदेश) के ग्राम पंचायत

चुरेखकेसरुआ का है। रामसखी अनुसूचित जाति की महिला है। जब आरक्षण की बात आई तो अनेक महिलाएँ सामने आईं, जिनमें रामसखी भी थी। वह चुनाव लड़ना चाहती थी, इसलिए उसकी जातिवालों ने उम्मीदवार घोषित कर दिया। उसने यह सब अपने पति की अनुमति के बिना किया। जब पति को पता चला तो वह बहुत नाराज हुआ। उसने रामसखी को चुनाव न लड़ने के लिए कहा, लेकिन वह न मानी। पर्चा भरने के दिन उसका पति स्वयं ब्लॉक कार्यालय आया और अपनी पत्नी को सैकड़ों लोगों के सामने पीटना शुरू कर दिया। इसका कारण मात्र यह था कि उसने अपने पति की आज्ञा मानने से मना कर दिया।

रोमा सेन ने अपने एक लेख में उल्लेख किया है कि फैजाबाद की एक ग्राम पंचायत में जब अध्यक्ष का पद अनुसूचित जाति की महिला के लिए आरक्षित हो गया तो उसको कब्जे में लेने के लिए, पहले जो ब्राह्मण अध्यक्ष था, उसने उससे शादी कर ली। अर्थात् गैरकानूनी तरीके से उसे पत्नी बना लिया। इस प्रकार वास्तविक अध्यक्ष पूर्व अध्यक्ष ही रहा। इन सब उदाहरणों से जाहिर होता है कि हमें पंचायतों में आरक्षण करके उनमें महिलाओं की भागीदारी तो सुनिश्चित कर दी, लेकिन आज भी निर्णय लेने की बागडोर अधिकांशतः पुरुषों के हाथ में ही है।

उत्तर प्रदेश का ही एक अन्य उदाहरण देना उचित प्रतीत होता है। वैसे तो उत्तर प्रदेश सरकार ने अक्तूबर 1998 में ही महिला सदस्य व प्रधानों के पति, ससुर, देवर आदि रिश्तेदारों पर उनके एवज में काम करने तथा सरकारी बैठकों में भाग लेने पर रोक लगा दी थी, लेकिन फिर भी स्थिति में कोई सुधार नहीं हुआ है। अब भी अधिकतर इलाकों में विशेषाधिकार संपन्न पुरुषों का एक वर्ग कहीं भी देखा जा सकता है, जिसे प्रधान पति कहते हैं। ग्रामीण क्षेत्र में प्रधान पतियों का प्रभाव सर्वोपरि है। शायद ही गाँव वाले वास्तविक प्रधान से मिले हों। बहुत से तो जानते ही नहीं, क्योंकि उन सबका वास्ता तो प्रधान पतियों से ही पड़ता है।

मध्य प्रदेश के मंदसौर जिले की ग्राम पंचायत अंबा की सरपंच मीड़ी बाई के पति ने उसकी हत्या इसलिए कर दी, क्योंकि वह पंचायत के कार्यों में सक्रिय थी। महिलाओं के प्रति पुरुष दृष्टिकोण का यह घिनौना उदाहरण है।

कर्म की धारणा

महिलाओं का विभिन्न आर्थिक व घरेलू कार्यकलापों में योगदान पुरुषों से कम नहीं

है, फिर भी उनकी गिनती कामगारों में नहीं होती। असंगठित क्षेत्रों में महिलाओं के योगदान का पहली बार उल्लेख 1988 की श्रमशक्ति रिपोर्ट में किया गया था। इस रिपोर्ट के अनुसार एक तिहाई परिवार महिलाओं पर निर्भर हैं और एक-तिहाई परिवारों में नारी का आधे से अधिक योगदान है। इसके अतिरिक्त 90 प्रतिशत से अधिक महिलाएँ असंगठित क्षेत्र, जैसे—कृषि, पशुपालन, डेरी, मछली पालन आदि में संलग्न हैं।

आठवीं पंचवर्षीय योजना के अनुसार भी ग्रामीण क्षेत्रों में लगभग एक-. तिहाई परिवारों की मुखिया महिलाएँ हैं, जो बिना किसी स्थायी रोजगार व परिसंपत्तियों के अपने परिवारों का बोझा ढोती हैं। इसके बावजूद यह कहा जाता है कि महिलाएँ तो कुछ नहीं करतीं, क्योंकि परंपरागत रूप से पुरुष को ही कर्म प्रधान का दर्जा दिया गया है।

कृषि क्षेत्र में महिलाएँ अहम भूमिका निभाती हैं। वे हल चलाने के अलावा रोपाई, गुहाई, छँटाई-कटाई एवं ढुलाई में सक्रिय भूमिका निभाती हैं। इसके बावजूद कृषि उत्पादन में महिलाओं के योगदान व उनके महत्त्व को मान्यता नहीं मिलती है। भारत के किसी भी शब्दकोश में 'किसान महिला' कोई शब्द नहीं है, क्योंकि भूमि पर अधिकार स्त्री का न होकर पुरुष का है। 1991 की जनगणना के अनुसार, कृषि मजदूरों में पुरुषों की भागीदारी 21.05 प्रतिशत थी, जबकि महिलाओं की भागीदारी लगभग 45 प्रतिशत अर्थात् महिलाएँ पुरुषों से दोगुनी हैं। पुरुष किसानों की भागीदारी 39.63 प्रतिशत है, जबकि महिलाओं की भागीदारी 34.22 प्रतिशत है। जगबीर सिंह ने एक अनुसंधान का उल्लेख करते हुए कहा है कि हिमालय के गाँवों में एक वर्ष में एक हेक्टेयर भूमि पर बैलों की एक जोड़ी 1,064 घंटे, एक पुरुष 1,212 घंटे और औरत 3,485 घंटे कार्य करती है। स्पष्ट है कि महिला द्वारा खेत में की गई मेहनत एक पुरुष और दो पशुओं की संयुक्त मेहनत से भी ज्यादा है।

महिलाओं के प्रति भेदभाव

उपरोक्त भेदभाव के अतिरिक्त महिलाओं के साथ खानपान, रहन-सहन आदि में भी भेदभाव किया जाता है। इसीलिए अक्सर महिलाओं द्वारा परिवार में अपनी स्थिति के बारे में गलत धारणाओं और परंपरागत सामाजिक बंधनों के कारण वे खुद ही पौष्टिक भोजन नहीं करतीं, जिसके कारण वे कुपोषण की शिकार हो जाती हैं। लड़का पैदा होने पर खुशियाँ मनाई जाती हैं। हर वर्ष जन्मदिन भी

मनाया जाता है, लेकिन लड़की पैदा होने पर न तो खुशी मनाई जाती है और न अधिकांश मामलों में जन्मोत्सव ही मनाया जाता है। इतना ही नहीं, अगर लड़की पैदा हो जाती है तो प्रसवोपरांत माँ की समुचित देखभाल तक नहीं की जाती।

कुछ ग्रामीण क्षेत्रों में जन्म के समय ही लड़कियों की हत्या कर दी जाती है। जहाँ ऐसा नहीं होता, वहाँ पर बच्चियों की उचित देखभाल न होने के कारण भी वे असमय ही मर जाती हैं। लड़कों को अच्छे स्कूलों में भेजा जाता है और लड़कियों को आमतौर पर स्कूल भेजा ही नहीं जाता। अगर भेजा भी जाता है तो साधारण स्कूल में भरती करा दिया जाता है। कारण कि मन में तो यह धारणा रहती है कि अंततः इसको तो घर रहकर खाना ही बनाना है। विधवाओं एवं परित्यक्ताओं को तो समाज में सम्मान की दृष्टि से नहीं देखा जाता।

घरेलू हिंसा

घरेलू हिंसा भी महिलाओं के लिए गंभीर समस्या है। यह हिंसा महिलाओं के साथ घर की चारदीवारी में होती है। महिलाओं पर हिंसा, खासकर घरेलू हिंसा का मुख्य कारण दहेज है। घरेलू हिंसा एवं पंचायती राज की भूमिका को लेकर 24 और 25 अप्रैल, 2015 को इंस्टीट्यूट ऑफ सोशल साइंसेज में एक कार्यक्रम किया गया था। इस समारोह में 20 राज्यों से लगभग 300 महिलाओं ने भाग लिया था। इस कार्यक्रम में मुख्य अतिथि यूनिसेफ की गुडविल एंबेसेडर और जानी-मानी अभिनेत्री शर्मिला टैगोर ने उद्घाटन भाषण देते हुए ग्राम पंचायतों और उनकी निर्वाचित महिलाओं पर हिंसा के मामले में अपने को 'जीरो टोलरेंस' अर्थात् 'कतई बर्दाश्त न करने वाला' बताया। शर्मिला टैगोर ने कहा कि 'घरेलू हिंसा में' 'घरेलू' कुछ नहीं होता; क्योंकि हिंसा, आखिर हिंसा होती है। घर की चारदीवारी के भीतर गुपचुप ढंग से महिलाओं पर हिंसा होती है। यही नहीं, हिंसा के इर्द-गिर्द खामोशी भी हिंसा है। यह बहुत शर्म की बात है कि लोग उसे घरेलू कहकर और 'प्राइवेसी' का नाम देकर छिपाने की कोशिश करते हैं, ताकि उससे अपना पल्ला झाड़ सकें।

रूढ़ियाँ एवं रीति रिवाज

महिलाएँ अनेक रूढ़ियों व रीति रिवाजों से भी ग्रस्त हैं। धर्म का वास्ता देकर पति को परमेश्वर की संज्ञा दी गई है। पत्नी को पति के चरणों की दासी माना जाता है। महिलाओं को पुजारी, इमाम, पादरी जैसे कार्यों के लिए सामान्यतः

उपयुक्त नहीं समझा जाता। इस्लाम में पति द्वारा तलाक-तलाक कह देने से ही विवाह-विच्छेद हो जाता है, जबकि पत्नी ऐसा कहकर विवाह-विच्छेद नहीं कर सकती। महिलाओं द्वारा वेदों का पाठ करने पर प्रतिबंध था। इसी प्रकार मस्जिदों में महिलाओं के नमाज अदा करने पर बहुत से मुल्ला-मौलवियों को आपत्ति है। इन सब रीति-रिवाजों ने महिलाओं की सोच को संकुचित तथा कार्य क्षेत्र को सीमित कर दिया है, जिसका प्रभाव उनकी पंचायत में भागीदारी पर पड़ता है।

घूँघट महिलाओं की एक अन्य बाधा है। महिलाएँ घर के भीतर ही रहती हैं। अगर घर से बाहर जाएँगी तो पर्दे में ही जाएँगी। इससे उनको अपने कार्य के संपादन में अनेक कठिनाइयाँ आती हैं। जवान बहुएँ पढ़ी-लिखी थीं, लेकिन उनको चुनाव में इसलिए नहीं लाया गया कि वे घर में पर्दे में रहती हैं। ऐसा करने से शिक्षित महिलाएँ पंचायतों में चुनकर नहीं आ पाईं। यूनीसेफ ने मध्य प्रदेश में महिला पंचायत प्रतिनिधियों के लिए अनेक प्रशिक्षण शिविर लगाए। उनमें घूँघट की समस्या महिला व प्रशिक्षक के मध्य भी आई। घूँघट के कारण न तो वे ब्लैक बोर्ड को और न ही टेलीविजन को भलीभाँति देख पाती थीं। पंचायत कर्मचारियों से ही घूँघट होने के कारण वे अपनी बात अच्छी तरह नहीं कह पाती थीं। पर्दा वास्तव में महिलाओं को शर्मीला व साहसहीन बना देता है। पर्दा महिलाओं की प्रभावशीलता को प्रभावित करता है। बहस के दौरान पर्दे के भीतर महिलाएँ न अपनी बात औरों को बता पाती हैं और न औरों की बात सुन पाती हैं।

शिक्षा

संविधान में राज्य के नीति-निर्देशक सिद्धांतों की धारा-45 के अनुसार राज्य को आजादी के 10 वर्ष के भीतर 14 वर्ष तक की उम्र के बच्चों के लिए निःशुल्क व अनिवार्य शिक्षा का प्रबंध करना था। लेकिन 1991 की जनगणना के अनुसार आजादी के 44 वर्ष बीतने के बाद भी मात्र 39 प्रतिशत महिलाएँ साक्षर हैं। हाल ही की एक रिपोर्ट के अनुसार अब आधी महिलाएँ साक्षर हो चुकी हैं। आँकड़े बताते हैं कि भारत में लगभग 16 करोड़ 90 लाख से 18 करोड़ के बीच महिला निरक्षर हैं। महिला साक्षरता दर में राष्ट्रीय स्तर से पिछड़े बिहार (22.89 प्रतिशत), राजस्थान (20.44 प्रतिशत), अरुणाचल प्रदेश (29.69 प्रतिशत), उत्तर प्रदेश (25.31 प्रतिशत), आंध्र प्रदेश (32.72 प्रतिशत), और मध्य प्रदेश (28.85 प्रतिशत) राज्य हैं। देश भर की आधी से अधिक निरक्षर महिलाओं की जनसंख्या

उत्तर प्रदेश, बिहार, मध्य प्रदेश, राजस्थान और आंध्र प्रदेश राज्यों में हैं। मध्य प्रदेश, बिहार व उत्तर प्रदेश व राजस्थान में आदिवासी जिलों में महिलाओं में साक्षरता दर पाँच प्रतिशत से भी कम है।

कोठारी आयोग ने गरीबी, बीमारी, पर्याप्त स्कूलों का न होना, घरेलू वातावरण व परंपरागत सामाजिक परिस्थितियों को शैक्षिक असमानता के कारणों के रूप में रेखांकित किया था। इस परिवेश में बालिकाओं को पढ़ने के लिए भेजने की जगह छोटे भाई-बहनों की देखभाल व परिवार के लिए आय सृजन में लगा दिया जाता है। किशोर अवस्था में आने तक उन पर बाहर आने-जाने पर भी प्रतिबंध लगा दिया जाता है और अंततः कम उम्र में ही शादी कर उन्हें घर पर बिठा दिया जाता है।

आइए, पंचायतों में चुनकर आई महिलाओं की साक्षरता की स्थिति क्या है—इस पर एक नजर डालें। सुशीला कौशिक ने हरियाणा में पंचों व सरंपचों का सर्वेक्षण करने पर पाया कि 100 पंचों में से 65 अनपढ़ हैं और 20 केवल पढ़ व लिख पाने में सक्षम थीं। 11 सरपंचों में से 9 अनपढ़ थीं। मध्य प्रदेश में श्रीमती निर्मला बच ने सर्वेक्षण के द्वारा पाया कि कुल 1077 चुने प्रतिनिधियों के नमूने में से 11.33 प्रतिशत पुरुष व 46.12 प्रतिशत स्त्रियाँ अनपढ़ थीं। जातिगत आधार पर देखें तो पाते हैं कि अनुसूचित जाति में पुरुष व स्त्री की निरक्षर दर क्रमशः 12.16 प्रतिशत व 56.96 प्रतिशत, अनुसूचित जनजातियों में क्रमशः 22.49 प्रतिशत व 63.36 प्रतिशत, अन्य पिछड़े वर्गों में क्रमशः 6.26 प्रतिशत व 40.59 प्रतिशत व अन्य में 5.22 प्रतिशत व 23.76 प्रतिशत थीं। कर्नाटक व केरल को छोड़कर लगभग सभी राज्यों में महिलाओं की निरक्षर दर इसी रेंज में है।

लेखक ने महिलाओं के विभिन्न प्रशिक्षण केंद्रों में जाकर व विभिन्न शिविरों में स्रोतपात्र के रूप में भाग लेकर यह निष्कर्ष निकाला कि अशिक्षित होना इन चुनी हुई महिला प्रतिनिधियों के सामने सबसे बड़ी चुनौती है। उनको पंचायत प्रतिनिधि बनाकर ऐसा लगता है कि उन्हें तलवार तो दे दी गई है, लेकिन यह उन्हें चलाना नहीं जानतीं। महिलाओं को अपना कार्य संपन्न करने के लिए अपने घरवालों पर निर्भर रहना पड़ता है, क्योंकि अनपढ़ होने के कारण वह अपने आप तो यह जान ही नहीं पातीं कि कितना पैसा पंचायत में आया है। अगर वह परिवारवालों से पूछना भी चाहती हैं तो यह कहकर दुत्कार दिया जाता है कि तू तो अनपढ़ है, तेरे को क्या पता, इसमें क्या है! तू तो अपना अँगूठा

लगा दे इस कागज पर। मैं रिवाड़ी जिले की एक महिला पंच का दर्द कभी नहीं भूल पाता। उसने कहा था कि "भई मन्ने के बेरा था म्हारी भी राज आओगी न तो मैं पढ़ती।" मैंने कहा अब क्या करेगी। उसने कहा, "अब अपने मोहल्ले की सभी लड़कियों से कहूँगी कि सब पढ़ने जाओ नहीं तो तुम भी मेरी ही तरह अनपढ़ रह जाओगी।"

स्वास्थ्य

समाज में महिलाओं को पुरुषों से हीन समझा जाता है। इसी के कारण अन्य क्षेत्रों के साथ स्वास्थ्य में भी महिलाओं को अनेक परेशानियाँ झेलनी पड़ती हैं। महिला के प्रति इसी हीन भावना के कारण पुरुषों की तुलना में महिलाओं की संख्या घटती जा रही है। डॉ. मीरा शिवा ने ठीक ही कहा है कि देश की बहुत-सी महिलाओं के लिए उपनिवेशवाद से मुक्ति का कोई अर्थ नहीं है, क्योंकि इससे उन्हें न तो शोषण, न देखभाल, न बीमारियों और न ही जन्म देने के सामाजिक दायित्व की पूर्ति से छुटकारा मिला है।

जैसा पहले ही उल्लेख किया गया है, कुल ग्रामीण परिवारों के एक-तिहाई की देखभाल महिलाएँ स्वयं करती हैं। ऐसा करने से उन्हें अधिक कार्य करना पड़ता है, जिसकी कमी पूरी करने के लिए पर्याप्त भोजन भी नहीं मिल पाता। इस कारण स्वयं महिलाएँ व उनके बच्चे कुपोषण के शिकार हो जाते हैं और बीमारी के चक्रव्यूह में फँस जाते हैं। यह स्थिति अनुसूचित जाति व जनजाति की महिलाओं में और भी अधिक है। लेखक का अपना अनुभव है कि प्रशिक्षण शिविर में आई अधिकतर महिलाएँ पीलिया की शिकार प्रतीत होती थीं। महिलाएँ एक तरफ तो घर का कामकाज देखती हैं, वह भी बीमार होते हुए। शिक्षित वे हैं नहीं। ऐसी स्थिति में उनके सामने यह कड़ी चुनौती है कि कैसे ये सब परेशानी झेलते हुए वे पंचायतों की जिम्मेदारियों को भी प्रभावी ढंग से निभाएँ।

निष्कर्ष

महिला पंचायत प्रतिनिधियों के सामने अनेक सामाजिक सीमाएँ हैं, जिनके कारण वे अपने आपको कमजोर, नासमझ व अपमानित महसूस करती हैं। उनका घर का परिवेश, समाज का परिवेश उन्हें आज्ञा नहीं देता कि वे खुलकर पंचायतों के कार्य कर सकें। फिर अधिकतर मामलों में हुआ यह कि महिला आरक्षण के लिए अमुक सीट आरक्षित है, इसलिए पुरुष तो चुनाव के लिए उम्मीद नहीं कर

सकता। अतः ये निर्णय लिया गया कि उसकी घरवाली को चुनाव में खड़ा कर दो। इसमें महिलाओं की जरा भी दिलचस्पी नहीं थी कि वे चुनाव लड़ें। चुनाव लड़ने के लिए कोई मानदंड भी तैयार नहीं किया गया था। महिलाओं के पारिवारिक व सामाजिक परिवेश तथा उनकी शिक्षा व स्वास्थ्य संबंधी समस्याओं ने 'जले पर नमक छिड़कने' का काम किया है।

4

आर्थिक चुनौतियाँ

इस अध्याय में महिला प्रतिनिधियों की आर्थिक चुनौतियों पर प्रकाश डाला गया है। आर्थिक साधनों के अभाव में महिला पंच-सरपंच अपनी भूमिकाएँ कारगर तरीके से नहीं निभा पातीं। महिलाओं का भूमि व संपत्ति पर अधिकार व नियंत्रण होना तथा उन विभिन्न अधिनियमों का, जो महिलाओं के खिलाफ हैं, अध्ययन किया है। साथ ही कुछ अध्ययनों का उल्लेख भी इस अध्याय में किया गया है, जिनसे महिला प्रतिनिधियों की आर्थिक स्थिति पर प्रकाश पड़ता है।

महिलाओं की गरीबी व उनका भूमि व संपत्ति से वंचित होना

भूमि व संपत्ति पर महिलाओं के अधिकार की स्थिति की पड़ताल से पहले ग्रामीण गरीबी को समझना आवश्यक है। उपलब्ध आँकड़ों के अनुसार कुल ग्रामीण जनसंख्या का 24 प्रतिशत भाग गरीबी रेखा से नीचे जीवन बसर करता है। बिहार, ओड़िशा व मध्य प्रदेश में यह प्रतिशत क्रमशः 58.21, 49.72 व 40.64 है। अनुसूचित जाति व जनजाति के मामले में यह समस्या और भी गंभीर हो जाती है। अनुसूचित जाति में गरीबी रेखा से नीचे रह रही जनसंख्या का प्रतिशत 48.11 है। बिहार (70.66 प्रतिशत), उत्तर प्रदेश (58.99 प्रतिशत) तथा महाराष्ट्र (51.64 प्रतिशत) जैसे राज्यों के इन वर्गों में गरीबी राष्ट्रीय स्तर से भी अधिक है। अनुसूचित जाति/जनजाति वर्ग में गरीबी रेखा से नीचे रह रही जनसंख्या

का प्रतिशत 51.94 है। कुछ राज्य जैसे बिहार (69.75 प्रतिशत), हिमाचल प्रदेश (69.94 प्रतिशत), ओड़िशा (71.26 प्रतिशत) व पश्चिम बंगाल (61.95 प्रतिशत) में गरीबी का स्तर राष्ट्रीय स्तर से भी अधिक है। इसमें आसानी से यह अनुमान लगाया जा सकता है कि इन गरीब परिवारों में गरीबी की ज्यादा मार महिलाओं पर पड़ती है।

महिलाओं की आर्थिक भागीदारी नगण्य है। आठवीं पंचवर्षीय योजना के दस्तावेज के अनुसार देश के लगभग 30 प्रतिशत परिवारों की मुखिया महिलाएँ हैं, जिनमें से अधिकतर गरीबी रेखा से नीचे जीवन बसर कर रही हैं। इन महिलाओं के पास भूमि जैसी कोई संपत्ति नहीं है, न ही इन महिलाओं को व्यवस्थित संस्थागत ऋण उपलब्ध हो पाता है। संसाधन के अभाव में यह सोचना कि महिलाएँ पंचायतों में अपनी भूमिका प्रभावी ढंग से निभा सकेंगी, असंगत लगता है। महिला कामगारों का लगभग 90 प्रतिशत असंगठित क्षेत्रों में कार्यरत है। इन्हें पुरुषों की अपेक्षा कम मजदूरी दी जाती है। रात-दिन कार्य करने के पश्चात् भी अर्थशास्त्रियों के मापदंडों के अनुसार भारत की आधी आबादी कुल राष्ट्रीय का केवल 19 प्रतिशत ही कमा पाती है।

लालबहादुर शास्त्री प्रशासनिक अकादमी, मसूरी ने अपने एक प्रकाशन में ऐसे सरकारी नियम व कानूनों का उल्लेख किया है, जो महिलाओं के विरुद्ध जाते हैं। उनमें भूमि व संपत्ति से संबंधित कुछ प्रावधानों का उल्लेख यहाँ करना प्रासंगिक होगा। उत्तर पश्चिम व भारत के कुछ राज्यों, जैसे हरियाणा, पंजाब, जम्मू-कश्मीर, हिमाचल प्रदेश, दिल्ली व उत्तर प्रदेश में कृषि भूमि पुरुष पैतृक वंशज को ही मिलती है। विधवा या लड़कियों को जमीन पुरुष उत्तराधिकारी के न होने पर ही मिलती है। इसके अतिरिक्त उत्तर प्रदेश में जमींदारी उन्मूलन अधिनियम की धारा-171 लड़की को पैतृक संपत्ति की हिस्सेदारी से रोकती है। भूमि स्वामी की मृत्यु के बाद लड़कों में हस्तांतरित होती है। विवाहित लड़की भूमि में हिस्सेदारी की पात्र तभी है, जब उस भूमि का कोई अन्य दावेदार न हो।

हिमाचल प्रदेश में यदि हिमाचली महिला किसी गैर-हिमाचली पुरुष से शादी करती है तो उसके बच्चों को वह अधिकार, खासतौर पर शिक्षा के क्षेत्र में नहीं मिल पाते, जो एक हिमाचली को मिलने चाहिए। भले ही उसके पास हिमाचल में जमीन आदि भी हो। दूसरी तरफ यदि हिमाचली पुरुष किसी गैर-हिमाचली महिला से शादी करता है तो ऐसा नहीं होता। इसी प्रकार हिंदू उत्तराधिकारी

अधिनियम में महिलाएँ मकान की उत्तराधिकारी नहीं होतीं। भूमि सुधार कानून में भी अनेक कमियाँ हैं।

ओड़िशा में एक कंपनी को 29 'नान टिंबर फोरेस्ट प्रोडक्ट्स' का अधिकार 10 वर्ष के लिए दिया गया है। इस पर ग्रामीण गरीबों का अधिकार होना चाहिए था, जिनके लिए यह उत्पाद भोजन, चारा, फल व दवाइयों का साधन था। यही नहीं, ओड़िशा सरकार ने निर्णय लिया है कि 'बंबू फोरेस्ट' को पेपर कंपनी को दे दिया जाए। यह कदम 1988 की वन नीति के खिलाफ है, जिसके अनुसार वन में रहने वालों को इसके लिए प्राथमिकता का प्रावधान था। आश्चर्य की बात है कि यहाँ गरीब वनवासी चोरी से अपनी जरूरतों की पूर्ति करते हैं, जबकि कंपनी को 'रियायती' दर पर बेंबू मिलता है।

बीना अग्रवाल ने एक दस्तावेज तैयार किया है, जिसके अनुसार महिलाओं को भूमिधर होने के अधिकार प्राप्त नहीं हैं। जहाँ कहीं थे भी, वहाँ बहुत हद तक उन्हें समाप्त कर दिया गया है। बीना अग्रवाल ने 145 भूमिधर जातियों का अध्ययन करके पाया है कि 131 जातियों में महिलाएँ पैतृक संपत्ति की उत्तराधिकारी नहीं हैं। सरकारी आँकड़े बताते हैं कि सरकार ने काफी जमीन 'भूमिपरिसीमन अधिनियम' के अंतर्गत प्राप्त की है, जिसको भूमिहीनों में वितरित किया गया है। सरकारी मार्गदर्शिका बताती है कि जब लाभार्थी को जमीन का पट्टा दिया जाए तो वह संयुक्त अर्थात् उसके व उसकी पत्नी के नाम होना चाहिए। लेकिन प्रो. एस.एन. मिश्रा द्वारा किया गया अध्ययन बताता है कि व्यवहार में ऐसा नहीं किया गया है। इससे अनुमान लगाया जा सकता है कि महिलाओं के आर्थिक स्थलीकरण में कितनी बाधाएँ हैं। यदि वे आर्थिक रूप से सशक्त नहीं होंगी तो कैसे अपनी भूमिका सदस्य व अध्यक्ष के रूप में पंचायतों में निभा पाएँगी।

भीख माँगकर गुजारा करने के लिए मजबूर सरपंच

मध्य प्रदेश के दमोह जिले के हटा जनपद क्षेत्र की ग्राम पंचायत बछामा की दलित महिला सरपंच रजनी बंसल घर-घर जाकर भीख माँगने को विवश है। दमोह जिला मुख्यालय से 75 किमी दूर स्थित बछामा की आबादी करीब 1,500 और मतदाता 850 हैं। गाँव की अधिकांश आबादी अशिक्षित है। यहाँ के लोगों की रोजी-रोटी मुख्यतः काश्तकारी और वन संपदा पर निर्भर है। सरपंच रजनी अशिक्षित होने के कारण यह जानती भी नहीं कि उसे सरपंच क्यों बनाया गया है और उसके कर्तव्य व अधिकार क्या हैं। हाँ, सरपंच बनने के बाद उसके

परिवार की स्थिति जरूर खराब हो गई। पहले उसका पति संतोष मजदूरी करता था, लेकिन अब गाँववाले उससे मजदूरी नहीं करवाते। वे कहते हैं कि लोगों को काम देना सरपंच का काम है, उनका नहीं। उधर, सरपंच रजनी अलस्सुबह घर से निकलती है और घर-घर जाकर भीख माँगती है। किसी के घर से पेट भरने के लिए रोटी मिल जाती है तो कोई रात का बचा हुआ चावल दे देता है। इसी से यह पाँच बच्चों व पति का पेट भरती है।

आर्थिक

पंचायतों की स्थिति रिपोर्ट (2008-09) के अनुसार निर्वाचित महिलाओं में से लगभग 50-60 प्रतिशत किसान और लगभग एक तिहाई गरीबी रेखा से नीचे के वर्ग से थीं। ये महिलाएँ या तो भूमिहीन थीं या बहुत निर्धन और थोड़ी जमीन रखती थीं।

महिलाएँ एवं भूमि व कृषि

ग्रामीणों का जिनमें महिलाएँ भी शामिल हैं, गुजारे का मुख्य साधन कृषि है। कृषि में कुल 'श्रमिक' में से तीन चौथाई 'वर्क्स' महिलाएँ हैं। समस्या यह भी है कि महिलाओं द्वारा किया गया कार्य भी पूरी तरह से माना नहीं जाता, क्योंकि विभिन्न सामाजिक एवं आर्थिक संस्थागत 'बायस' के कारण भी उनके पूर्ण कार्य का मूल्यांकन नहीं हो पाता है। लगभग 20 प्रतिशत ग्रामीण परिवारों की मुखिया महिलाएँ हैं। अगर महिलाओं के भूमि स्वामित्व को देखें तो पाते हैं कि भूमि व स्वामित्व पुरुषों के हाथों में है। एन.एस.एस. एवं कृषि जनगणना का आँकड़ा बताता है कि कुल भूमि का मात्र 9.3% ही महिलाओं के हाथ में है। यह बड़ी विचित्र स्थिति है कि एक ओर तो कृषि में महिला श्रमिक की संख्या बढ़ती जा रही है, दूसरी ओर उनका भूमि पर स्वामित्व न होना उनको खेती के लिए जरूरी साख, सिंचाई के साधन व अन्य जरूरी चीजों से दूर रखता है। ऐसी स्थितियों में उनका कार्य दूभर हो जाता है।

सुधार का वास्तविक अर्थ तो होता है, जनता के जीवन में खुशहाली लाना। लेकिन 1991 में लागू किए गए आर्थिक सुधार, जिनके अंतर्गत ढाँचागत समायोजन कार्यक्रम, निजीकरण व वैश्वीकरण आते हैं, उन्होंने महिलाओं की स्थिति को और बिगाड़ा है। अध्ययन बताते हैं कि पिछले 5 सालों में महिलाओं के कार्यक्षेत्र का अनुपात बढ़ा है, जिसका मुख्य कारण महिलाओं का सस्ता श्रम

है। अध्ययन बताते हैं कि स्थायी नौकरियों में 25 प्रतिशत तथा अस्थायी कार्यों में महिलाओं को पुरुषों की तुलना में 50 प्रतिशत कम पारिश्रमिक मिलता है। आँकड़े यह भी बताते हैं कि दो-तिहाई खेतिहर श्रमिक महिलाएँ गरीबी रेखा से नीचे रह रही हैं। चूँकि भूमि अधिनियम में कोई सुधार व महिलाओं के भूसंपत्ति अधिकार की दिशा में कोई प्रयत्न होते दिखाई नहीं देते हैं, इसलिए उनकी समस्या अभी और बढ़ेगी।

जवाहर लाल नेहरू विश्वविद्यालय में अर्थशास्त्र की प्रोफेसर श्रीमती उत्सा पटनायक ने नई आर्थिक नीति के महिलाओं पर प्रभावों का जिक्र करते हुए कहा कि इस नीति के अंतर्गत स्थानीय संसाधन जैसे—जल, जंगल, जमीन पर बहुराष्ट्रीय कंपनियों का वर्चस्व बढ़ता जा रहा है, जिसका सीधा संबंध पंचायत व महिलाओं से जुड़ा है। नई आर्थिक नीति के अंतर्गत स्वास्थ्य व अन्य सामाजिक कार्यों का विनियोग कम हुआ है, जिसके कारण गरीबी का स्तर बढ़ा है। इसी के कारण पंजाब व हरियाणा जैसे विकसित प्रदेशों में ग्रामीण विकास परिव्यय घटने के कारण गरीबी का स्तर भी बढ़ा है।

उपरोक्त विश्लेषण से स्पष्ट होता है कि महिलाओं की आर्थिक स्थिति, जो पहले ही कमजोर थी, भूमि सुधार लागू न होने और फिर नई आर्थिक नीति के आ जाने के कारण और कमजोर हो गई है। इसके कारण जब महिलाएँ अपनी दो वक्त की रोटी में ही उलझी रहती हैं तो भला वे पंचायतों के लिए कैसे समय निकाल पाएँगी। ऐसी स्थिति में तो वे यही कर सकती हैं कि बताओ अँगूठा कहाँ लगाना है।

लेखक ने हरियाणा प्रदेश के 75 महिला पंचायत प्रतिनिधियों का सर्वेक्षण किया था। जिनमें अध्यक्ष उपाध्यक्ष, व सदस्य शामिल थीं। इनमें से पंचायत समिति की 92 प्रतिशत सदस्य, 85 प्रतिशत सरपंचों व 97 प्रतिशत पंचों के नाम न जमीन थी और न कोई और संपत्ति। इसके अतिरिक्त कुल महिला प्रतिनिधियों में से 36 प्रतिशत गरीबी रेखा से नीचे जीवन बसर कर रही थीं।

प्रो. सुशीला कौशिक ने भी हरियाणा की 100 चुनी हुई प्रतिनिधियों का सर्वेक्षण किया। उसके आधार पर निष्कर्ष निकला कि 26 प्रतिशत परिवारों के पास जमीन नहीं थी, 23 प्रतिशत परिवारों के पास दुधारू पशु भी नहीं थे। लगभग 50 प्रतिशत परिवारों के पास दुधारू पशु, घर व कृषि जमीन के अलावा अन्य कोई परिसंपत्ति नहीं थी। संपूर्ण नमूने में से 20 महिलाएँ अनुसूचित जाति से थीं और वे बहुत ही गरीब परिवारों से थीं।

श्रीमती निर्मला बुच ने मध्य प्रदेश में पंचायतों से चुनकर आई महिलाओं का सर्वेक्षण किया और पाया कि 56.82 प्रतिशत महिला अध्यक्ष व उपाध्यक्षों की वार्षिक आय 5000 रु. से कम थी। विदित है कि जिन परिवारों की वार्षिक आय 11,000 रु. से कम थी, वे गरीबी रेखा से नीचे आते हैं। इस प्रकार 66.4 प्रतिशत से अधिक महिला अध्यक्ष व उपाध्यक्ष गरीबी रेखा से नीचे रह रही हैं।

लेखक का स्वयं का भी अनुभव है, प्रशिक्षण शिविरों में महिलाएँ अपनी जो-जो समस्याएँ बतलाती हैं, उनमें एक अहम समस्या गरीबी की होती है। वे कहती हैं कि हमको घर से बाहर जाने के लिए किराया भी पति से लेना पड़ता है। घर पर यदि काम है तो पति कह देता है कि अगर तुम मीटिंग में चली जाओगी तो घर का काम कौन करेगा।

राजस्थान में दलित महिला सरपंचों की कहानी उन्हीं की जुबानी का संकलन महिला जन अधिकार समिति व उसकी सहयोगी संरचनाओं ने किया है।

आजादी के बाद से ही राजसत्ता के विकेंद्रीकरण और दलितों को सत्ता में भागीदारी की बात पर जोर-शोर से बहस चलती रही है। 73वें संविधान संशोधन के तहत महिलाओं को 33% और अनुसूचित जाति, जनजाति के लोगों के लिए पंचायत राज संस्थाओं में आरक्षण दिया गया। आरक्षण की मजबूरी के चलते दलितों/महिलाओं को अनेक पद प्राप्त हुए, किंतु अब तक का अनुभव यह दर्शाता है कि सत्ता के विकेंद्रीकरण तथा दलितों व महिलाओं के सशक्तीकरण का उद्देश्य अधूरा ही रह गया है। क्योंकि महिलाओं और दलितों तक सत्ता की पहुँच मनुवादी एवं पुरुष प्रभुत्ववादी ताकतों को फूटी आँख भी नहीं सुहाती। इसीलिए पंचायती राज संस्थाओं में महिलाओं, विशेषकर दलित महिलाओं के लगातार अपमान उत्पीड़न और अंत में षड्यंत्रपूर्ण तरीके से सरपंच व अन्य पदों से हटाए जाने के मामले रोज प्रकाश में आते हैं। साथ ही लोकतांत्रिक संगठनों तथा प्रक्रियाओं का खुले आम मज़ाक उड़ाया जा रहा है। राजस्थान की विभिन्न पंचायतों की दलित महिलाओं के अनुभव बहुत ही अपमानजनक और पीड़ादायक रहे हैं। दलित महिला जन प्रतिनिधियों को तो तिहरा दमन झेलना पड़ता है। एक औरत होने की पीड़ा, उस पर दलित होने का दर्द और सबसे ज्यादा गरीबी की मार।

पंचायतों में चुनी गई दलित महिला जन प्रतिनिधि का पंचायती राज संस्थाओं से बुरी तरह मोह भंग हुआ है। अधिकतर महिलाओं ने भविष्य में चुनाव लड़ने

से तौबा कर ली है, क्योंकि इन महिलाओं को पुरुष व जातिवादी प्रवृत्तियों ने औज़ार की तरह इस्तेमाल किया है। दिलचस्प बात यह है कि प्रशासन तंत्र महिलाओं व दलितों के उत्पीड़न का मूक दर्शक बना रहता है। सुप्रीम कोर्ट के यौन उत्पीड़न मामले में दिए गए दिशा-निर्देशों तथा दलित संरक्षण कानूनों का पंचायत राज संस्थाओं में खुल्लमखुल्ला उल्लंघन हुआ है।

दलित महिला सरपंचों के कड़वे अनुभव यह सोचने पर विवश करते हैं कि क्या इस भ्रष्ट, पुरुष प्रधान, मनुवादी और पूँजीवादी व्यवस्था में महिलाओं और दलितों के सामाजिक, राजनैतिक और आर्थिक सशक्तीकरण की बात बिना उनका मजबूत संगठन बने और बिना सहयोगी ढाँचों का निर्माण हुए सोचना भी संभव है?

अजमेर जिले की ग्राम रसूलपुरा पंचायत की दलित महिला सरपंच श्रीमती छग्गी बाई को अगस्त, 98 में सरपंच पद से हटाने हेतु मनमाने तरीके से नियमों को ताक पर रखकर अविश्वास प्रस्ताव पारित करवाए जाने की घटना से सामाजिक कार्यकर्ताओं और संगठनों की दिलचस्पी तथा दखल ने इस मामले को बढ़ाया, जिसे बाद में व्यापक रूप देते हुए राजस्थान के दो-तीन संगठनों ने महिला सरपंचों के मामलों का अध्ययन किया। इसी क्रम में एक स्वतंत्र जाँच दल ने अपने निष्कर्ष में पाया कि जिस आरोप, यानी कि "विकास कार्यों में रुचि नहीं लेना" के तहत छग्गी बाई को पदच्युत किया गया, वह बुनियादी आरोप ही सर्वथा सत्य से परे था। जाँच दल ने यह भी देखा कि यह अविश्वास प्रस्ताव वास्तव में छग्गी बाई के सरपंच चुने जाने के बाद से ही एक महिला व दलित होने के कारण हो रहे निरंतर उत्पीड़न की अंतिम परिणति थी। जाँच टीम का मानना है कि श्रीमती छग्गी बाई को अपदस्थ किए जाने की प्रक्रिया में न्याय के बुनियादी सिद्धांतों की अवहेलना की गई।

इंस्टीट्यूट के निदेशक डॉ. जॉर्ज मैथ्यू और इसमें दी गई इंस्टीट्यूट के संकाय सदस्य डॉ. रमेश सी. नायक ने 'पंचायतें व्यवहार में : क्या लाभ है इनसे शोषित वर्ग को' का प्रकाशन किया था, जिसमें मध्य प्रदेश के महिला पंचों और पिछड़ी जातियों के पंचों के साथ हुए दुर्व्यवहार की चार घटनाओं का समाजशास्त्रीय दृष्टि से विस्तृत विश्लेषण किया गया है।

इसमें पहला मामला राजगढ़ जिले में सल्हौना गाँव की सरपंच द्रौपदी देवी का है। द्रौपदी देवी को पंचायत की देर रात तक चली बैठक में वहाँ के प्रखंड विकास पदाधिकारी के सामने निर्वस्त्र किया गया, क्योंकि उन्होंने इस्तीफा देने या

अन्य सदस्यों का इस्तीफा स्वीकार करने से इंकार कर दिया था। गाँव के कुछ लोग इस 50 वर्षीय महिला के निर्वाचित होने से कुपित थे और उनकी जगह अपनी-अपनी उम्मीदवार रखना चाहते थे। पीड़ित सरपंच का नाम द्रौपदी था, इसलिए एक राजनीतिक दल ने इस घटना को महाभारत की द्रौपदी के चीरहरण की घटना से जोड़ते हुए विधानसभा चुनावों से पहले खूब प्रचारित किया और इसका राजनीतिक लाभ उठाने की कोशिश की।

दूसरी घटना छतरपुर जिले की कर्की ग्राम पंचायत के दलित उपसरपंच अहिरवार के विषय में है। सरमन जातीय समीकरणों की उठा-पठक में उपसरपंच का चुनाव जीत गए। यह सवर्णों को सहन नहीं हुआ। उन्होंने एक छोटी-सी घटना को बहाना बनाकर सरमन के साथ खुले आम मारपीट की। सरमन ने जब इसकी शिकायत कलेक्टर से की तो कलेक्टर ने उनकी सुरक्षा के लिए तीन पुलिस वालों को तैनात कर दिया। पुलिस वालों ने उसकी सुरक्षा करने की जगह अपनी अय्याशी का बोझ सरमन पर डालना शुरू कर दिया। हार कर सरमन को उन्हें हटाने के लिए प्रार्थना करनी पड़ी और बेइज्जती करने वालों से समझौता करना पड़ा।

एक अन्य घटना रायसेन जिले के बरबतपुर गाँव के दलित पंच मनुलाल की जिले के कलेक्टर डी.एस. राय के कहने पर पिटाई करने के बारे में है। मनुलाल का दोष सिर्फ इतना था कि उन्होंने कलेक्टर के कुछ पूछने पर जो जवाब दिया, वह कलेक्टर को बहुत उज्जड़ लगा और गुस्से में कलेक्टर ने दरोगा को मनुलाल के लिए कहा, ''मारो साले को।'' कलेक्टर का इशारा पाते ही पुलिस ने मनुलाल को इतना मारा कि उसका दाहिना हाथ टूट गया। वह पिटाई तब रुकी जब चिक्कलोद गाँव से चुनी गई जनपद पंचायत सदस्य शांतिबाई ने कलेक्टर को याद दिलाया कि मनुलाल पंचायत का चुना हुआ सदस्य है।

अध्ययन श्रृंखला की चौथी और अंतिम घटना खंडवा जिले के गुज्जरखेड़ी ग्राम पंचायत की पिछड़ी जाति की महिला सरपंच कुमुद बाई के साथ हुए सामूहिक बलात्कार के बारे में है। कुमुद बाई के साथ 22 अगस्त, 1994 की रात चार लोगों ने बलात्कार किया। इससे क्षुब्ध होकर कुमुदबाई ने जहर खाकर अपनी इहलीला समाप्त करने की कोशिश की, लेकिन उन्हें बचा लिया गया। बलात्कार में कुसुम के चाचा और देवर भी शामिल थे। एक पारिवारिक विवाद में 15000 रु. देने से इंकार करने के कारण उनके साथ बलात्कार किया गया।

इन घटनाओं की विस्तृत जाँच से पता चलता है कि दलित वर्ग के जनप्रतिनिधियों को उनके पद के अनुरूप सम्मान नहीं मिलता है। महिलाओं के साथ भी कोई रियायत नहीं बरती जाती है। यही नहीं, इनकी रक्षा करने वाले सरकारी अधिकारी भी अगड़ी जातियों के हाथ की कठपुतली बने रहते हैं।

इन घटनाओं के बारे में रिपोर्ट तैयार करने वाले इंस्टीट्यूट ऑफ सोशल साइंसेज के निदेशक डॉ. जॉर्ज मैथ्यू कहते हैं, ''पंचायत की मौजूदगी के बावजूद ग्रामवासी पारिवारिक विवादों और अन्य मतभेदों के समाधान के लिए अगड़ी जातियों के नेताओं की छत्रछाया में जाते हैं। राजनीतिक दल भी मतदाताओं को अपने पक्ष में करने के लिए जाति का सहारा लेते हैं। स्थिति के इतना खराब होने के बावजूद लोगों में जागरूकता बढ़ी है, इसलिए ऐसे मामलों को छुपाना भी मुश्किल होता जा रहा है। वैसे तो ग्राम पंचायत और ग्राम सभा जोड़-तोड़ की राजनीति के अखाड़े बन गए हैं, लेकिन फिर भी यह एक ऐसा लोकतांत्रिक मंच है, जहाँ राजनीतिक और सामाजिक मुद्दों पर विचार-विमर्श हो सकता है।''

उत्तर प्रदेश के प्रतापगढ़ जिले में कहने को पंचायती राज व्यवस्था लागू है। उसमें महिलाएँ भी प्रधान प्रमुख, बीडीसी मेंबर बनी हैं? लेकिन हकीकत इसके इतर ही है। बेल्हा में भी सैकड़ों ग्राम पंचायतें ऐसी हैं, जहाँ महिला प्रधान केवल अँगूठा लगाने तक सीमित है। मंडलायुक्त कुमार कमलेश ने भी यह हकीकत बहुत करीब से देखी। उनके सामने गोपालपुर मंधाता की प्रधान बोली ..., 'अब हम काय बताई, साहेब ओ नहीं करत आईं। ओ नहीं से पूछि लैय।' यह बोल यह बताने को काफी है कि भले ही आप महिला प्रधान को चुन लें, लेकिन प्रधान तो उनके परिजन ही रहते हैं।

मतलब कि अधिकांश महिलाओं की प्रधानी अब भी पुरुषों के कब्जे में है। समग्र ग्राम गोपालपुर में पंचायती राज अधिनियम की मजबूती का राजीव गाँधी का सपना चकनाचूर होता सबने देखा। कमिश्नर ने भरी चौपाल में प्रधान के पति से बात करनी चाही। सवाल हुआ – तुम कौन – जवाब आया, 'साहब प्रधान पति। प्रधान है ... हमार पत्नी अहै, लेकिन कमवा हमही देखत अही।' इस पर ठहाके गाँव भर में गूँज उठे। अगले ही पल महिला प्रधान से सवाल ''... तो तुम क्या करती हो, 'साहेब वे जहाँ कहि देथी, हम दस्कत कई देईथा। बाकी सब ओनही जानैं।' यूँ तो यह बात एक गाँव की रही, लेकिन यह कड़वा सच है कि महिला प्रधान चूल्हे चौके तक ही सीमित है या फिर उनको रबर स्टैंप भी कहा जा सकता है।

दूसरी ओर महिला सशक्तीकरण के दावे करते हुए अफसर नहीं थकते। महिलाओं को उनके अधिकारों के प्रति जागरूक करने को कार्यशालाएँ होती हैं, लंबे-चौड़े भाषण दिए जाते हैं और होर्डिंग पर दावे लिख दिए जाते हैं, लेकिन जमीनी हकीकत इसके ठीक विपरीत होती है। प्रशासन को भी पता नहीं क्यों सिसकती पंचायती राज व्यवस्था का दर्द नहीं दिखता।

'द हिंदू' छह अक्तूबर, 2013 को छपे समाचार में सरपंच बनने पर उसकी ही जाति के लोगों ने बहिष्कार किया, को कलमबद्ध किया है, जो इस प्रकार है– "महाराष्ट्र के एक छोटे से शहर हरिहेश्वर के संतोष जाधव के सरपंच बनने पर उनके अपने ही समुदाय के लोगों ने उन्हें बहिष्कृत कर दिया। संतोष अन्य पिछड़ा वर्ग में आने वाले कुंबी समुदाय से है। जाति पंचायत के फैसले के खिलाफ जाकर चुनाव लड़ने की वजह से वह पिछले नौ साल से सामाजिक बहिष्कार झेल रहे हैं। 38 वर्षीय संतोष ने चप्पलों की माला पहनाने की कोशिश की।" उनके नेतृत्व में गाँव ने राष्ट्रपति का 'निर्मल ग्राम पुरस्कार' तथा तीन राज्य पुरस्कार जीते। लेकिन बहिष्कार की वजह से उन्हें अपना पद एक साल पहले 2008 में ही छोड़ देना पड़ा। फिर भी गाँव के 80 कुंबी परिवारों में से कोई भी संतोष के परिजनों से बात नहीं करता। वे अपने बच्चों को संतोष के बच्चों के साथ खेलने नहीं देते। बहिष्कार की घोषणा के एक साल बाद संतोष के परिवार द्वारा चलाई जाने वाली दुकान बंद हो गई। उस समय वह सरपंच ही थे।

संतोष का मानना है कि इसका एक कारण उनका सालों तक जाति पंचायत के फैसले को स्वीकार न करना हो सकता है। उन्होंने पहले भी अन्य परिवारों के बहिष्कृत किए जाने पर विरोध किया था। वह उन परिवारों को अपनी दुकान का सामान बेचते थे और उनके बच्चों को अपने घर में टीवी देखने देते थे। उनका कहना है कि जाति पंचायत उन्हें बहिष्कृत परिवारों से मिलने-जुलने से रोकती थी और जब उन्होंने जाति पंचायत की बात मानने से इंकार कर दिया तो उन्हें ही निशाना बना दिया और ग्राम पंचायत के चुनाव में अपना बदला ले लिया। गाँव में उनके बढ़ते सामाजिक नेटवर्क से भी उन्हें डर लगता है। संतोष और उनके बड़े भाई स्वतंत्र पत्रकार तथा सामाजिक कार्यकर्ता हैं। उन्होंने नियमित तौर से चिकित्सकीय तथा वैधानिक सहायता कैंप लगवाए हैं। उन्हें शुरुआत में यह देखकर बहुत हैरानी हुई कि किस तरह से पूरा समुदाय जाति पंचायत के आदेशों के आगे नतमस्तक हो गया। उन्हें किसी भी सामाजिक समारोह में भाग

लेने की अनुमति नहीं थी। संतोष के पिता के अंतिम संस्कार में उनके एक भी रिश्तेदार ने भाग नहीं लिया, जिनमें उनकी खुद की बहन भी शामिल थी। उनकी बहन ने नौ सालों से उनसे बात नहीं है। उनकी माँ सुनंदा ने कहा, "वे डरते हैं। वे हमारी तरह जाति से बाहर नहीं होना चाहते हैं।" हालाँकि जाति पंचायत ने संतोष के परिवार को बहिष्कृत किए जाने के आरोप का खंडन किया है। जाति पंचायत के एक सदस्य प्रसाद पांडव के अनुसार संतोष राजनीतिक लाभ के लिए झूठा आरोप लगा रहे हैं।"

शुरुआत में पुलिस ने परिवार द्वारा दर्ज शिकायत पर कोई कार्रवाई नहीं की। राज्य मानवाधिकार आयोग के दखल के बाद ही पुलिस ने जाति पंचायत के 19 सदस्यों के खिलाफ चार्जशीट दर्ज की। लेकिन स्थानीय न्यायालय ने आरोपों को निराधार बताते हुए उसे निरस्त कर दिया। संतोष के परिवार ने अब मुंबई उच्च न्यायालय में केस दाखिल किया है। महाराष्ट्र के सामाजिक सुधारों के इतिहास के बावजूद जाति पंचायतें अभी भी दृढ़ता से अपनी जड़ें जमाए हुए हैं। नासिक के एक सामाजिक कार्यकर्ता कुशना चंदगुडे ने बताया, "कुछ परिवार 30 सालों से भी ज्यादा समय से सामाजिक बहिष्कार झेल रहे हैं।" संतोष और उनका परिवार इस लड़ाई को जारी रखने के लिए कटिबद्ध है। सुनंदा ने कहा, "हमने अतीत में ऐसे बहुत से मामले देखे हैं, लेकिन कभी सोचा नहीं था कि हम भी इसके शिकार बनेंगे। लेकिन अब मैं किसी और को इसका शिकार नहीं बनने देना चाहती।"

तमिलनाडु में महिला पंचायत सदस्यों के उत्पीड़न को जी.सी. चंद्रशेखर ने निम्न प्रकार वर्णित किया है। तमिलनाडु में महिला पंचायत अध्यक्षों का जीवन अब सुरक्षित नहीं रह गया है। यदि वे दलित हैं तब तो खतरा और भी अधिक है। अगस्त तक जिलाधीशों द्वारा राज्य भर में कुल 96 ग्राम पंचायत अध्यक्षों को पदच्युत कर दिया गया था, जिनमें से 66 महिलाएँ थीं। महिलाओं की दयनीय स्थिति का एक कारण यह है कि पुरुष उनकी सत्ता स्वीकारने के लिए तैयार नहीं है। अधिकतर उनके संबंधी ही उनके विरुद्ध मोर्चा खड़ा कर लेते हैं।

ह्यूमन राइटस एडवोकेसी एंड रिसर्च फाउंडेशन द्वारा किए गए अध्ययन से यह पता चलता है कि दलित महिला अध्यक्षों को क्षेत्र के सबल वर्ग के नियंत्रण में कार्य करना पड़ता है। गाँव में महिला वार्ड सदस्य की हस्ती न बराबर है। अधिकतर पंचायत लिपिक ही अड़ंगे डालता है। चूँकि वह पुरुष होता है, इसलिए

वह समझता है कि उसे पंचायत कार्यालय की कुंजी तथा जरूरी जानकारी अपने पास ही रखने का अधिकार है। महिला पंचायत अध्यक्ष को यदि उप पंचायत अध्यक्ष से किसी चैक पर हस्ताक्षर करवाने हों तो या तो वह मिलेंगे ही नहीं और यदि मिल भी गए तो काफी ना-नुकर के बाद ही हस्ताक्षर करते हैं, क्योंकि वे पुरुष हैं। इसके ठीक विपरीत यदि महिला उप-सरपंच हो और पुरुष पंचायत अध्यक्ष, तो महिला उप-सरपंच को चैक पर हस्ताक्षर करने के लिए विवश कर दिया जाता है—सहमति न होने के बावजूद। यदि महिला अध्यक्ष थोड़ी पढ़ी-लिखी हो तो पुरुष पंचायत सदस्य तथा पंचायत लिपिक उसे गलत जानकारी देते हैं। इसके बाद वे पंचायत अधिनियम के दसवें अध्याय की धारा 205 के तहत उन्हें हटाने का प्रयास करने लगते हैं। धारा 205 के तहत जिलाधीश को अक्षम एवं गड़बड़ी करने वाले पंचायत अध्यक्ष को पद से हटाने का अधिकार है।

कांचीपुरम जिले के वीलापुथर पंचायत की दलित महिला अध्यक्ष ओ. रंगनायकी ने अक्तूबर 1996 में निर्वाचित होने के बाद दो वर्षों तक अनेक विकास परियोजनाओं को भलीभाँति कार्यान्वित किया। दो कारणों से उनकी सर्वत्र प्रशंसा होने लगी—प्रथम, अपने गाँव में अवैध ढंग से बनने वाली अरक को बंद करवाना और दूसरे, एक पिछड़ी जाति के लड़के से अनुसूचित जाति की लड़की का अंतरजातीय विवाह करवाना।

पिछड़ी जाति के नेताओं ने रोष में भर कर उपाध्यक्ष को महिला पंचायत अध्यक्ष के खिलाफ खड़े होने के लिए उकसाया, जो स्वयं पिछड़ी जाति का था। फलस्वरूप उपाध्यक्ष तथा अन्य पिछड़े वर्ग की वार्ड सदस्यों ने ओ. रंगनायकी के खिलाफ अनियमितताएँ करने का आरोप लगाकर जिलाधीश के पास शिकायत दर्ज कर दी। अंततोगत्वा जिलाधीश ने जून 1998 में उसे पदच्युत कर दिया, किंतु राज्य सरकार से अपील करने की आजादी दे दी।

जाँच में रंगनायकी के विरुद्ध रचे गए षड्यंत्र का पता चलने पर जून 1999 में उन्हें पुनः अपने पद पर आसीन कर दिया गया, किंतु वे पदभार जनवरी 2000 में ही ग्रहण कर सकी, क्योंकि जिलाधीश कार्यालय ने उन्हें इस आदेश की एक प्रतिलिपि देने से इनकार कर दिया था।

यद्यपि उत्तर प्रदेश ने अक्तूबर 1998 में ही महिला पंचों और सरपंचों के पति, ससुर, देवर, ससुर आदि पुरुष रिश्तेदारों पर उनके एवज में काम करने तथा सरकारी बैठकों में भाग लेने पर रोक लगा दी थी, फिर भी स्थिति में कोई

सुधार नहीं हुआ है। लेकिन फिर भी स्थिति संतोषजनक नहीं है, क्योंकि अब भी महिलाओं की राह उनके पति रोके खड़े हैं।

मेरठ तथा उसके आसपास के इलाकों में विशेषाधिकार संपन्न पुरुषों का एक वर्ग कहीं भी देखा जा सकता है, जिन्हें प्रधानपति कहते हैं। ये वे लोग हैं, जो खुलेआम अपनी पत्नियों को उनके राजनीतिक अधिकारों से वंचित कर रहे हैं तथा उनके प्रधान होने की प्रशासनिक तथा सामाजिक ताकत का उपयोग कर रहे हैं। आशंका यह है कि राज्य सरकार ने ग्राम पंचायतों के अधिकारों का दायरा बढ़ाने का जो अभियान हाल में ही छेड़ा है, उससे ग्रामीण राजनीति में इन प्रधानपतियों की अवैध ताकत और ज्यादा बढ़ेगी।

मेरठ जिले की कुल 704 ग्राम पंचायतों में 33 प्रतिशत स्त्रियाँ हैं। लेकिन इनमें से अनेक की वास्तविक हैसियत रबड़ की मुहर जैसी है, क्योंकि इनके अधिकारों का इस्तेमाल इनके पति ही करते हैं। इसीलिए इन्हें प्रधानपति कहा जाता है। ये प्रधानपति वे सारे काम स्वयं करते हैं, जो कायदे से इनकी पत्नियों के हैं। यहाँ तक कि ये अपनी पंच, सरपंच या प्रधान पत्नियों के लिए आयोजित सरकारी बैठकों में भी भाग लेते हैं—पत्नियों को घर से बाहर जाने की इजाजत नहीं होती। लेकिन चूँकि पत्नियाँ ही इन पदों के लिए चुनी गई हैं—उनके पति नहीं, अतः सरकारी कागजों पर हस्ताक्षर या अँगूठे का निशान इन पत्नियों से ले लिए जाते हैं। बहुतों को पता नहीं होता कि उन्होंने किस कागज पर हस्ताक्षर किए हैं।

ग्रामीण परिवेश में इन प्रधानपतियों का प्रभाव एक सर्वज्ञात रहस्य है। 'गाँववाले अपने वास्तविक प्रधान से शायद ही कभी मिल पाते हों। बहुत-से तो उन्हें जानते ही नहीं, क्योंकि इनका साबका प्रधानपतियों से ही पड़ता है।'—कहना है, जिला बोर्ड के उपाध्यक्ष चंदरपाल का। एक स्त्री प्रधान ने स्वीकार किया कि हमारे पास कोई विकल्प नहीं है—हमें अपने पति या रिश्तेदारों की आज्ञा का पालन करना ही पड़ता है। उसके अनुसार, हम तो अपने मर्दों की कठपुतली हैं। उसने गाजियाबाद जिले के एक गाँव में आयोजित एक कार्यक्रम के बारे में बताया, जिसमें स्त्री प्रधानों को मंच पर बैठने तक नहीं दिया गया, वहाँ उनके पति तथा अन्य रिश्तेदार मौजूद थे। एक अन्य स्त्री प्रधान का कहना है, 'कुछ शिक्षित स्त्री प्रधान कभी-कभी आरोपित निर्णयों के खिलाफ विद्रोह करने का साहस जरूर दिखाती हैं, लेकिन उनकी संख्या बहुत कम है।''

'यह सब सरकार की गलत नीतियों के कारण हो रहा है। बहुत-सी स्त्री

प्रधानों को बिना किसी प्रशिक्षण के प्रशासनिक दायित्व सौंप दिए गए।' मानना है उत्तर प्रदेश ग्राम प्रधान संगठन के अध्यक्ष डी.पी. सिंह का। दूसरी ओर, मेरठ के मुख्य विकास अधिकारी महेशचंद का कहना है कि 'प्रधानपति शुरू से ही सरकारी कामकाज में दखल देते आए हैं। फलस्वरूप स्त्री प्रधानों की भूमिका शून्य है। उनकी ओर से उनके पति ही बैठकों में हिस्सा लेते हैं। इससे विकास के कार्यक्रम प्रभावित होते हैं।

पंचायती राज चुनावों में महिला आरक्षण लागू किए जाने के बाद ग्रामीण राजनीति में 'पंच पति' एवं 'सरपंच पति' की एक नई खेप तैयार हो गई है। निर्वाचित महिला पंचों एवं सरपंचों के लगभग सारे दायित्व उनके पति निभा रहे हैं तथा न केवल ग्रामीण अपितु सरकारी अधिकारी भी उन्हें पंच पति और सर पंचपति का संबोधन देने के साथ ही उनके निर्देशों का पालन भी करते हैं। विडंबनापूर्ण स्थिति यह है कि हर कार्य में दखल करने वाले इन पंच-सरपंच पतियों को नियमों एवं विभिन्न सरकारी योजनाओं तक ही जानकारी नहीं है।

पंच-सरपंच बनी महिलाएँ घरेलू कार्यों के साथ ही बच्चे सँभालने में व्यस्त हैं, जबकि घर के बाहर उनके पति मोर्चा सँभाले हुए बखूबी उनके स्थान पर पंच-सरपंच बने बैठे अपनी पत्नियों के नाम पर निर्णय कर रहे हैं। गणतंत्र दिवस समारोह के बाद जोधपुर जिले के सालवां कलां में शुरू हुई ग्राम सभा में करीब आठ हजार की आबादी से मात्र सौ-सवा-सौ आदमी ही जुट पाए। गाँव की महिला सरपंच पाँचू देवी सहित एक भी महिला इस ग्राम सभा में मौजूद नहीं थी। महिला सरपंच की जिम्मेदारी उनके पति घेवराम ने निभाई। सरपंच के बारे में लोगों का विचार था कि 'वा कई समझे, उणो घरवालों अटै बैठों है, वो ही म्हाणों सरपंच है।'

विकास कार्यों, विशेषकार गत वर्ष के अकाल राहत कार्यों के भौतिक सत्यापन व अंकेक्षण के मुद्दे पर लोगों ने जानना चाहा कि कितने पैसे खर्च हुए। सरपंच के पति ने जवाब दिया कि काम तो चार हुए, पर पैसा कितना लगा—यह मुझे नहीं मालूम। उनके ऐसा कहते ही हंगामा हो गया कि जब खर्च ही मालूम नहीं तो कैसा अंकेक्षण और फिर काफी जद्दोजहद के बाद इसे अनसुलझा ही छोड़ दिया गया। इसी बीच एक जने ने कहा कि नए अकाल राहत कार्य शुरू होने से पूर्व रामनगर (नजदीकी गाँव) में गत वर्ष चले राहत कार्य पर लगे दस श्रमिकों का भुगतान करवाया जाएँ

हाल ही में शुरू की गई 'अंत्योदय अन्न योजना' के लिए गरीबी रेखा से नीचे जीवन यापन करने वाले चयनित परिवारों में कितने निर्धनतम परिवार चुनने हैं, इसकी जानकारी सरपंच पति को नहीं थी। इस पर लंबी बहस के बाद सर्वसम्मति से काफी संख्या में ऐसे परिवारों का चयन कर लिया गया।

राज्य सरकार की ओर से चलाई जा रही विभिन्न कल्याणकारी योजनाओं की जानकारी देने के समय एक ने पूछा कि बालिका समृद्धि योजना क्या है, तो सर पंचपति ने जवाब दिया कि चयनित परिवारों में पैदा होने वाले लड़कों के लिए पाँच-पाँच सौ रुपए की आर्थिक सहायता मिलती है। इस पर एक व्यक्ति ने टिप्पणी की कि योजना का नाम तो बालिका है, तो उन्होंने कहा कि यह बात सरकार जाने, नाम उसने ही रखा है। इस पर पूर्व सरपंच लिकमाराम ने जानकारी दी कि इस योजना में लड़कियाँ पैदा होने की स्थिति में आर्थिक सहायता दी जाती है। इसी प्रकार अन्य योजनाओं की पूरी जानकारी सरपंच पति को नहीं थी।

निर्वाचित दलित महिला प्रतिनिधियों के सशक्तीकरण विषय पर 31 मार्च, 2011 को जयपुर में एक राज्य स्तरीय परामर्श बैठक हुई, जिसमें वक्ताओं ने दलित समुदाय की महिला सरपंचों के साथ भेदभाव करने और उन्हें डराने धमकाने पर चिंता प्रकट की। उन्होंने यह भी कहा कि दलित महिला सरपंचों को हिंसा का शिकार बनाया जा रहा है और ग्रामवासियों पर दबाव डालकर उनके कार्यों में अड़चनें डाली जाती हैं। बैठक में भाग ले रहे दलित अभियानकारियों, महिला कार्यकर्ताओं, अकादमिक विद्वानों और वकीलों ने कहा कि पंचायत के सचिव और अन्य कर्मचारी अक्सर जातिगत दुराग्रहों के चलते विकास कार्यों पर कार्यान्वयन में दलित सरपंचों के साथ सहयोग नहीं करते। इस रुख के कारण राजस्थान में अमल में लाई जा रही पंचायती राज व्यवस्था की भावना के मकसद पर ही पानी फिर जाता है।

मध्य प्रदेश सरकार ने आधा पंचायती राज भले ही महिलाओं के हवाले कर दिया, लेकिन हकीकत इसके उलट है। सरपंच भले महिला हो, लेकिन पंचायती खजाने की चाबी उसके पति के पास है। यानी अधिकतर सरपंच पति अब पत्नी के फर्जी दस्तखत कर बैंकों से लाखों का लेन-देन भी कर रहे हैं। अहम बात यह है कि इस फर्जीवाड़े की आशंका खुद पंचायत एवं ग्रामीण मंत्री ने जताते हुए अपर मुख्य सचिव को पड़ताल करने और ऐसे उपकरणों में एफआईआर दर्ज कराने को कहा है।

पंचायत एवं ग्रामीण विकास मंत्री गोपाल भार्गव ने अपर मुख्य सचिव आर. परशुराम को हाल ही में एक नोटशीट लिखी है। जिसमें लिखा गया है कि जिन ग्राम पंचायतों में महिला सरपंच निर्वाचित हैं। वहाँ उनके पति बैंक से राशि निकालने के लिए जारी चैकों में पत्नियों के नाम से हस्ताक्षर कर राशि निकाल रहे हैं। पंचायत सचिव और बैंक के कर्मचारियों की मिलीभगत से यह कार्यवाही होती है। इस तरह की शिकायतें प्राप्त हो रही हैं। इस मामले में शासन से स्पष्ट निर्देश जारी किए जाएँ। इधर विभागीय सूत्रों के मुताबिक महिला सरपंच वाली 50 प्रतिशत पंचायतों में यह गोरखधंधा होने की शिकायत मिली है। इसमें सरपंच पति अपने पत्नी के नाम से दस्तखत करते हैं, नमूना दस्तखत में भी उनके ही दस्तखत करा लिए जाने से चेक भुगतान में अड़चन नहीं आती। बैंकों में निकासी के लिए अँगूठा लगाने का तरीका अमल में नहीं लाए जाने से इस तरह के भुगतान हो पाते हैं।

हरियाणा राज्य के नूह जिले में मलब गाँव की एक 25 वर्षीय युवती ने वोट देने के बुनियादी अधिकार को अपने हिसाब से इस्तेमाल करने की वजह से अपनी जान गँवा दी। 12 जून, 2010 को ताहिरा की उसके पति शाहिद ने सिर्फ इसलिए हत्या कर दी, क्योंकि उसने पंचायत चुनावों में शाहिद द्वारा समर्थित उम्मीदवार को वोट न देकर सरपंच चुनाव में खड़े अपने किसी रिश्तेदार को वोट दे दिया। 13 जून, 2010 की शाम को ताहिरा के रिश्तेदारों तथा स्थानीय ग्रामीणों ने उसके पति की गिरफ्तारी की माँग करते हुए सोहना रोड़ पर यातायात को कई घंटों तक जाम कर दिया। पुलिस के अनुसार ताहिरा की इसलिए गला दबाकर हत्या कर दी गई, क्योंकि उसने सरपंच के चुनाव में खड़े अपने रिश्तेदार कमाल को वोट दिया।

किसी भी गाँव में एक सरपंच की सबसे शक्तिशाली व्यक्ति के रूप में इज्जत की जाती है। पंचायती राज की इस संस्था के अनुसार गाँव के विकास में उसके द्वारा सर्वाधिक महत्त्वपूर्ण भूमिका निभाने की अपेक्षा की जाती है। लेकिन देश में आज भी ऐसे अनेक गाँव हैं, जहाँ कथित सवर्ण जातियों या पिछड़ी जातियों का बोलबाला है। यदि वहाँ दलित पुरुष या महिला सरपंच बन जाए तो पंचायत में उसकी शायद ही चलती है। कुछेक सरपंचों को फर्श पर बैठाया जाता है, जबकि अन्य सदस्य कुर्सियों पर बैठते हैं। पंचायत की बैठकों में कुछ दलित सरपंचों को पानी भी नहीं पिलाया जाता। यह अलग बात है कि गाँव के

निवासियों को पेयजल उपलब्ध कराने की प्राथमिक जिम्मेदारी सरपंच की होती है। गुजरात के खेड़ा जिले में एक गाँव की 35 वर्षीय दलित महिला उपसरपंच कंचन हरिजन भी उपरोक्त भेदभाव का सामना करने वाले सरपंचों में से एक है।

तीन माह पहले कंचन ने पंचायत के तीन सदस्यों के खिलाफ दलित उत्पीड़न अधिनियम के तहत अपनी शिकायत पुलिस में दर्ज कराई है। उसने बताया, ''जब हालात काबू से बाहर हो गए तो मुझे पुलिस थाने में शिकायत दर्ज करानी पड़ी। पंचायत की बैठकों के दौरान जातिसूचक शब्दों का इस्तेमाल करते हुए मुझे लांछित और अपमानित किया जाता था।'' सुरेंद्रनगर में करोली की दलित महिला सरपंच अमृत वाघेला का किस्सा भी अलग नहीं है। तालुक विकास ऑफिस में शिकायत दर्ज कराने के बाद भी ग्राम सेवा अधिकारी ने अमृत के साथ बातचीत करना आरंभ किया था। वह बताती है–''ग्राम सेवा अधिकारी मुझसे बातचीत नहीं करता था, क्योंकि मैं एक दलित हूँ।'' उसने सवाल किया–''ऐसे माहौल में मैं कैसे काम कर सकती हूँ? आज भी हालत यह है कि पंचायत ऑफिस में कोई भी उन्हें पानी नहीं पिलाता।''

अहमदाबाद स्थित नवसृजन ट्रस्ट द्वारा किए गए एक अध्ययन के निष्कर्षों के अनुसार आज भी पंचायतों में पीने के लिए पानी की पेशकश करने जैसे सामान्य शिष्टाचार के मामलों में भी 62.71 प्रतिशत निर्वाचित दलित सदस्यों के साथ भेदभाव किया जाता है। यह अध्ययन अमेरिका के तीन संगठनों - क्रोक इंस्टीट्यूट फोर इंटरनेशनल पीस स्टडीज (यूनिवर्सिटी ऑफ नोत्रे देम), इंडियाना (डार्टमाउस कॉलेज, यूनिवर्सिटी ऑफ मिशिगन) और रॉबर्ट एफ. केनेडी सेंटर फोर सोशल जस्टिस एंड ह्यूमन राइटस (वाशिंगटन, डी.सी.)। सेवानिवृत्त आईएएस अधिकारी पी.के. वलेरा याद करते हुए बताते हैं कि उन्होंने 1977 में कालोल के निकट अपने मूल गाँव में एक सामाजिक आयोजन रखा था। इसमें मेरे स्थान पर कैटरर ने बर्तनों को धोने से इंकार कर दिया था। समुदाय के लंच के बाद खाना बनाने वाले लोग अचानक लापता हो गए। वलेरा सामाजिक कल्याण विभाग के निदेशक के रूप में कार्य कर चुके हैं। वलेरा ने कहा कि निर्वाचित दलित प्रतिनिधियों के साथ भेदभाव एक हकीकत है।

ग्रामीण गुजरात के स्वयंसेवी संगठनों का कहना है कि जो लोग सामाजिक नियमों की खिलाफत करते हैं, स्थानीय निकायों में उन्हें अविश्वास प्रस्ताव का सामना करना पड़ता है। महिला स्वराज अभियान की परेश परमार बताती हैं -

"दलित या महिला सरपंच के सही विरोध को राजनीतिक तूल दे दिया जाता है। हमने कई मामलों में देखा है कि जिन सरपंचों ने अन्य सदस्यों के भेदभाव पर सवाल उठाया, उनके खिलाफ अविश्वास प्रस्ताव लाया गया।" उपरोक्त अध्ययन में सहयोग देने वाले समाजशास्त्री घनश्याम शाह का कहना है कि सरकारी प्रतिष्ठानों में छुआछूत के खिलाफ सरकार को सख्त कदम उठाने चाहिए, भले ही इससे सामाजिक या ग्राम स्तर पर बदलाव न आए।

एक सबसे रोचक बात यह है कि यथा चर्चित अनेक सामाजिक मुद्दे किसी-न-किसी प्रकार के संस्थागत, संगठनात्मक या प्रक्रियात्मक आधार पर बनाए गए। उदाहरणार्थ, समुदाय की ओर से विरोध, साथ सदस्यों द्वारा अभद्र व्यवहार और प्रॉक्सी प्रतिनिधि को संस्थागत मुद्दा बना दिया गया। उल्लेख किया गया कि "वे हमें नामांकन करने (चुनाव के लिए) से कैसे रोक सकते हैं, जबकि यह एक सरकारी नियम है? उत्पीड़न के मामले में कहा गया कि यदि अधिकारी (पुरुष) ही ऐसे करेंगे तो हम किसके पास जाएँगे? या "वे सब (सवर्ण जाति के सदस्य) हमें कार्यालय में ही गालियाँ देते हैं, जबकि अन्य (अधिकारी/स्टाफ) मौजूद होते हैं, किंतु कोई कुछ नहीं बोलता है।" संक्षेप में इस प्रकार से सामाजिक व्यवहार आचरण संगठनात्मक और प्रक्रियात्मक व्यवस्था से दूरी करवा देता है क्योंकि ऐसी अनेक घटनाएँ और अनुभव संगठन के स्थलों पर ही हो चुके हैं, जबकि उन्हें लोकतांत्रिक और भेदभाव रहित स्थान माना जाता है। वार्त्तालाप के दौरान यह एक महत्त्वपूर्ण जानकारी प्राप्त हुई, जो नीति निर्धारण और कार्रवाई की दृष्टि से भी महत्त्वपूर्ण है।

व्यक्तिगत एवं घरेलू से संबंधित

आरक्षण लागू किए जाने के बाद से महिलाओं, अनुसूचित जातियों और अनुसूचित जनजातियों के प्रतिनिधियों द्वारा चुनाव में भाग लेने और अपनी भूमिका निभाने में अनेक समस्याओं का सामना करना पड़ता है। वैयक्तिक कारण यह देखा गया है कि महिलाओं, अनुसूचित जातियों और अनुसूचित जनजातियों के लोगों में सक्रिय भागीदारी के प्रति उदासीनता पाई है। इनमें निम्न सामाजिक-आर्थिक स्थिति, अशिक्षा या कम शिक्षा, अधूरी जानकारी, राजनीति से कम जुड़ाव और अनुभव की कमी मुख्य कारण होते हैं। जाति की भावना महिलाओं और पुरुषों में बाधक होती है तथा पहले उल्लिखित बाधाएँ उच्च और निम्न जाति वर्ग की

महिलाओं में समान रूप से पाई जाती है। छुआछूत की भावना होने से निचली जातियों को हीन भावना से देखा जाता है और इनमें से अधिकांश निर्वाचित महिलाएँ आर्थिक दृष्टि से कमजोर होती हैं। पंचायत कार्यों के लिए ऐसी प्रधान महिलाओं को समय नहीं मिल पाता है, क्योंकि वे रोजी-रोटी की व्यवस्था में फँसी रहती हैं और इस कारण से हमेशा इसके दबाव में रहती हैं।

महिला प्रतिनिधियों को अन्य प्रतिनिधियों की तुलना में कुछ अतिरिक्त चुनौतियों का भी सामना करना पड़ता है। वह है उनके पारंपरिक घरेलू उत्तरदायित्व जैसे घरेलू कामों के कारण उन्हें समय का अभाव रहता है और गरीब महिलाओं को रोजी-रोटी के लिए व्यवस्था करनी होती है, जिस कारण वे बैठकों में उपस्थित और सक्रिय भूमिका नहीं निभा पाती हैं। महिलाओं को एक निर्धारित क्षेत्र के बाहर घूमने-फिरने पर भी मनाही होती है। परिवार की ओर से बैठकों में अकेले जाने या गाँव के बाहर जाने की अनुमति नहीं होती है। उन्हें पंचायत क्षेत्र में ही अन्यत्र बस्ती में बैठकों में जाने की अनुमति नहीं होती है, जिन्हें अपने गाँव से बाहर माना जाता है।

निष्कर्ष

उपरोक्त अध्ययन से स्पष्ट है कि महिलाओं के सामने आर्थिक व सामाजिक चुनौतियाँ हैं। परिवार यदि गरीब है तो उसमें सबसे ज्यादा नुकसान महिलाएँ ही उठाती हैं। विभिन्न अधिनियम, नियमों व कानूनों को देखने से पता चलता है कि ये सभी महिलाओं के पक्ष में नहीं है। कुछ राज्यों की महिला पंचायत प्रतिनिधियों के आर्थिक स्तर का अध्ययन बताता है कि महिलाएँ पुरुषों की तुलना में अधिक गरीब व साधनहीन हैं। महिलाओं की बिगड़ती आर्थिक स्थिति पर जले पर नमक छिड़कने का कार्य नई आर्थिक नीति ने किया है, जिसके कारण महिला कल्याण पर सरकारी व्यय कम हुआ है।

5

राजनीतिक चुनौतियाँ

इस अध्याय में महिलाओं की राजनीतिक सीमाओं पर दृष्टिपात किया गया है, जिनमें उनकी निर्णय लेने की प्रक्रिया में वांछित हिस्सेदारी न होना, राज्य पंचायती राज अधिनियम की कुछ विभिन्न कमियों, राजनीतिक हिंसा, राजनीति का अपराधीकरण व गुटबाजी आदि आते हैं।

महत्त्वपूर्ण पदों पर महिलाओं की भागीदारी

सच्चे लोकतंत्र की स्थापना तभी संभव है, जब हाशिए पर रहने वाले वर्ग राजनीतिक, सामाजिक व आर्थिक सत्ता की परिधि में आएँ। हाशिए पर रहने वाले वर्गों में सबसे बड़ा वर्ग महिलाओं का है। चूँकि निर्णय लेने की प्रक्रिया में महिलाओं की हिस्सेदारी नगण्य है, इसलिए यह वर्ग हाशिए से भी बाहर होता जा रहा है। 1995 में बीजिंग सम्मेलन के लिए जो सामग्री 'मुद्दे बीजिंग की ओर' शीर्षक से तैयार की गई थी, उसमें यह सही कहा गया है कि महिलाओं की राजनीतिक भागीदारी'—इस पद को पुनर्परिभाषित करने की आवश्यकता है, क्योंकि आमतौर पर इसका मतलब महिलाओं का चुनाव प्रक्रिया में हिस्सा लेना भर समझा जाता है। यह बहुत ही सीमित भागीदारी हुई। वास्तव में महिलाओं की राजनीतिक भागीदारी का मतलब है—नीतियों के निर्धारण तथा कार्यान्वयन संबंधी हर प्रक्रिया में उनकी भागीदारी—चाहे वह आंदोलन या संगठन से संबंधित हो, चाहे वह सरकारी या गैर सरकारी समूह का नीतिगत मामला हो, चाहे

वह राजनीतिक सामाजिक या सांस्कृतिक मुद्दे से संबंधित मसला हो तथा चाहे वह राष्ट्रीय स्तर या फिर अंतर्राष्ट्रीय स्तर पर हो।" भारत सरकार ने महिलाओं की राजनीतिक भागीदारी सुनिश्चित करने के लिए आरक्षण की नीति अपनाई है। पंचायती राज इसका दूसरा उदाहरण है। लेकिन यह काफी नहीं है। संसद, विधान सभा, कार्यपालिका, न्यायपालिका आदि निर्णय लेने वाली संस्थाओं में महिलाओं को उनकी संस्था के आधार पर प्रतिनिधित्व देना अनिवार्य है। इसके कारण इस तरह का माहौल बनेगा, जिसमें महिलाएँ अपनी सूझ-बूझ, ताकत व अधिकार से निर्णय ले सकेंगी।

आइए, एक नजर निर्णय प्रक्रिया में महिलाओं की भागीदारी पर डालते हैं। 1957 के लोकसभा चुनावों में कुल 494 स्थानों के लिए 1518 प्रत्याशी मैदान में थे। इनमें से महिलाओं की संख्या 45 थी, जिनमें से 27 विजयी हुईं। इन चुनावों में पुरुषों की जीत का प्रतिशत 31.7 था, जबकि महिलाओं की जीत का प्रतिशत 60 था। 1971 के चुनावों में 520 स्थानों के लिए 2784 प्रत्याशी थे, जिनमें महिला प्रत्याशियों की संख्या 86 थी। इनमें से 21 महिलाएँ विजयी घोषित हुईं। इस प्रकार जीत का प्रतिशत महिलाओं में 24.4 था, जबकि पुरुषों मूं 18.5 प्रतिशत था। एक दशक के बाद 1980 में कुल 542 स्थानों के लिए 4620 उम्मीदवार मैदान में थे। इनमें महिलाओं की संख्या 142 थी, लेकिन विजयी महिलाएँ मात्र 28 ही थीं। इस प्रकार जीत का प्रतिशत 19.7 ही रहा। 1991 में 521 स्थानों के लिए 8,699 उम्मीदवार मैदान में थे, जिनमें से महिलाओं की संख्या 325 थी। उनमें से केवल 39 ही सफल हो सकीं, जिनका प्रतिशत 12.0 था। 1998 के चुनाव में कुल 543 स्थानों के लिए 4,576 प्रत्याशी मैदान में थें, जिनमें से महिलाओं की संख्या 267 थी। इनमें से 41 महिलाएँ जीतकर आईं। इस प्रकार इनकी जीत का प्रतिशत 15.5 था। जबकि 11वीं लोकसभा में महिलाओं की जीत का प्रतिशत 6.68 ही था।

बारहवीं लोक सभा में महिलाओं की भागीदारी 8 प्रतिशत थी। तेरहवीं लोकसभा में 10 प्रतिशत, चौदहवीं लोकसभा में 9 प्रतिशत, पंद्रहवीं लोकसभा में 11 प्रतिशत तथा सोलहवीं लोक सभा में भागीदारी 11.30 प्रतिशत है। उपरोक्त से स्पष्ट है कि आजादी से अब तक महिलाओं की सबसे अधिक भागीदारी वर्तमान लोकसभा में है। महिलाओं की केंद्रीय मंत्री परिषद् में भागीदारी 2008 में 10.29 प्रतिशत थी एवं 2009 में 10.25 प्रतिशत थी। 23 दिसंबर, 2005 को

सर्वोच्च न्यायालय के 22 न्यायाधीशों में से महिला न्यायाधीश मात्र एक (0.05:) थी। उच्च न्यायालयों में 548 न्यायाधीशों की संख्या 34 (0.06) थी। उपरोक्त आँकड़ों के आधार पर अंदाजा लगाया जा सकता है कि महिलाओं की देश के उच्च पदों पर भागीदारी नगण्य है।

राज्य पंचायती राज अधिनियमों की चुनौतियाँ

73वाँ संविधान संशोधन पंचायतों को स्वायत्तशासी संस्थाओं का दर्जा देता है। इसका अर्थ साफ है कि पंचायतों को अपने स्तर पर कार्यात्मक, वित्तीय व प्रशासनिक स्वायत्तता मिलनी चाहिए। दूसरे शब्दों में जो कार्य पंचायतों को करने हैं, उन्हें अच्छी तरह परिभाषित किया जाएँ, परिभाषित कार्यों को करने के लिए पंचायतों के पास पर्याप्त वित्तीय साधन व कार्मिक होने चाहिए। इसके अलावा पंचायत के अधिकार क्षेत्र में सिर्फ विकास कार्य ही न हो, वैधानिक, पुलिस व न्यायिक कार्य भी होने चाहिए।

लेकिन इस संदर्भ में हम विभिन्न राज्य पंचायती राज अधिनियमों की पड़ताल करते हैं तो पाते हैं कि अधिनियम बनाते समय स्वायत्तशासी संस्था की जो बात संविधान संशोधन में कही है, उसे ध्यान में नहीं रखा है। इसके अनेक उदाहरण उपलब्ध हैं।

प्रथम, पंचायतों के तीनों स्तरों पर कार्यों का बँटवारा उनकी क्षमता के आधार पर नहीं किया गया है। कुछ राज्यों में पंचायत स्तर पर बँटवारा 73वें संविधान संशोधन की अनुसूची-11 (जिसमें 29 कार्य पंचायतों को सौंपे गए हैं) को ध्यान में रखकर नहीं किया गया है। एक ही कार्य को पंचायतों के तीनों स्तरों पर वितरित कर दिया गया है। जो कार्य वितरण के मूल सिद्धांत के विपरीत है, जो कार्य पंचायत के एक स्तर पर किया जा सकता है, उसे अलग-अलग स्तर पर न दिया जाए, इसके अतिरिक्त राज्य सरकार को यह अधिकार है कि वह जब चाहे सौंपे गए कार्यों को वापस ले सकती है। इसके कारण पंचायत स्तर पर हर समय अनिश्चितता का वातावरण बना रहता है।

यह एक वास्तविकता है कि पंचायतों को कितने भी अधिकार व शक्तियाँ सौंप दी जाएँ, यदि उनके पास उन्हें लागू करने के लिए पर्याप्त वित्तीय साधन नहीं हैं तो वे अर्थहीन हैं। यही हाल राज्य पंचायती राज अधिनियमों में है। पंचायतों को साफ तौर पर कौन-कौन से कर, शुल्क आदि लगाने हैं, यह परिभाषित नहीं किया है। कर किसी राज्य में अनिवार्य है, तो किसी राज्य में अनिवार्य नहीं है।

इसके अतिरिक्त विभिन्न कार्य अधिनियम में दर्ज करने से पहले ऐसा भी लिखा है कि पंचायतें इन कार्यों को करेंगी। यदि उनके पास धन है या जहाँ तक उनके पास धन है, वहाँ तक वे अमुक-अमुक कार्य को संपन्न कर सकती हैं।

राज्य सरकार ने पंचायतों को साधन मुहैया कराने के लिए राज्य वित्त आयोगों का गठन किया है। अधिकतर राज्यों में इनकी रिपोर्टें भी आ चुकी हैं। लेकिन ये आयोग तो सिर्फ सिफारिश कर सकते हैं। अंततः निर्णय तो राज्य सरकार को ही लेना होता है कि कितने साधन हस्तांतरित किए जाएँ। वित्तीय दृष्टिकोण से राज्य पंचायती राज अधिनियमों को देखें तो 'घर, बार सब तुम्हारा, कोठी कुठले को हाथ मत लगाना' की कहावत ही चरितार्थ होती है।

तीसरे, जब पंचायतों को अनेक कार्य दिए जा रहे हैं तो उनके संपादन के लिए वित्त के अतिरिक्त कार्मिक भी तो होने चाहिए, लेकिन ऐसा नहीं है। अपवाद जैसे गुजरात, राजस्थान आदि (वह 'सी' व डी श्रेणी के कार्मिकों के लिए) राज्यों को छोड़ कर सभी अधिकारी व कर्मचारी राज्य सरकार के हैं। राज्य सरकार ही उन्हें हस्तांतरित व उनके संबद्ध अनुशासनात्मक कार्यवाही कर सकती है। कुल मिलाकर ये कार्मिक पूर्ण रूप से राज्य सरकार के नियंत्रण में है। अगर पंचायतों के (जिन्हें स्वायत्तशासी संस्था कहा गया है) पास अपने कार्मिक नहीं हैं तो फिर ये संस्थाएँ अपने कार्यों का संपादन प्रभावी ढंग से कैसे करेंगी।

चौथे, न्यायिक शक्तियाँ भी पंचायतों को दी जानी आवश्यक है, कारण कि आम आदमी अदालतों के चक्कर नहीं लगा सकता। आम आदमी कानूनी दाँव-पेंच में पिसकर रह जाता है, जबकि अमीर लोग पैसे के बल पर कानूनी चक्रव्यूह से निकल जाते हैं। अतः छोटे-मोटे अपराधों का निपटारा गाँव के स्तर पर ही होना चाहिए। इसके लिए पंचायतों को न्यायिक अधिकार मिलने चाहिए थे, लेकिन ऐसा नहीं हुआ। लोक अदालतों का इतना हल्ला मचा हुआ है, लेकिन जमीनी स्तर पर जो न्यायालय है, उसकी ओर कोई ध्यान नहीं दिया जा रहा है। उपरोक्त से स्पष्ट है कि पंचायतों पर शिकंजा या तो राज्य सरकार का है या उसकी नौकरशाही का है। ऐसी स्थिति में कैसे महिलाएँ अपनी भूमिका वांछित रूप से निभा सकती हैं, यह विचारणीय मुद्दा है।

73वें संविधान संशोधन को लागू हुए दो दशक बीत चुके हैं। दो दशक कार्य करने के बाद भी पंचायतें स्वायत्त शासन की संस्थाएँ बनकर उभरकर सामने आई हैं या नहीं, इसके लिए जरूरी हो जाता है, यह जानना कि पंचायतों

को कितनी शक्तियाँ राज्य स्तर से हस्तांतरित की गई हैं। इसको मापने के लिए पंचायती राज मंत्रालय एवं भारतीय लोक संस्थान, नई दिल्ली ने अध्ययन किया है। संस्थान द्वारा विभिन्न आयामों के आधार पर संयुक्त हस्तांतरित सूचकांक तैयार किया है। सूचकांक का राष्ट्रीय स्तर पर समग्र 'रैंक' या 'स्कोर' 38-52 प्रतिशत है। इसका अर्थ यह हुआ कि कुल हस्तांतरित उम्मीद का 40 प्रतिशत भी हस्तांतरित नहीं हुआ है। इससे स्पष्ट है कि दो दशकों के बाद भी पंचायतें स्वायत्त शासन की संस्थाएँ नहीं बन सकीं, क्योंकि उनको सरकारों द्वारा वांछित अधिकार एवं शक्तियाँ प्रदान नहीं की जा सकीं। इसका मुख्य कारण राजनैतिक एवं नौकरशाही के सहयोग की कमी रहा है।

राजनीतिक अपराधीकरण, गुटबाजी व जातिवाद

राजनीति, अपराध, गुटबाजी व जातिवाद का गठबंधन सर्वविदित है। चुनाव से पहले, चुनाव के दौरान व चुनाव के बाद इसका प्रभाव बना रहा है। 'मुद्दे बीजिंग की ओर' दस्तावेजों में इस समस्या के ऊपर हुई विचार-गोष्ठी का उल्लेख किया गया है, जिसका निष्कर्ष यहाँ रखना उचित प्रतीत होता है। नागपुर में एक संगठन 'स्त्री अत्याचार विरोधी परिषद्' को 'राजनीति में महिलाओं की भागीदारी' विषय पर स्थानीय निकायों में चुनाव जीती। 60 महिलाओं प्रतिनिधियों ने अपने अनुभव बताए। उनकी प्रतिक्रिया से महिला राजनीतिकों के सामने आने वाली कुछ समस्याओं का अंदाजा लगाया जा सकता है। कुल महिलाओं में से 42 महिलाओं का जवाब था कि वे अपराधीकरण से भयभीत थीं। जब उनसे भय के विषय में पूछा गया तो 20 का उत्तर था कि 'उन्हें आक्रामक स्थितियों व मीटिंग में रुकावट डाले जाने का डर हमेशा रहता था।' 110 ने भ्रष्टाचार के आरोप का डर बताया, 38 ने विरोधी उम्मीदवार द्वारा भ्रष्ट तरीके अपनाने का डर बताया, 6 ने निरंतर बने रहने वाले बलात्कार के डर की बात कही। 22 को अपहरण किए जाने का डर था।

पूछे जाने पर कि क्या वास्तव में उन्हें इन परिस्थितियों का सामना करना पड़ा, 60 में से 56 का उत्तर 'हाँ' में था। इनमें से 32 के ऊपर वास्तव में आक्रमण किया गया था। 19 ने काम पर जाने के समय चोटें खाई थीं। 21 के खिलाफ चरित्रहीनता का आरोप लगाया गया था। भ्रष्टाचार व विरोधी प्रत्याशियों द्वारा वोट जीतने के लिए अवैध तरीकों का इस्तेमाल का सामना सभी प्रत्याशियों को करना पड़ा था। इस प्रकार विचार-गोष्ठी ने यह हकीकत सामने रख दी कि इस

प्रकार के वातावरण में महिलाएँ अपने आपको कैसे सुरक्षित समझ सकती हैं। यह वास्तव में महिलाओं के लिए बहुत बड़ी सीमा है। इसके तीन उदाहरण नीचे दिए गए हैं, जो समस्या को और साफ कर देते हैं।

मेलावलावु तमिलनाडु के मदुरै जिले की एक ग्राम पंचायत का नाम है। यहाँ पर 30 जून, 1997 को 6 लोगों को, जिनमें इस ग्राम पंचायत के अध्यक्ष व उपाध्यक्ष भी शामिल थे, ऊँची जातिवालों ने मौत के घाट उतार दिया। मुरूगेसन व मूकन, जो क्रमशः अध्यक्ष व उपाध्यक्ष थे, लोकतांत्रिक तरीके से चुनकर आए थे। इनको न पंचायत का कार्य करने दिया गया और न जीने दिया गया। इनका दोष मात्र इतना था कि ये 'नीची' जाति के थे और इसके बावजूद इन्होंने चुनाव लड़ने की हिम्मत की थी। पंचायत भवन में कभी मुरूगेसन का नाम बड़े अक्षरों में लिखा था, लेकिन आज उस पर गोबर पोत दिया गया है। मेलावलावु हत्याकांड के कुछ दिन पहले स्थानीय विधायक डॉ. कृष्ण स्वामी ने तमिलनाडु मानवाधिकार आयोग को पेश की गई रिपोर्ट में इस पंचायत में हो रहे जातीय तनाव का उल्लेख किया था तथा विधान सभा में भी इस मुद्दे को उठाया था। लेकिन शासन व प्रशासन के कान पर जूँ तक न रेंगी। मेलावलावु की घटना को मात्र जातीय हिंसा करार नहीं दिया जा सकता। यह वास्तव में उस पंचायती राज व्यवस्था पर सीधा हमला है, जिसने समाज के गरीब, दबे, कुचले समाज को स्थानीय शासन में भागीदार होने का अवसर प्रदान कर गाँवों के शक्तिशाली वर्गों व समूहों को चुनौती दी है।

दूसरा उदाहरण मध्य प्रदेश का है, जहाँ पर महिला पंचायत प्रतिनिधियों के साथ ऊँचे वर्ग के लोगों ने अत्याचार किया। सामाजिक विज्ञान संस्थान, नई दिल्ली ने 'पंचायतें व्यवहार में : क्या लाभ हैं, इनसे शोषित वर्ग को' नाम से मध्य प्रदेश राज्य में हुई चार घटनाओं का अध्ययन किया है, जो क्रमशः इस प्रकार है—

पहली घटना राजगढ़ जिले के सल्हौना गाँव की सरपंच द्रौपदी देवी के साथ हुई, जो अनुसूचित जनजाति वर्ग से थी। द्रौपदी देवी को पंचायत की देर रात चली बैठक में वहाँ के प्रखंड विकास अधिकारी के सामने निर्वस्त्र किया गया, क्योंकि उसने अपना त्यागपत्र देने तथा अन्य सदस्यों का त्यागपत्र स्वीकारने से इंकार कर दिया था। गाँव के उच्च वर्ग के लोग इस 50 वर्षीय महिला के निर्वाचन से नाराज थे और उसकी जगह अपना उम्मीदवार थोपना चाहते थे।

उत्तर प्रदेश में जून 2000 में पंचायत चुनाव चार चरणों में संपन्न हुए।

प्रथम चरण में हिंसा, पुलिस फायरिंग व बमबारी में 11 लोगों की मृत्यु हुई तथा सैकड़ों घायल हुए। दूसरे दौर में हिंसा, आगजनी और पुलिसकर्मी सहित सात व्यक्ति मारे गए तथा सैकड़ों घायल हुए। तीसरे व चौथे चरण में 25 लोग गोलियाँ लगने से जख्मी हुए। लगभग आधा दर्जन स्थानों पर पुलिस-फायरिंग तथा आपसी संघर्ष की घटनाएँ हुईं और 4 लोग मारे गए। अभी 2015 में संपन्न पंचायत चुनावों में भारी हिंसा हुई है। कई लोगों को अपनी जान से हाथ धोना पड़ा।

यही नहीं, एक दर्जन से अधिक कुख्यात अपराधियों ने प्रत्यक्ष और अप्रत्यक्ष रूप से चुनाव लड़ा। जिन क्षेत्रों की सीटें महिलाओं के लिए आरक्षित कर दी गई थीं, वहाँ अपराधियों की पत्नी, माता अथवा अन्य रिश्तेदार मैदान में आए। राज्य में चंद बड़े मंत्री, नेता और माफिया सरगनाओं ने अपने बच्चों, पत्नियों एवं महिला रिश्तेदारों को बलपूर्वक निर्विरोध चुनवाने में मुख्य भूमिका अदा की। जिसने भी उनका सामना करने की हिम्मत की, उसकी जमकर धुनाई की गई।

बिहार में 1978 के बाद पहली बार चुनाव छह दौर में संपन्न हुए हैं। यहाँ पर पंचायत चुनाव में हुई हिंसा का ब्योरा पंचायती राज अपडेट के अप्रैल 2001 अंक में दिया है, जो इस प्रकार है –

राज्य सरकार ने चुनाव के लिए झारखंड से 5000, मध्य प्रदेश व उत्तर प्रदेश से 3000 तथा पश्चिम बंगाल से 5000 राइफलें प्राप्त कीं। राज्य पुलिस के पास अपनी 20,000 राइफलें थीं।

प्रथम चरण के चुनाव में 20 व्यक्ति मारे गए। 14 जिलों के जिलाधिकारियों ने 361 बूथों पर पुनर्मतदान की माँग की।

दूसरे चरण के मतदान के दौरान राज्य के 1647 पंचायतों के 22,062 मतदान केंद्रों पर लूट, गोलीबारी और बम विस्फोट की घटनाओं में 60 लोग मारे गए। पुलिस ने 19 आग्नेयास्त्र तथा 250 से अधिक कारतूस बरामद किए। तीसरे चरण में, जबकि मतदान में गड़बड़ी करनेवालों को देखते ही गोली मारने के आदेश थे, लेकिन फिर भी 15 व्यक्ति मारे गए।

चौथे चरण में एक मुखिया प्रत्याशी सहित 27 व्यक्ति मारे गए और 49 घायल हुए। पाँचवें दौर की चुनावी हिंसा में 11 व्यक्ति मारे गए 12 घायल हुए, घायलों में एक मजिस्ट्रेट भी है। इस दौरान पुलिस ने राज्य भर में मुखिया उम्मीदवार सहित 659 से अधिक लोग गिरफ्तार किए। अंतिम दौर के चुनाव के लिए बूथ लुटेरों एवं हिंसक तत्त्वों को देखते ही गोली मारने के आदेश पुनः

दिए गए। हिंसक घटनाओं में होमगार्ड के जवान सहित 10 व्यक्ति मारे गए तथा 31 घायल हो गए। सुरक्षा की दृष्टि से 10 उग्रवादियों सहित 28 व्यक्तियों को विभिन्न स्थानों पर भारी मात्रा में हथियार एवं गोला बारूद सहित पुलिस बलों द्वारा गिरफ्तार किया गया।

रमेश चंद्र नायक के अध्ययनानुसार महिलाओं के विरुद्ध अविश्वास प्रस्ताव आ रहे हैं, जिनकी सबसे अधिक शिकार पिछड़े और दलित वर्ग की महिलाएँ हो रही हैं। राजस्थान के अलवर व पाली जिले के आँकड़े बताते हैं कि मार्च 1997 से फरवरी 1998 के बीच 61 अविश्वास प्रस्ताव लाए गए हैं। इनमें से 30 अविश्वास प्रस्ताव महिलाओं के खिलाफ थे। महिलाओं पर ज्यादातर अविश्वास प्रस्तावों का कोई ठोस आधार नहीं था। ये प्रस्ताव ऐसे पूर्वाग्रहों से ग्रस्त थे, जिन पर खुली बैठक में चर्चा नहीं की जा सकती थी। वास्तव में महिलाओं के आने से आर्थिक व राजनीतिक रूप से मजबूत कुछ जातियों का वर्चस्व समाप्त हो गया और अविश्वास प्रस्ताव भड़ास निकालने का एक आसान तरीका है।

उपरोक्त घटनाओं से स्पष्ट है कि महिलाओं को जन प्रतिनिधियों के रूप में सम्मान नहीं मिल रहा है। सत्ता व्यवस्था पर सदियों से काबिज उच्च वर्ग को निम्न वर्ग की महिलाओं के गाँव का मुखिया बनना सहन नहीं होता। बड़े अफसोस की बात है कि सरकारी मशीनरी भी उच्च जाति के लोगों की कठपुतली बनकर रह गई है।

उपरोक्त के अतिरिक्त, राजनीति में सांप्रदायिकता का बढ़ता दवाब भी महिलाओं की एक और विकट समस्या है। सांप्रदायिक तनाव से महिलाएँ भी प्रभावित होती हैं। इस कारण महिलाएँ राजनीति में आने से कतराती हैं। चुनाव में धन की अहम भूमिका है। महिलाओं के पास वैसे ही साधनों का अभाव है। चुनाव के दौरान धन उसके पति व परिवारवाले लगाते हैं। इसलिए चुनाव जीतने पर घरवाले महिला की बजाय स्वयं सत्ताधारी बन जाते हैं। महिलाओं के सामने ये चुनौतियाँ हैं, जो उनको आगे आने से रोकती हैं।

ऐसे वातावरण में महिलाएँ विकेंद्रीकृत शासन, योजना व विकास में किस प्रकार सक्रिय भागीदार बन सकती हैं? यह वास्तव में महिलाओं के सामने बहुत बड़ी चुनौती है।

उत्तर प्रदेश

प्रधान ने महिला को जिंदा जलाया : जालौन कोतवाली क्षेत्र से दस किमी. दूर कुसमरा गाँव में जमीन संबंधी विवाद में ग्राम प्रधान ने अपने दो भाइयों तथा अन्य लोगों की मदद से एक महिला को उसके मकान में बंद कर जिंदा जला दिया। कुसमरा गाँव के प्रधान राजीव श्रीवास्तव अपने भाई सुनील, मनोज तथा साथी जगदीश व अन्य लोगों के साथ सुबह सात बजे रमाशंकर प्रजापति के मकान पर पहुँचे। इन लोगों ने रमाशंकर प्रजापति के मकान में तोड़फोड़ शुरू कर दी। प्रधान राजीव श्रीवास्तव तथा उनके साथियों ने घर के मुख्य दरवाजे की साँकल चढ़ाकर मकान पर मिट्टी का तेल छिड़कर आग लगा दी। इससे रमाबाई की घर के अंदर जलने से मौके पर ही मौत हो गई। सूत्रों के अनुसार जमीन को लेकर दोनों पक्षों में विवाद चल रहा था।

उत्तर प्रदेश में पंचायत चुनावों के दौरान हिंसा : 20 मारे गए

राज्य में पंचायत चुनावों के दौरान अनेक जगहों पर हिंसा, फायरिंग, मारपीट, अपहरण और तोड़फोड़ की वारदातें हुईं, जिनमें कम-से-कम 20 लोग मारे गए और अनेक घायल हो गए। कई उम्मीदवारों ने मतदाताओं को अपने पक्ष में जुटाने के लिए उन्हें तोहफे देने से लेकर धनराशि तक बाँटी। कई दबंगों-दादाओं और बाहुबलियों ने खुद चुनाव लड़ा या अपने रिश्तेदारों को चुनाव लड़वाकर जोर-आजमाइश की। नामांकन पत्र दाखिल करने से लेकर चुनाव प्रचार अभियान और मतदान तक के दौरान हिंसा के अधिकतर शिकार वे लोग हैं, जो खुद या उनके रिश्तेदार चुनाव में प्रत्याशी थे।

पतियों की जगह पत्नियाँ क्यों?

बंगलूर नगर महापालिका के चुनावों में महिलाओं के लिए आरक्षित वार्ड सीटों के लिए वर्तमान पार्षदों द्वारा अपनी पत्नियों को चुनाव में खड़ा करने का भारतीय जनता पार्टी की राज्य इकाई की महिला शाखा ने विरोध किया है। महिला शाखा की प्रवक्ता ने पार्टी के नेतृत्व से कहा है कि इस प्रकार के सभी नामांकन रद्द कर दिए जाए, तथा इन सीटों के लिए केवल उन्हीं कार्यकर्ताओं का नामांकन किया जाए, जो इस क्षेत्र में कुशलतापूर्वक काम करती रही हैं।

स्रोत : पंचायती राज अपडेट, अक्तूबर 2001

मध्य प्रदेश के गाँव में सरपंची हुई नीलाम

संसद से लेकर पंचायत तक लोकतंत्र की बदहाली की नजीरें तो अक्सर देखने को मिल जाती हैं, पर जनतांत्रिक पद की नीलामी की ऐसी मिसाल शायद पहली बार देखने को मिली है। इंदौर से 35 कि.मी. दूर रंगवासा गाँव में यह मामला देखने में आया। यहाँ तकरीबन चौदह सौ वोटरों ने चार सौ ग्रामीणों की मौजूदगी में सरपंचों को छह लाख पचपन हजार रुपए में नीलाम कर दिया।

यह अभूतपूर्ण नीलामी पाँच जनवरी को हुई। अगले दिन सरपंची के सोलह उम्मीदवारों ने नाम वापस लेने के बाद कैलाश चौधरी ने स्थानीय मंदिर में नीलामी की रकम जमा करा दी। बाद में चौधरी ने बताया कि सरपंच चुनाव की प्रक्रिया से हर कोई संतुष्ट है, क्योंकि इसमें हर किसी की रजामंदी थी। चुनाव में तो धन की बरबादी होती और दुश्मनी पैदा होती। चौधरी की नजर में इस तरह की नीलामी में बुराई क्या है।

नए सरपंच का कहना है कि हमने एक खास मकसद के लिए चुनाव को टाल दिया, इसलिए ग्रामीण संतुष्ट हैं। सत्ताईस वर्षीय चौधरी कहते हैं कि नीलामी की इस रकम को प्राचीन राम मंदिर के पुनर्निर्माण में लगाया जाएगा। ग्रामीण इस मंदिर के लिए चंदा जुटा रहे थे, पर यह नाकाफी था। यह नीलामी दो लाख से शुरू हुई थी। पंद्रह पंचों के पदों के लिए चुनाव नहीं होगा, क्योंकि इन्हें भी नीलाम किया गया। न्यूनतम नीलामी इक्कीस सौ और पचपन सौ रखी गई। इस विधान सभा क्षेत्र के विधायक सत्यनारायण पटेल का कहना है कि यह कोई मुद्दा नहीं है कि गाँव में लोकतंत्र की किस तरीके की जीत हुई है। किसी का नाम वापस लेने के लिए कोई जबर्दस्ती नहीं की गई। उन्होंने कहा कि क्षेत्र की नगर पंचायत के पार्षद पद की नीलामी दो लाख में हुई थी। इस रकम का खर्च धर्मशाला के लिए किया जाएगा। दतिया जिले में भी ऐसी मिसाल देखने को मिली। शिवकुमार यादव ने सरपंच बनने के लिए दस लाख रु. खर्च किए। इस पैसे का इस्तेमाल क्षेत्र के विकास में किया जाएगा।

उधर भाजपा विधायक प्रेमनारायण ठाकुर का कहना है कि पदों की यह नीलामी आदर्श चुनाव संहिता का उल्लंघन है।

केरल के पंचायत चुनाव में संयुक्त लोकतांत्रिक मोर्चे ने बाजी मारी

केरल के स्थानीय स्वशासी निकायों के चुनाव में कड़ी टक्कर देते हुए कांग्रेस-नीत संयुक्त लोकतांत्रिक मोर्चे (यूडीएफ) ने बहुसंख्यक जिला पंचायतों, ब्लॉक पंचायतों

और ग्राम पंचायतों में जीत दर्ज की है। नगर निगमों के चुनाव के घोषित नतीजों में भी यही सिलसिला रहा था। मात्र छह महीने बाद राज्य में विधानसभा चुनाव होने वाले हैं, जिसके मद्देनजर यह वाम लोकतांत्रिक मोर्चे (एलडीएफ) के लिए गहरा झटका है। राज्य चुनाव आयोग के आँकड़ों के मुताबिक यूडीएफ ने तिरुवनंतपुरम, पथनमथीटा, कोट्टायम, इडुकी, एर्नाकुलम, त्रिचूर, मल्लापुरम एवं वायनाड जिला पंचायतों पर एलडीएफ से नियंत्रण छीन लिया, जबकि माकपा नीत एलडीएफ कोल्लम, अलापुजा, पलक्कड़, कन्नूर एवं कासरगोड पर विजयी रहा। एलडीएफ ने 58 ब्लॉक पंचायतों पर जीत हासिल की, जबकि यूडीएफ 82 ब्लॉक पंचायतों पर विजयी रहा। दो ब्लॉक पंचायतों में किसी भी मोर्चे को बहुमत नहीं मिल पाया है। ये दो ब्लॉक पंचायतें हैं—तिरुवनंतपुरम जिले में पेरुमडाविला और पथनमथीटा जिले में पंदालम।

यूडीएफ ने राज्य की 537 ग्राम पंचायतों में बहुमत प्राप्त किया, जबकि एलडीएफ ने 354 ग्राम पंचायतों में। 12 ग्राम पंचायतों में भारतीय जनता पार्टी विजयी रही। कुल 152 ब्लॉक पंचायतों में से यूडीएफ ने 82 और एलडीएफ ने 58 पर जीत दर्ज की। यूडीएफ पहले ही पाँच नगर निगमों में से दो (कोच्चि और त्रिचूर) में एलडीएफ को मात दे चुका है और उसने 59 में से 31 म्युनिसिपलिटीज में जीत हासिल की। एलडीएफ ने 11 म्यूनिसिपलिटीज में जीत दर्ज की।

2005 में स्थानीय स्वशासी निकायों के चुनाव में एलडीएफ सभी पाँच नगर निगमों में जीता था और 90 प्रतिशत म्यूनिसिपलिटीज, ब्लॉक और ग्राम पंचायतों में पूर्ण बहुमत प्राप्त किया था। पिछले लोकसभा चुनाव में यूडीएफ के पक्ष में बदलाव आया था, जिसमें वह 20 में से 16 सीटों पर विजयी रहा। दोनों मोर्चे के समर्थकों ने माना कि ताजा पंचायत चुनाव मई 2011 में होने वाले राज्य विधान सभा चुनाव का सेमीफाइनल है।

पंचायती राज विषय के एक विशेषज्ञ का कहना है कि ''मनरेगा के तहत ग्राम पंचायतों को विशाल राशि मिलती है, जिसके कारण प्रधान बनने की होड़ बढ़ गई है, ताकि कुछ राशि हड़पी जा सके। साथ ही प्रधानी रौब के चलते प्रधान का पद अहम हो जाता है।

महिला सरपंच को जान से मारने की धमकी

हरियाणा के रेवाड़ी जिले में स्थित कोसली गाँव की सरपंच ने कोसली के एसडीएम को ज्ञापन देकर जान से मारने की धमकी देने वाले ठेकेदार के खिलाफ कार्रवाई

करने की माँग की है। ज्ञापन में सरपंच ने बताया कि सांसद दीपेंद्र सिंह हुड्डा ने साफ तौर पर कह दिया है कि उक्त ठेकेदार का ठेका रद्द कर दिया जाए। गाँव के पंचायती राज विभाग द्वारा कार्य करने से रोके जाने के बावजूद जबरन गाँव की गलियों व नालियों के निर्माण में लगे ठेकेदार ने मुझे मेरे घर में आकर जान से मारने की धमकी दी। इसकी शिकायत कोसली पुलिस को दी है, लेकिन पुलिस द्वारा मामले में कोई कार्रवाई नहीं की जा रही है। सरपंच ने कहा कि ठेकेदार द्वारा जान से मारने की धमकी दिए जाने के बाद उसके साथ कोई हादसा होता है तो प्रशासन उसका जिम्मेदार होगा।

जम्मू एवं कश्मीर

राज्य में चल रहे पंचायत चुनावों में पहले चरण के मतदान के उपरांत पाखेरपोत ब्लॉक में सरपंच के पद के लिए खड़ी महिला उम्मीदवार हसीना की मध्य कश्मीर के बड़गाम जिले में कुछ अज्ञात बंदूकधारियों ने गोली मारकर हत्या कर दी। अधिकारिक सूत्रों के अनुसार हसीना की हत्या करपोरा पाखेरपोरा में उनके घर के नजदीक 15 अप्रैल की रात को की गई। पुलिस ने मामले को दर्ज कर लिया है और हत्यारों की खोजबीन चल रही है। यह पंचायत चुनावों के शुरू होने के बाद से पहली राजनीतिक हत्या थी।

दिसंबर 2001 में गुजरात राज्य में जिला पोरबंदर में भाकरला ग्राम की महिला लक्खी बेन ओडेरा को भाजपा कार्यकर्ताओं ने पाइपों से बुरी तरह पीटा। कारण था, वह चुनाव के लिए अपना नामांकन पत्र भरने गई थी। वे चाहते थे कि वह चुनाव में खड़ी नहीं हो। लक्खी बेन ने बताया कि आक्रमणकारियों के नेता पूर्व सरपंच रामदेव औघड़ के भाई लखू औघड़ थे। उनकी पत्नी देवी बेन ने भी इसी पद के लिए अपना नामांकन पत्र भरा था। "दरअसल वे अपना मैदान साफ करना चाहते थे। इसीलिए मुझे मारा-पीटा गया। तत्कालीन मुख्यमंत्री नरेंद्र मोदी द्वारा समरस ग्राम परियोजना के तहत निर्विरोध निर्वाचन प्रक्रिया को प्रोत्साहित करने की घोषणा के बाद से ही भाजपा के कार्यकर्ता देवीबेन को निर्विरोध निर्वाचित करने की कोशिश कर रहे थे।" लक्खीबेन ने सितंबर 2000 में हुए जिला पंचायत चुनावों में कांग्रेस के टिकट पर चुनाव लड़ा था, जिसमें वे 100 मतों से पराजित हो गई थीं। उस समय भी भाजपा विधायक, कुटियाना के भाई भीमा तथा उनके पार्टी कार्यकर्ताओं द्वारा उन्हें धमकी दी गई थी। इसीलिए विवश होकर उन्होंने पुलिस से सुरक्षा की माँग भी की थी।

असम में फरवरी 2013 को पंचायत चुनावों के तीसरे एवं अंतिम चरण के दौरान गोपालपाड़ा और धुबड़ी जिलों में भारी हिंसा हुई, जिसमें लगभग 24 लोग मारे गए तथा कई घायल हो गए। अनेक जगहों पर घर जला दिए गए और स्थिति पर काबू पाने के लिए न सिर्फ कर्फ्यू लगाया गया, बल्कि संकटग्रस्त क्षेत्रों में सेना की आठ टुकड़ियाँ भी तैनात की गईं। सेना ने फ्लैग मार्च किया। हिंसा फैलाने के आरोप में कई लोग गिरफ्तार किए गए। प्रशासन ने उपद्रवियों को देखते ही गोली मारने के आदेश भी दिए।

पश्चिम बंगाल में पंचायत चुनाव में नामांकन के दौरान हिंसा में 9 लोग जान गँवा चुके हैं और 700 शिकायतें दर्ज की गई हैं। हुगली जिले में 30 प्रतिशत सीटों पर चुनाव नहीं होगा, क्योंकि सत्ताधारी पार्टी के उम्मीदवारों के खिलाफ कोई अन्य व्यक्ति खड़ा नहीं हुआ। कहने की जरूरत नहीं कि राजनीतिक गुंडागर्दी की वजह से ऐसा हुआ है। 2003 और 2008 के चुनाव में भी इस प्रकार की गुंडागर्दी और हिंसा हुई थी, फर्क सिर्फ इतना है कि गुंडों ने अपना राजनीतिक चोला बदल दिया है। पिछले कुछ महीनों के दौरान राज्य के अनेक स्थानों पर महिलाओं पर हिंसा, बलात्कार आदि की वारदातें बढ़ी हैं। पहले राजनीति में गुंडे प्रभावी जरूर थे, पर लगता है कि उन्होंने राज्य सरकार और सत्ताधारी दोनों पर अपना दबदबा कायम कर लिया है। किसी भी लोकतांत्रिक व्यवस्था के लिए यह प्रवृत्ति घातक ही कही जा सकती है।

पंजाब में पंचायत चुनाव की अधिसूचना के बाद से शुरू हुई हिंसा 3 जुलाई को मतदान वाले दिन भी जारी रही। पूरे राज्य में 85 फीसदी मतदान हुआ। जहाँ भटिंडा में पोलिंग अफसरों पर तेजाब फेंकने की घटना हुई, वहीं अमृतसर में पथराव के अलावा कई अन्य जगह हुई झड़पों में करीब 30 लोग घायल हो गए। शाम चार बजे मतदान समाप्त होते ही मतगणना शुरू हो गई थी। फिरोजपुर में करीब साढ़े तीन बजे कुछ लोगों ने हथियारों और तेजाब की कैन से लैस बूथ पर आए। पहले आरोपियों ने मतदान पेटियों में तेजाब डाला और जब पोलिंग स्टाफ ने रोकने की कोशिश की तो आरोपियों ने टीम पर भी तेजाब फेंक दिया।

दिलचस्प पहलू यह है कि राज्य में पंचायत चुनाव के लिए मतदान से कुछ दिनों पहले अकाली दल के कार्यकर्ताओं के बीच भी हिंसा हुई, जिसमें 15 लोग घायल हो गए। गाँव रुपईयां वाला में चुनाव प्रचार के दौरान शिरोमणि अकाली दल के दो पक्षों में जमकर झड़प हुई। 28 जून की देर रात दोनों पक्ष प्रचार के

दौरान आमने-सामने आ गए। गाली-गलौच से शुरू हुआ झगड़ा फायरिंग तक जा पहुँचा। इससे करीब 15 लोग घायल हो गए। फायरिंग में दो लोग गंभीर घायल हुए हैं, जिन्हें लुधियाना के डीएमसी में भेजा गया है और 13 घायल मेडिकल कॉलेज में भर्ती हैं। पुलिस में करीब 18 लोगों के खिलाफ मामला दर्ज किया है।

पंजाब में हुए पंचायतों के चुनाव में हिंसा, धौंस-धमकी या महँगे गिफ्ट देकर मतदाताओं को लुभाने, शराब एवं नशीले द्रव्यों के वितरण, राजनीतिक हस्तक्षेप और अनर्गल आरोप-प्रत्यारोप लगाने जैसे हथकंडे अपनाए गए। निम्न उदाहरण इस तथ्य को दर्शाते हैं।

जैसे-जैसे पंचायतों के चुनाव का समय निकट आता गया, राज्य में नशीली वस्तुओं और शराब की खपत बढ़ती गई। बताया जाता है कि इस दौरान उम्मीदवारों ने वोटरों को लुभाने के लिए शराब की 60 लाख बोतलें बाँटी।

राज्य में पंचायत चुनाव में धनराशि देकर वोटरों को पटाने की प्रवृत्ति बढ़ती जा रही है। एक अखबार के अनुसार फरीदकोट जिले के बटर गाँव में दो उम्मीदवारों के बीच काँटे की टक्कर थी और दोनों हर हाल में चुनाव जीतना चाहते थे। उन्होंने वोटरों में 13 लाख रु. बाँटे, ताकि अपनी जीत सुनिश्चित कर सकें। यह न सिर्फ चुनावी आचार संहिता का घोर उल्लंघन है, बल्कि राजनीतिक पतन को भी दर्शाता है।

इन चुनावों में कई मामलों में राजनीतिक हस्तक्षेप किया गया। मोगा जिले के पट्टो दीदार सिंह वाला में जब मतगणना जारी थी, तो राजविंदर कौर भगीके द्वारा उस स्थल के क्षेत्र में कथित प्रवेश करने के बाद उन्हें चार घंटे तक बंधक बनाकर रखा गया। यह पंचायत चुनाव में राजनीतिक हस्तक्षेप को रेखांकित करता है।

महिलाएँ पंचायत चुनाव लड़ रही थीं, लेकिन अनेक मामलों में उनके पति व बेटे चुनाव प्रचार में अधिक सक्रिय नजर आए और बैनर में पति के नाम तथा फोटो को प्रमुखता दी गई थी। यह भविष्य में पत्नी के नाम पर पति या बेटे द्वारा पंचायत का कामकाज सँभालने का स्पष्ट संकेत देता है। यूँ यह सिलसिला भारत के अन्य कई राज्यों के पंचायत चुनाव में और उसके बाद भी खूब देखने को मिलता है।

उत्तर प्रदेश के सीतापुर जिले में चुनावी रंजिश के कारण एक दलित महिला ग्राम प्रधान सहित दो व्यक्तियों की गोली मारकर हत्या कर दी गई, जबकि दो

अन्य गंभीर रूप से घायल हैं। पुलिस सूत्रों के अनुसार लहरपुर थाने के अकबरपुर गाँव में नौ-दस लोगों ने नरिया परसियां गाँव की दलित महिला प्रधान सुदामा देवी, उनके पति, भतीजे और उसके पिता पर ताबड़तोड़ गोलियाँ चला दीं, जिससे भतीजे की घटनास्थल पर ही मौत हो गई। सुदामा देवी ने अस्पताल जाते समय रास्ते में ही दम तोड़ दिया, जबकि दो अन्य घायलों का जिला अस्पताल में इलाज चल रहा है और उनकी हालत गंभीर बताई गई।

हिमाचल प्रदेश ने वर्ष 2010 के पंचायत चुनावों की घोषणा से पहले राज्य सरकार ने दो कदम उठाए—महिलाओं के लिए 50 प्रतिशत आरक्षण और उपप्रधान के पद पर सीधा चुनाव। 50 प्रतिशत महिला आरक्षण के बारे में सरकार ने अखबारों में महँगे विज्ञापन देकर खूब प्रचार किया। इस चुनाव ने शालीनता की सारी हदें तोड़ दीं। इसके लिए जिम्मेदार राज्य का सत्ताधारी दल है, जो यह दिखाने पर तुला कि जनता उसके ओर उसके चहेते उम्मीदवारों के साथ है। भाजपा और कांग्रेस, दोनों के राज्य स्तरीय नेता पंचायत चुनाव प्रचार के मैदान में कूदे और अपने-अपने उम्मीदवारों को भारी वित्तीय मदद भी दी। निर्दलीय उम्मीदवारों को 20-50 हजार रु. में खरीदकर उन्हें चुनाव मैदान से हटने को राजी किया गया। राज्य की कई पंचायतों में उम्मीदवारों ने 4-4 लाख रु. खर्च किए और कुछ ने तो 10 लाख रु. भी खर्च किए। ऐसे में वार्ड सदस्य भी पीछे नहीं रहे और उन्होंने औसत 20-30 हजार रु. खर्च किए। बीडीसी और जिला परिषद् के पद प्रतीकात्मक हैं, जिनके लिए 2-5 लाख रु. खर्च किया गया। कई स्थानों पर जिला परिषद् के चुनाव में 10 लाख रु. भी खर्च किए गए।

सोलन जिले के मैदानी इलाकों में पार्टियों ने प्रत्येक परिवार में शराब की बोतल और साथ में 100 रु. पहुँचाए। यह सिलसिला 14-15 दिन तक चला। चुनाव के दूसरे दौर में ठंड तेज होने से शराब की माँग बढ़ी और पार्टियों ने हँसी-खुशी यह पूरी की। तीसरे दौर में भी यही सिलसिला जारी रहा। राज्य में महिला मंडल की सदस्यों ने पहले की तरह योग्य महिला उम्मीदवारों की जगह अपने रिश्तेदारों का प्रचार किया। इस पंचायत चुनाव में सबसे अधिक फायदे में शराब विक्रेता और टैक्सी मालिक रहे। सादे पोस्टरों की जगह प्लास्टिक के रंगीन आदमकद पोस्टरों ने ले ली थी। टैक्सी में माइक के जरिए धुआँधार प्रचार और नारेबाजी का विचित्र नजारा देखने को मिला। वंचित वर्गों के कई ऐसे उम्मीदवार (पुरुष एवं महिलाएँ) भी थे, जिन्होंने घर-घर जाकर प्रचार किया। जनता ने उनका

गर्मजोशी से स्वागत किया और उनका लंबा भाषण सुना। बुजुर्ग लोगों ने यह भी माना कि ओछे चुनावी हथकंडे बेमतलब हैं। फिर भी ऐसे उम्मीदवार चुनाव में वोट बटोरने में नाकाम रहे। भ्रष्ट तौर-तरीकों पर काबू पाने में राज्य चुनाव आयोग असरहीन साबित हुआ।

राहत की बात है कि एक बड़ी संख्या में पंचायतों में यदि प्रधान एक पार्टी का उम्मीदवार चुना गया है तो उपप्रधान दूसरी पार्टी का है। शायद जनता ने सुरक्षित दाँव खेला, क्योंकि सिर्फ 18 माह बाद राज्य विधान सभा चुनाव होंगे। इससे कोई भी दल आश्वस्त नहीं हो सकता कि भावी सरकार उसकी ही होगी। फिर भी असली चिंता यह है कि यदि पंचायतों के चुनाव लड़ना इतना महँगा हो गया है तो ईमानदार, स्वतंत्र और सेवाप्रभावी उम्मीदवार (या वंचित वर्गों का उम्मीदवार) कैसे इतना खर्च वहन कर सकते हैं? पंचायतों के जरिए कैसे सुशासन, पारदर्शिता और सामाजिक न्याय की अपेक्षा की जा सकती है? क्या 73वें संविधान संशोधन के जरिए देखा गया सपना ध्वस्त नहीं हो रहा है?

व्यापक हिंसा की कोख से जिन पंचायतों का जन्म होगा, वे कैसी होंगी? प्रधान निरंकुश शासक की भूमिका अपनाएगा। पंचायतें लोकतांत्रिक ढंग से काम नहीं कर सकेंगी। भ्रष्टाचार बढ़ेगा। ग्राम सभा प्रहसन बन जाएगी। संक्षेप में, पंचायती राज अन्याय और शोषण का औजार बन जाएगा। यह स्वशासन नहीं, स्व-विरोध है—कम से कम मूक बहुसंख्यक जनता के लिए।

निष्कर्ष

राजनीतिक चुनौतियों का यह विश्लेषण बताता है कि निर्णय लेने की प्रक्रिया में महिलाओं की वांछित भागीदारी नहीं है। विधायिका के अलावा न्यायपालिकाओं में उनकी संख्या नगण्य है। राज्य पंचायती राज अधिनियमों में अनेक कमियाँ हैं, जो पंचायतों को स्वायत्तशासी संस्था बनाने में बाधा डालती हैं। पंचायत चुनाव में चुनाव से पहले, चुनाव के दौरान व बाद में हिंसा, जात-पाँत, गुटबाजी का वातावरण महिलाओं को निरुत्साहित करता है। महिलाएँ अगर घर से बाहर निकलती हैं तो उन पर चरित्रहनन का लाँछन लगा दिया जाता है, जिससे महिलाएँ हतोत्साहित हो जाती हैं। ये सभी वे राजनीतिक चुनौतियाँ हैं, जो महिलाओं को पंचायतों में सक्रिय होने से रोकती हैं। वास्तव में पंचायतों में संविधान में हाशिए पर डाली गई संस्थाएँ हैं। इसका मुख्य कारण राजनैतिक है। जब कोई राजनैतिक

पार्टी सत्ता से बाहर होती है तो वह पंचायतों की कसमें खाती हैं, लेकिन सत्ता में आने पर पंचायती राज को कमजोर करने का प्रयास करती है। अर्थशास्त्री एम. एल. दांतेवाला का यह कथन इस बारे में उचित प्रतीत होता है कि 'राजनैतिक नेता चाहे जो नारेबाजी करें, लेकिन वे प्रतिस्पर्धी राजनैतिक ताकतों के उद्दंड से भयभीत रहते हैं।'

6

प्रशासनिक चुनौतियाँ

प्रशासनिक चुनौतियों के अंतर्गत महिलाओं की केंद्र, राज्य व स्थानीय स्तर की सरकारी नौकरियों में भागीदारी का विश्लेषण किया गया है। नौकरशाही राजकाज का बहुत महत्त्वपूर्ण अंग है। विभिन्न योजनाओं को बनाने, उन्हें लागू करने व सरकार की नीति-निर्धारण में नौकरशाही सक्रिय रूप से संलग्न है, इसलिए विभिन्न सामाजिक समूहों की नौकरशाही में कितनी भागीदारी है, यह एक महत्त्वपूर्ण सवाल है। इसके लिए पंचायत प्रतिनिधि के रूप में महिलाएँ प्रभावशाली भूमिका निभा सकें, इसलिए नौकरशाही में भी उनकी समुचित भागीदारी होनी चाहिए। इस अध्याय में महिलाओं के प्रशासनिक तंत्र में प्रतिनिधित्व का अध्ययन किया है।

प्रशासनिक तंत्र में महिलाओं की भागीदारी

महिला एवं बाल विकास मंत्रालय द्वारा 'भारत में महिलाएँ 2010 आँकड़े' से दस्तावेज प्रकाशित किया है। इस दस्तावेज के अनुसार 2006 में भारतीय प्रशासनिक सेवा के कुल 4790 सदस्यों में से महिला सदस्यों की संख्या 571 (12%) थी। भारतीय पुलिस सेवा में कुल 3259 सदस्यों में से महिला सदस्यों की संख्या 150 (0.047%) थी। इसी प्रकार भारतीय विदेश सेवा में कुल 2648 सदस्यों में से महिला सदस्यों की संख्या 114 (0.043%) थी। उपरोक्त आँकड़ों से अंदाजा लगाया जा सकता है कि महिलाओं की देश के प्रशासनिक तंत्र में भागीदारी नगण्य है।

पंचायतों के दृष्टिकोण से अवलोकन

पंचायतों में जैसा कि विदित है 33 प्रतिशत आरक्षण है। पहले हम अध्ययन कर चुके हैं कि इन संस्थाओं में चुनकर आई अधिकतर महिलाएँ अनपढ़ और गरीब समाज से संबंधित हैं। उनको घर से बाहर ज़ाने का अनुभव नहीं है। ऐसी स्थिति में जब महिलाएँ पंचायत के कार्य से घर से बाहर जाती हैं तो उन्हें चारों ओर पुरुष कर्मचारी व अधिकारी नजर आते हैं। घूँघट का झंझट उन्हें और परेशान करता है। ऐसे परिवेश में वे खुलकर अपनी बात सरकार के अधिकारियों व कर्मचारियों से नहीं कर पातीं। अगर कार्यालयों में महिलाएँ भी अधिकारी व कर्मचारी हों तो दोनों एक-दूसरे की परेशानी को आसानी से समझ सकती हैं। महिला प्रतिनिधि महिला अधिकारी से अपने मन की बात कर सकती है।

दूसरे, वर्तमान में जो पुरुष अधिकारी व कर्मचारी कार्यालयों में कार्यरत हैं, उनका रवैया भी महिलाओं के प्रति सहिष्णु नहीं है। लेखक ने विभिन्न अधिकारियों व कर्मचारियों को यह कहते हुए पाया है कि ये महिलाएँ कुछ नहीं जानतीं। इनको न लिखना आता है, न पढ़ना। बस आरक्षण का प्रावधान कर दिया, इसलिए ये चुनकर आ गईं। इस तरह की मानसिकता, ऐसा अनुकूल वातावरण सृजित नहीं करती, जो महिलाओं को प्रोत्साहित करे। यह ठीक है कि वे लिख-पढ़ नहीं सकतीं, वे शुद्ध भाषा नहीं बोल सकतीं, लेकिन गाँव की समस्या को तो जानती हैं, उसको सुनकर कर्मचारियों को रास्ता बताना चाहिए।

लेखक को याद है कि बल्लभगढ़ हरियाणा में एक प्रशिक्षण शिविर में खाम्मी गाँव की सरपंच ने कहा था कि हमें जनता ने चुना है, फिर सरकारी कर्मचारी हमसे उचित व्यवहार क्यों नहीं करते? अगर हम ब्लॉक में किसी कार्य से जाती हैं तो हमको बैठने के लिए भी नहीं कहा जाता, पानी या चाय पूछने की बात तो दूर रही। अतः महिलाओं के सामने यह चुनौती है। इसीलिए महिलाओं की दीर्घकालीन 1988-2000 के अंतर्गत यह सिफारिश की गई थी कि स्थानीय स्तर के कार्मिकों में 50 प्रतिशत महिलाएँ होनी चाहिए। इसको लागू करने के लिए अनिवार्य योग्यता में छूट देकर महिलाओं को भर्ती किया जाए, जिनको बाद में विशेष प्रशिक्षण द्वारा प्रशिक्षित किया जाए, लेकिन इस सिफारिश को अभी तक अमल में नहीं लाया गया है। 'मुद्दे बीजिंग की ओर' दस्तावेज में सही लिखा है, ''महिलाओं की इन पदों पर उपस्थिति न केवल सामाजिक न्याय की दृष्टि से जरूरी है, बल्कि पूरी व्यवस्था के ज्यादा सुचारू रूप से चलने के लिए भी जरूरी

है। यह देखा गया है कि महिलाएँ अपना काम ज्यादा ईमानदारी व समर्पित भाव से करती हैं। नौकरशाही, प्रशासन व न्यायपालिका सभी ढाँचों में न केवल पुरुष हावी हैं, बल्कि पुरुषवादी सोच हावी है।

'प्रिया' स्वैच्छिक संस्था ने 73वें व 74वें संविधान संशोधनों के बाद व 1995 के मध्य में नौ राज्यों में पंचायतों की कार्यप्रणाली का अध्ययन किया है। इस अध्ययन में पंचायत सचिव की भूमिका भी एक मुद्दा था। इस अध्ययन में पाया गया कि कमजोर वर्गों से आए पंचायत सदस्यों और महिला सदस्यों के प्रति पंचायत सचिव का रवैया ज्यादातर या तो उदासीन रहा या पूरी तरह शत्रुतापूर्ण। अगर सचिव की भूमिका में महिला होती तो शायद ऐसा नहीं होता।

पंचायती राज या कलक्टर-बीडीओ राज

जब राजनैतिक पार्टियाँ अपने स्तर पर प्रतिस्पर्धा शक्तियों के उदय को नहीं चाहती तब नौकरशाही वर्ग ही खुश एवं सहर्ष संपन्न होगा। आजादी के लगभग सात दशक बाद भी हमारी प्रशासनिक संस्कृति शासन के औपनिवेशिक ढर्रे पर चल रही है और उसने स्थानीय सरकारों को तवज्जो नहीं दी है। इसी कारण से आज तक डीसी एवं बी.डी.ओ. राज जारी है। डॉ. जॉर्ज मैथ्यू ने अपने इस लेख में जो टाइम्स ऑफ इंडिया में 15 अप्रैल, 2013 को प्रकाशित हुआ था, में कहा है कि उसने 1995 में आंध्र प्रदेश के शादनगर में एक अध्ययन किया, जहाँ नेहरू ने 11 अक्तूबर, 1959 को दक्षिण भारत में पहली पंचायत का उद्घाटन किया था। उन्होंने वहाँ पूछा कि पंचायतें समुचित तरीके से कार्य क्यों नहीं कर रही हैं? एक बुजुर्ग व्यक्ति ने कहा–"अधिकारीगण गैर अधिकारियों, खासकर गाँव में जनता के प्रतिनिधियों को अधिकार देने के खिलाफ कार्य करते हैं। इसमें उनकी राज्य स्तरीय नेताओं के साथ साठ-गाँठ रहती है।" देश की नौकरशाही और नेताओं की इस मानसिकता में बदलाव लाने का कोई ठोस प्रयास नहीं किया गया है। इसलिए पंचायती राज महज एक सपना रह गया है।

पंचायती राज संस्थाओं को क्षमतावान बनाना मुश्किल नहीं है। इस बारे में एनी बेसेंट ने 1917 में कोलकाता में कहा था–'शिशु के हाथ एवं पैर बाँध दीजिए और उसके बाद उसे स्वयं चलना सीखने के लिए छोड़ दें। यदि वह नहीं चल पाता है तो शिशु पर दोष मढ़ें। स्वतंत्र माहौल में रहने वाला शिशु गिरने-लुढ़कने की प्रक्रिया में संतुलन बनाना स्वयं सीखेगा, पर बँधा हुआ शिशु पंगु बनेगा और कभी भी चल नहीं पाएगा।"

बिहार में पंचायतों की प्रशासनिक हालत पर रंजीत निर्गुणी ने अपने एक लेख 'अफसरशाही की चादर से ढका बिहार का पंचायती राज' में पंचायतों के संदर्भ में नौकरशाही में बोलबाला पर प्रकाश डाला है। रंजीत निर्गुणी स्वयं समस्तीपुर जिला परिषद् के सदस्य हैं। उनका कहना है कि बिहार पंचायती राज कानून 2006 में 29 विभागों को ग्राम पंचायतों को सौंपने की बात कही गई। इसके विपरीत 2006 के बाद सरकार ने एक-एक कर पंचायतों के अधिकार छीन लिए। ये अधिकार आज पंचायत सचिव, बी.डी.ओ., डी.डी.सी. और डी.एम. के हाथ में हैं। अफसरशाही के आगे पंचायतें मजबूर हैं। कई स्कीमों व कार्यों के लिए ग्राम सभा की मंजूरी अनिवार्य नहीं है। अनेक विषयों के लिए ग्राम सभाओं के निर्णय बाध्यकारी नहीं होते। वे अनुशंसात्मक मात्र होते हैं।

वर्तमान में मुखिया का कार्य उसे चौबीस घंटे बाँधे रखता है। पंचायत समिति सदस्यों एवं जिला परिषद् सदस्यों पर जितनी जिम्मेदारियाँ हैं, उनको निभाने में काफ़ी समय देना पड़ता है। केंद्र और राज्य की योजनाओं के जमीनी स्तर पर क्रियान्वयन को लेकर पंचायत प्रतिनिधियों को काफी माथापच्ची करनी पड़ती है। पंचायत कर्मियों की संख्या का आलम यह है कि दो-तीन पंचायतों की जिम्मेदारी एक पंचायत सचिव को दी जाती है। नतीजतन, ज्यादातर काम के निष्पादन की अंतिम जिम्मेदारी निर्वाचित प्रतिनिधियों पर ही आती है।

पंचायत समितियों एवं जिला परिषद्रों का हाल तो और भी दयनीय है। जिला उपविकास आयुक्त (डी.डी.सी.) जिला परिषद् का मुख्य कार्यपालक पदाधिकारी होता है, किंतु या तो कार्य-बहुलता या किसी अन्य बहाने से डी.डी.सी. यथासंभव जिला परिषद् के कार्यों से कन्नी काटते हैं।

मुखिया द्वारा ब्लॉक के दस चक्कर लगाने पर बी.डी.ओ. उसकी बात सुनता है। जिला परिषद् का अध्यक्ष, जो सिद्धांतः जिले का प्रथम नागरिक होता है और जिसका सचिव डी.डी.सी. है, उस जिला अध्यक्ष को डी.डी.सी. या डी.एम. से मिलने के लिए मिन्नतें करनी पड़ती हैं। सरकार कहती है कि जिला परिषद् अपने कर्मियों के वेतन एवं अन्य व्यय का वहन आंतरिक संसाधनों से करे, पर आंतरिक संसाधन जैसे—हाट, बाट पर सरकार ने कब्जा जमा लिया है। इस तरह के अनेक विरोधाभासों से बिहार में पंचायती राज व्यवस्था महज पंचायती राज चुनाव बनकर रह गई है।

पटना हाईकोर्ट की फटकार :
हमारा काम प्रशासन चलाना रह गया है क्या?

पटना हाईकोर्ट ने पंचायत समिति एवं जिला परिषद् से जुड़े कुछ मामलों पर सुनवाई करते हुए चिंता जाहिर की। अदालत ने प्रधान अपर महाधिवक्ता से जानकारी देने को कहा कि आखिर स्थानीय निकाय में क्या चल रहा है? क्या वहाँ का लोकतंत्र खत्म हो गया है? स्थानीय निकाय से जुड़ी आधा दर्जन लोकहित याचिका पर सुनवाई करते हुए कोर्ट ने कहा कि जो काम पंचायत समिति और जिला परिषद् का है, उस काम के लिए लोग हाईकोर्ट आ रहे हैं। क्या हाईकोर्ट का काम प्रशासन चलाना रह गया है?

जहानाबाद जिला परिषद् के विभिन्न कार्यों को लेकर अजित कुमार ने लोकहित याचिका दायर की थी। कोर्ट का कहना था कि सारी शिकायत जिला परिषद् से की जानी चाहिए थी। नियमावली में परिषद् के कार्यों का उल्लेख किया गया है। उसी प्रकार कटिहार करदाता संघ की ओर से अधिवक्ता सुष्मिता मित्रा ने शिकायत की थी कि वहाँ सड़कों का अतिक्रमण होता जा रहा है। कटिहार नगर निगम कुछ भी कर पाने में असमर्थ दिखता है। इस कोर्ट ने नगर निगम एवं जिला परिषद् को एक महीने में जवाब देने को कहा है। कोर्ट का कहना था कि यहाँ हर दिन लोग लोकहित याचिका के माध्यम से कभी पुल निर्माण की माँग तो कभी सड़कों की खस्ता हालत को लेकर आते हैं। यहाँ तक कि पंचायत समिति के सदस्य, मुखिया, सरपंच, जिला परिषद् के सदस्य कार्यपालिका के कार्यों के समाधान के लिए आते हैं। इन सारे कार्यों के लिए नियमावली बनी हुई है। उसी के तहत कार्रवाई होनी चाहिए। लेकिन ऐसा नहीं हो रहा है। लोग सारी समस्याओं को लेकर हाईकोर्ट में लोकहित याचिका दायर करते हैं। इससे न्यायालय में याचिकाओं का अंबार होता जा रहा है। ऐसा लगता है कि स्थानीय निकाय सरकार बेकार हो गई है।

स्रोत : पंचायती राज अपडेट, मई 2013

नेहा शुक्ला ने अपने लेख 'यूपीज पंचायती राज सिस्टम इन डिसऐरी' जो द टाइम्स ऑफ इंडिया में 11 नवंबर, 2013 को प्रकाशित हुआ था, में कहा है कि उत्तर प्रदेश में पंचायती राज विभाग खँडहरों में तब्दील हो रहा है। एक सर्वेक्षण के जरिए अधिकारियों को चौंकाने वाले मामलों का पता चला है, जिसके

अनुसार चित्रकूट प्रखंड में स्थानीय निवासियों ने पंचायत भवनों को लूटा और खिड़कियों की चौखटें एवं दरवाजे उठाकर अपने साथ ले गए। स्रोतों ने बताया कि इस बात की जाँच करवाई जानी आवश्यक है कि समस्या पंचायत भवनों के दूर होने की है या फिर पंचायतकर्मी इनमें ड्यूटी पर अक्सर आते ही नहीं हैं। राज्य की 51,914 पंचायतों में लगभग 18,000 पंचायतों में पंचायत भवन जैसी ढाँचागत सुविधाओं की कमी है। ग्राम सभा की बैठकें करवाने के लिए पंचायत भवनों का होना आवश्यक है। जो पंचायत भवन हैं भी, उन्हें स्थानीय लोग लूट रहे हैं, क्योंकि पंचायतकर्मी यहाँ अक्सर आते ही नहीं हैं।

राज्य के पास विभिन्न पंचायती राज योजनाओं जैसे—मनरेगा, लाभार्थी योजनाएँ, जैसे—छात्रवृत्तियाँ तथा पेंशन, 'स्वजलधारा' योजना, मध्याह्न भोजन तथा निर्मल भारत अभियान के लिए औसतन 5,000 करोड़ रु. का वार्षिक बजट होता है। लेकिन यहाँ ग्राम फोरमों में चर्चा करके इन योजनाओं को लागू करने के लिए पंचायत सचिवों की अत्यधिक कमी है। 51,914 ग्राम पंचायतों में विकास योजनाओं के क्रियान्वयन की देख-रेख का जिम्मा मात्र 8,000 पंचायत सचिवों के कंधों पर है।

भारी बोझ का मारा, ग्राम सेवक बेचारा

अभी तक यही सुनने में आया है कि शिक्षकों पर ही बच्चों को पढ़ाने के साथ-साथ कई सरकारी कामों का भार है, लेकिन बदलती तस्वीर में ग्राम सेवकों पर कहीं ज्यादा बोझ है। वे पंचायती राज व्यवस्था की धुरी बन गए हैं, उनके कंधों पर 62 कार्य हैं। अब तो हालात यह हो गए हैं कि गाँव को टैंकरों से पानी पिलाना हो तो भी उनकी ड्यूटी लगेगी। आजकल राशन बँटवाने में भी उनकी भूमिका है। नरेगा का काम तो स्थायी है ही, दूसरे कामों की प्राथमिकता बदलती रहती है या नए काम जुड़ते जाते हैं। ग्राम सेवकों ने अपनी पीड़ा और माँगों को लेकर सरकार का दरवाजा खटखटाया है। उनका कहना है कि उनके कंधे नरेगा का बोझा सहने लायक नहीं हैं, पंचायतों में तकनीकी कर्मचारियों से लेकर दूसरे स्टाफ का टोटा है। करीब 700 पंचायतों में ग्राम सेवक के पद खाली चल रहे हैं, लगभग एक हजार पद ग्राम रोजगार सहायकों के रिक्त हैं।

केंद्र सरकार की राष्ट्रीय पंचायत कैडर तैयार करने की योजना – 'पत्रिका' के नई दिल्ली स्थित संवाददाता राकेश शुक्ला की खबर के अनुसार पंचायतों की दूसरे

महकमे पर निर्भरता खत्म होगी। इसके लिए केंद्र सरकार राष्ट्रीय पंचायत कैडर तैयार करने की योजना बना रही है। अगर सब कुछ ठीक-ठाक रहा तो वर्ष 2017 तक पंचायती राज व्यवस्था के लिए समर्पित अधिकारियों की एक बड़ी फौज खड़ी होगी, जिन पर उसे पंच परमेश्वर की तरह चलाने की जिम्मेदारी होगी। देश में डेढ़ दशक पूर्व लागू हुई पंचायती राज व्यवस्था के मूर्तरूप नहीं ले पाने से चिंतित केंद्र ने पाया कि उद्देश्यपूर्ति नहीं हो पाने का मूल कारण जमीनी तौर पर जानकारी का अभाव है। इस विसंगति को दूर करने के लिए केंद्रीय स्तर पर विशेष सेवा कार्य अधिकारी का प्रारूप तैयार करने का विचार बना और उस पर काम शुरू हो गया। केंद्र सरकार पंचायतों के अधिकारियों के चयन के लिए उसी तरह के नियम-कायदे बना रही है, जैसे राज्य सेवा आयोग के होते हैं। परीक्षा के प्रारूप सहित पंचायतों में काम करने वाले छोटे-बड़े अधिकारियों के पद, नाम, वेतनमान, दायित्व और कार्य-विभाजन का खाका तैयार करने के लिए शिक्षण संस्थाओं से प्रस्ताव मँगाए गए हैं। इन सारे प्रस्तावों का अवलोकन कर प्रशासनिक सुधार आयोग उसे अंतिम रूप देकर सभी राज्य सरकारों के पास भेजेगा।

स्रोत : राजस्थान पत्रिका, 28 मई, 2010

भाग-3
संभावनाएँ

पुस्तक के दूसरे भाग में हमने महिला पंचायत प्रतिनिधियों की विभिन्न चुनौतियों का अध्ययन सामाजिक, आर्थिक, राजनीतिक, प्रशासनिक चुनौतियों के अंतर्गत किया है। इस अध्ययन से यह बात साफ निकलकर आती है कि महिला पंचायत प्रतिनिधियों के सामने अनेक चुनौतियाँ हैं। लेकिन ऐसा नहीं है कि इन चुनौतियों को दूर नहीं किया जा सकता। उदाहरण हमारे सामने है। कहाँ तो यह कहा जा रहा था कि एक-तिहाई आरक्षण के लिए महिलाएँ ढूँढ़ने से भी नहीं मिलेंगी, लेकिन कुछ राज्यों में महिलाओं की भागीदारी न्यूनतम 33 प्रतिशत से भी अधिक है। यह एक तथ्य है कि महिलाओं में निरक्षरता कायम है, लेकिन उनमें समझ है, वे गाँव की समस्याओं को व उनके समाधान को अच्छी तरह जानती हैं। इसके अनेक उदाहरण उपलब्ध हैं। शिक्षित होना महिला पंचायत प्रतिनिधि के लिए आवश्यक शर्त नहीं है। लेकिन पंचायतों के नियम-कानून जानना, बैठक के संचालन का कोरम क्या है, पंचायतों के अधिकार व शक्तियाँ कितनी हैं, वित्तीय साधन कितने हैं, आदि को जानने के लिए उन्हें शिक्षित होना जरूरी है। लेकिन यह तो शुरुआत है। अगर आज उन्हें प्रोत्साहित किया जाए जो निश्चित है कि अगली पीढ़ी की महिलाएँ शैक्षिक व राजनीतिक दृष्टि से ज्यादा समर्थ होंगी।

समय बदल रहा है, इसके साथ-साथ समाज भी करवट ले रहा है। स्त्रियों में जागृति आ रही है। शिक्षा के प्रति उनका दृष्टिकोण बदल रहा है। वे समझ रही हैं कि पढ़ाई न करके उन्होंने कितनी बड़ी गलती की है। घूँघट से धीरे-धीरे छुटकारा मिल रहा है। नया जमाना आ रहा है। सरकार व स्वैच्छिक संस्थाओं द्वारा

विभिन्न कार्यक्रम पंचायत प्रतिनिधियों को पंचायतों के बारे में जानकारी देने के लिए चलाए जा रहे हैं। महिलाएँ आर्थिक रूप से मजबूत हों, इसके लिए अनेक गतिविधियाँ संचालित की जा रही हैं। देश के विभिन्न राज्यों में 11 लाख के आसपास निर्वाचित महिला प्रतिनिधि हैं। इनमें से कुछ महिलाओं ने बहुत अच्छा कार्य करके दिखाया, जिनको इस भाग में 'सफल रही थीं' अध्याय में दिया गया है। इसके अलावा 81वाँ संविधान संशोधन, जो महिलाओं को एक-तिहाई आरक्षण संसद एवं विधान मंडल में देने के बारे में है, वह एक न एक दिन तो पारित होगा ही। उसके बाद महिला पंचायत प्रतिनिधियों का हौसला और बढ़ जाएगा। ये सब बातें और यह विश्वास सुदृढ़ करती हैं कि महिलाएँ वर्तमान सीमाओं को पार करती हुई आगे आएँगी। पुस्तक के इस भाग में इन्हीं मुद्दों को अलग-अलग अध्यायों के अंतर्गत विश्लेषित किया गया है।

7

ग्रामीण विकास व गरीबी उन्मूलन संबंधी कार्यक्रमों में महिलाओं की भागीदारी

महिलाएँ पंचायतों में अपनी भूमिका प्रभावशाली ढंग से निभा सकें, इसके लिए उनका आर्थिक रूप से सबल होना आवश्यक है। उनका आर्थिक पहलू कमजोर होने के कारण वे अपनी भूमिका प्रभावी ढंग से निभाने में सफल नहीं हो पाईं। अतः महिलाओं की आर्थिक स्थिति मजबूत करने के लिए ग्रामीण विकास मंत्रालय द्वारा ग्रामीण विकास व गरीबी उन्मूलन के अनेक कार्यक्रम शुरू किए गए, जिनमें महिलाओं को विशेष अवसर दिए गए हैं। इन्हीं कार्यक्रमों का संक्षेप में इस अध्याय में अध्ययन किया गया है।

उपरोक्त वर्णित कार्यक्रम गाँव में रह रहे परिवारों, खासकर गरीब परिवारों के लिए हैं। इन कार्यक्रमों के माध्यम से महिलाओं की आर्थिक स्थिति को सुधारने के लिए विशेष अवसर प्रदान किए जाते हैं, ताकि उनकी आर्थिक स्थिति मजबूत हो। इससे वे पंचायतों में अपनी भूमिका निभा पाने में ज्यादा समर्थ होंगी। महिलाओं व अनुसूचित जाति व जनजाति के लिए पंचायतों में आरक्षण के बाद आशा की जाती है कि ग्रामीण विकास व गरीबी उन्मूलन के कार्यक्रमों के पालन में सुधार होगा, क्योंकि वे कार्यक्रम मुख्य रूप से इन्हीं ताकतों के लिए हैं।

ग्रामीण विकास कार्यक्रमों द्वारा महिलाओं को अधिकार संपन्न बनाना

किसी समुदाय के विकास में उसकी सक्रिय भागीदारी को उसकी अधिकारिता के एक माध्यम के रूप में माना जाता है। भारतीय सामाजिक ढाँचे में महिलाओं के समग्र विकास के लिए विभिन्न स्तरों पर किए गए ठोस उपायों के माध्यम से विकास प्रक्रिया में भागीदारी सुनिश्चित की जानी है, जिससे वास्तव में महिलाओं को अधिकार संपन्न बनाया जा सकता है। सरकार ने अपनी नीतियों और कार्यक्रमों में पर्याप्त प्रावधान करने का विशेष रूप से ध्यान रखा है, जिसके माध्यम से यह सुनिश्चित किया जाना है कि देश की महिलाएँ न केवल अधिकार संपन्न हों बल्कि उन्हें मुख्यधारा में शामिल करने के लिए विकास प्रक्रिया में भी उनकी सक्रिय भागीदारी बने। उपर्युक्त को ध्यान में रखते हुए ग्रामीण विकास मंत्रालयों के विभिन्न कार्यक्रम बनाए जाते हैं।

ग्रामीण विकास मंत्रालय, गरीबी अपशमन और ग्रामीण विकास संबंधी कार्यक्रम कार्यान्वित कर रहा है। इन कार्यक्रमों के तहत महिलाओं के लिए विशेष घटक हैं। ग्रामीण विकास मंत्रालय द्वारा कार्यान्वित मुख्य योजनाओं जैसे महात्मा गाँधी राष्ट्रीय ग्रामीण रोजगार गारंटी अधिनियम (महात्मा गाँधी नरेगा), स्वर्ण जयंती ग्राम स्वरोजगार योजना (एसजीएसवाई), जिसे अब आजीविका के रूप में पुनर्गठित किया गया है, इंदिरा आवास योजना (आईएवाई), कार्यक्रम में महिला घटक शामिल हैं। इन कार्यक्रमों के कार्यान्वयन की विशेष रूप से महिलाओं की कवरेज के संदर्भ में निगरानी की जाती है।

हालाँकि उपर्युक्त कार्यक्रमों के अंतर्गत महिलाओं को प्राप्त होने वाले लाभों को मात्रिक रूप में मापा जा सकता है, तथापि, प्रधानमंत्री ग्राम सड़क योजना (पीएमजीएसवाई) जैसे अन्य कार्यक्रमों के मामले में ग्रामीण महिलाओं को प्राप्त होने वाले प्रत्यक्ष लाभों को दर्शाने वाले अलग-अलग आँकड़े एकत्र करना हमेशा संभव नहीं होता। किंतु इन कार्यक्रमों का ग्रामीण महिलाओं के रहन-सहन पर महत्त्वपूर्ण प्रभाव पड़ता है, उदाहरणार्थ, ग्रामीण सड़कों के माध्यम से संपर्क उपलब्ध कराने से बालिकाओं के लिए शिक्षा सुविधाएँ प्राप्त करने के अवसर बढ़ सकते हैं।

इसी प्रकार बेहतर ग्रामीण सड़कों के कारण ग्रामीण महिलाएँ स्वास्थ्य सुविधाएँ आसानी से प्राप्त कर सकती हैं और स्थानीय बाजार तक आसानी तक पहुँच सकती हैं, जिससे न केवल उनकी उत्पादकता बढ़ेगी अपितु उनकी जागरूकता

भी बढ़ेगी, जो पारंपरिक सामाजिक स्वरूप को बदलने में भी बहुत लाभप्रद होगी जिसके परिणामस्वरूप ग्रामीण महिलाओं की स्थिति में सुधार आएगा। ग्रामीण महिलाओं के रहन-सहन के माहौल को बेहतर बनाने के लिए स्वच्छता कार्यक्रमों के कार्यान्वयन में तेजी लाई गई है। इसी प्रकार कार्यक्रम दिशा-निर्देशों में काम करने वाली महिलाओं के लिए कार्यस्थल पर, कुछ सुविधाओं के सृजन का प्रावधान है, जो महिला संबंधी मुद्दों के बारे में प्रशासनिक व्यवस्था तथा अन्य डिलीवरी प्रणाली को संवेदनशील बनाने का एक तंत्र है। कार्यक्रमों के अंतर्गत जहाँ महिलाओं के लिए प्रत्यक्ष लाभ निर्धारित किए गए हैं, वहाँ भी वास्तविक लाभ अधिक हो सकते हैं, क्योंकि कार्यक्रमों के प्रभावी कार्यान्वयन के माध्यम से महिलाओं को प्राप्त होने वाले कुछ अप्रत्यक्ष लाभ, कार्यक्रम एजेंसियों से प्राप्त की गई वास्तविक प्रगति रिपोर्टों में नहीं दर्शाए जाते। इन लाभों का सूक्ष्म स्तर पर अथवा विभिन्न सांख्यिकी तथा अनुसंधान साधनों का प्रयोग करके विशेष संबंधी प्रभाव अध्ययन के जरिए ही पता लगाया जा सकता है।

राष्ट्रीय ग्रामीण आजीविका मिशन (एनआरएलएम)

आमतौर पर 10-20 महिलाओं का स्व-सहायता समूह (दुर्गम क्षेत्रों में 5-20) एनआरएलएम संस्थागत डिजाइन का प्राथमिक निर्माण खंड होता है। एनआरएलएम में विशेषकर महिला सदस्यों के जरिए एसएचजी को प्रोत्साहित किया जाएगा। ग्राम एवं उच्च स्तरों पर स्व-सहायता समूह और उनके संघ महिला सदस्यों को स्व-सहायता, पारस्परिक सहयोग और सामाजिक एवं आर्थिक विकास की सामूहिक कार्रवाई का अवसर मुहैया कराने का प्रयोजन पूरा करेंगे। एनआरएलएम में केवल महिला सदस्यों वाले समूहों के साथ कार्य किया जा रहा है, क्योंकि इस मिशन में यह माना जाता हैं कि महिलाएँ अर्थव्यवस्था, राजनीति और समाज जैसे सभी क्षेत्रों में उपेक्षित हैं। इसीलिए विभिन्न स्तरों पर गरीब महिलाओं की स्थायी संख्या का निर्माण किए जाने से इनका सामाजिक, आर्थिक और राजनैतिक सशक्तीकरण होगा, जिसके परिणास्वरूप उनके जीवन में गुणात्मक सुधार आएगा।

एनआरएलएम दृष्टिकोण

निर्धनों की आजीविका के निर्माण, सहायता एवं उसे बनाए रखने के लिए एनआरएलएम निर्धनों की स्वाभाविक क्षमताओं को काम में लाता है, तेजी से बदलते बाहरी विश्व के अनुसार चलने के लिए क्षमताओं (जानकारी, ज्ञान, कौशल, साधन, वित्त एवं सामूहीकरण) से उन्हें पूरा करता है।

समर्पित सहायता संरचनाएँ, निर्धनों के संस्थागत मंचों का निर्माण एवं उन्हें सुदृढ़ करती हैं। अपनी मानव एवं सामाजिक पूँजी की सहायता से ये मंच अपने सदस्यों को ई आजीविका सेवाएँ प्रदान करते हैं। इन सेवाओं में कई वित्तीय एवं पूँजीगत सेवाएँ, उत्पादन एवं उत्पादकता सुधार सेवाएँ शामिल हैं, जिनमें प्रौद्योगिकी, ज्ञान, कौशल एवं जानकारी, बाजार संपर्क आदि सम्मिलित हैं। इस बात के प्रति सजग रहते हुए कि आजीविका संबंधी कार्यकलाप विविधतापूर्ण होते हैं, एनआरएलएम तीन स्तंभों पर कार्य करता है (1) निर्धनों के मौजूदा आजीविका विकल्पों में सुधार एवं विस्तार (2) बाहरी रोजगारी बाजार के लिए कौशल निर्माण (3) स्व-रोजगारियों एवं उद्यमियों का पालन-पोषण। रुचि रखने वाले ग्रामीण बीपीएल युवाओं को काउंसिलिंग और रोजगार की अपेक्षा के साथ उनकी योग्यता का मिलान करने के बाद उन्हें कौशल विकास की पेशकश की जाएगी और उन्हें लाभदायक रोजगार दिए जाएँगे। स्व-रोजगार वाले तथा उद्यमिता-उन्मुख निर्धनों को कौशल एवं वित्तीय संपर्क प्रदान किए जाएँगे और माँग वाले उत्पादों एवं सेवाओं हेतु अतिलघु उद्यमों की स्थापना एवं उनके विकास हेतु उनका पालन-पोषण किया जाएगा।

ये मंच निर्धनों के लिए अपने अधिकार एवं हकदारी, सार्वजनिक सेवाएँ और अभिनवताएँ प्राप्त करने के लिए समर्थनकारी वातावरण का निर्माण करके विभिन्न हितधारक के साथ तालमेल एवं भागीदारी हेतु अवसर की पेशकश करते हैं। संस्थाओं के जरिए निर्धनों के समेकन से व्यक्तिगत सदस्यों के लिए लेन-देन की लागतों में कमी होती है, उनकी आजीविका अधिक व्यवसायी होती है और निर्धनता से बाहर निकलने में तेजी आती है।

कार्यक्रम की मुख्य विशेषताएँ

राष्ट्रीय ग्रामीण आजीविका मिशन (एनआरएलएम) की मुख्य भावना यह है कि निर्धनों में अपार क्षमताएँ हैं और उनमें गरीबी से बाहर आने की जबरदस्त इच्छा है। ये इच्छाएँ उद्यम-उन्मुख हैं, जो गरीबी की परिस्थितियों में उत्तरजीविता हेतु अनिवार्य तंत्र है। सार्थक आजीविका के सृजन हेतु उनकी क्षमताओं को उन्मुक्त करने और गरीबी से बाहर निकलने में उन्हें सक्षम बनाने की चुनौती है। इस प्रक्रिया का प्रथम चरण उन्हें स्वयं के संस्थानों के गठन के लिए प्रोत्साहित करना है। वित्त प्राप्त करने और उनके कौशलों एवं परिसंपत्तियों के विस्तार तथा उन्हें

सार्थक आजीविकाओं में बदलने के लिए उन्हें और उनके संस्थानों को पर्याप्त क्षमताएँ प्रदान किए जाने की आवश्यकता है। इसके लिए लगातार सहायता अपेक्षित है। ऐसी सामाजिक एकजुटता, संस्था निर्माण और आजीविका संवर्धन के लिए राष्ट्रीय स्तर से उप-जिला स्तर तक एक बाह्य समर्पित संवेदनशील सहायता संरचना अपेक्षित है।

क. कार्यनीति

एनआरएलएम का कार्यान्वयन मिशन पद्धति में किया जाता है, जिससे कार्यक्रम (क) आवंटन आधारित कार्यनीति से माँग आधारित कार्यनीति में परिवर्तित होगा, जिससे राज्य अपनी-अपनी आजीविका आधारित गरीबी उपशमन कार्य योजनाएँ तैयार करने में सक्षम होंगे, (ख) लक्ष्यों, परिणामों और समयबद्ध आपूर्ति पर केंद्रित होगा, (ग) सतत क्षमता निर्माण करने, अपेक्षित कौशल विकसित करने तथा संगठित क्षेत्र में सामने आते अवसरों सहित निर्धनों के लिए आजीविका अवसरों के साथ तालमेल करने में सक्षम होगा और (घ) आजीविका परिणामों के लक्ष्यों की निगरानी करने में सक्षम होगा। चूँकि एनआरएलएम में माँग संचालित कार्यनीति का पालन किया जाता है। अतः राज्यों को अपनी आजीविका-आधारित संदर्शी योजनाएँ और गरीबी उन्मूलन हेतु वार्षिक कार्यवाही योजनाएँ तैयार करने की लोचशीलता होगी। समस्त योजनाएँ परस्पर गरीबी अनुपात पर आधारित राज्यों हेतु आवंटन के भीतर होंगी।

ख. आजीविका घटक

सामाजिक समावेशन तथा निर्धनों का संस्थापन

सार्वभौम सामाजिक एकजुटता : प्रत्येक निर्दिष्ट निर्धन परिवार के एक महिला सदस्य को समयबद्ध रूप से स्व-सहायता समूह (एसएचजी) नेटवर्क में शामिल किया जाना सुनिश्चित करके एनआरएलएम संतृप्ति दृष्टिकोण का पालन करेगा। बाद में परिवारों (महिलाओं तथा पुरुषों दोनों) को संगठित किया जाएगा, ताकि आजीविका संबंधी मुद्दों को हल किया जा सके। आजीविका के तहत समाज के वंचित वर्गों की पर्याप्त कवरेज इस प्रकार सुनिश्चित की जाती है कि बीपीएल परिवारों की 100% कवरेज के लक्ष्य को ध्यान में रखते हुए 50% लाभार्थी अनुसूचित जाति/जनजाति के हों, 15% लाभार्थी अनुसूचित जाति/जनजाति के हों, 15% अल्पसंख्यक हों तथा 3% विकलांग हों।

स्व-सहायता समूह ऐसे निर्धन व्यक्तियों का अनौपचारिक स्वैच्छिक एसोसिएशन होता है, जो अधिमानतः एक ही सामाजिक-आर्थिक पृष्ठभूमि के हों। समूह व्यक्तियों को परस्पर सहायता की अपार शक्ति से अवगत कराने एवं उसका उपयोग करने के साथ ही व्यक्ति के रूप में अपनी पहचान बनाने में सक्षम बनाता है। स्व-सहायता समूहों को महिलाओं को सशक्त बनाने, निर्धन व्यक्तियों के बीच नेतृत्व की क्षमता विकसित करने, विद्यालय में नामांकन में वृद्धि करने और पोषण एवं परिवार नियंत्रण के उपयोग में सुधार सहित विभिन्न प्रकार के लक्ष्यों हेतु साधन के रूप में देखा जाता है। वित्तीय सहायता को सामान्यतः प्राथमिक उद्देश्य के बजाय इन अन्य लक्ष्यों के लिए प्रवेश द्वार के रूप में देखा जाता है। यह उन्हें ऐसा मंच उपलब्ध कराता है, जहाँ से वे बैंकों तथा सार्वजनिक सेवाओं तक पहुँच बना सकते हैं और ऐसे परिवर्तन ला सकते हैं, जो निर्धन व्यक्तियों के रूप में उन्हें प्रभावित करता हो।

आमतौर पर ऐसी 10-20 निर्धन महिलाओं (दुर्गम क्षेत्रों में 5-20 निर्धन महिलाएँ) का एक स्व-रोजगार समूह, जो एक ही ग्राम की हों और साझा सामाजिक-आर्थिक पृष्ठभूमि वाली हों, एनआरएलएम संस्थागत डिजाइन की प्राथमिक आधार-शिला होता है। अन्य महत्त्वपूर्ण आयामों में इस प्रकार गठित स्व-सहायता समूह सदस्यों की आपसी घनिष्ठता या सहमत साझा उद्देश्यों पर आधारित होते हैं और उसमें विभिन्न सामाजिक एवं आर्थिक वर्गों के सदस्य शामिल होते हैं। जहाँ अ.जा., अ.ज.जा. या अन्य सामाजिक अथवा आर्थिक समूह के व्यक्तियों की पर्याप्त संख्या हो, वे अपने समूहों का निर्माण कर सकते हैं, परंतु उन्हें भी दूसरे सदस्यों को शामिल करने के लिए प्रोत्साहित किया जाता है। स्व-सहायता समूहों को समूह प्रबंधन, आजीविका योजनाएँ तैयार करने, निर्धनतम सदस्यों की सहायता करने, अपने अधिकार एवं हकदारियाँ प्राप्त करने के प्रयास करने, सामाजिक जवाबदेही आदि का प्रशिक्षण दिया जाता है और उनसे लोकतांत्रिक तरीके से कार्य करने की अपेक्षा की जाती है।

गरीबों के संस्थापन को प्रोत्साहित करना : स्व-सहायता समूहों और उनके संघों जैसी निर्धनों की सुदृढ़ गुणवत्तायुक्त संस्थाओं के गठन को वरीयता दी जाती है। इससे निर्धनों का सशक्तीकरण होता है और ये ज्ञान एवं प्रौद्योगिकी के प्रसार के साधन तथा उत्पादन, एकजुटता एवं वाणिज्य के केंद्र के रूप में कार्य करते हैं। इसके अलावा आजीविका में जीविकोपार्जन, लागत मितव्ययिता

के जरिए आजीविका प्रोत्साहन के लिए उत्पादकों की सहकारी संस्थाओं/कंपनियों, बैकवर्ड एवं फॉरवर्ड लिंकेज और जानकारी, ऋण, प्रौद्योगिकी, बाजार आदि तक पहुँच को प्रोत्साहित किया जाता है। जीविकोपार्जन समूह से निर्धनों को अपने सीमित संसाधनों को इष्टतम करने में सहायता मिलती है। सरकारी प्रयासों तथा गैर-सरकारी संगठनों के प्रयासों से निर्धन महिलाओं के संस्थान स्थापित किए गए हैं। आजीविका से निर्धनों के विद्यमान संस्थानों को भागीदारी मोड़ में सुदृढ़ करने में सहायता मिलेगी।

प्रशिक्षण, क्षमता निर्माण तथा कौशल विकास : आजीविका से यह सुनिश्चित किया जाता है कि निर्धनों का निम्नलिखित के लिए कौशल विकास हो - संस्थानों का प्रबंधन, बाजारों से संबद्धता, उनकी मौजूदा आजीविका का प्रबंधन, उनकी ऋण उपभोग क्षमता एवं ऋण उपयुक्तता बढ़ाना आदि। लक्षित परिवारों, एसएचजी, उनके परिसंघों, सरकारी कर्मियों, बैंकरों, एनजीओ तथा अन्य प्रमुख हितधारकों के सतत क्षमता निर्माण के लिए एक बहुआयामी दृष्टिकोण की कल्पना की गई है। विशेष रूप से एसएचजी एवं उनके परिसंघों तथा अन्य समूहों के क्षमता निर्माण के लिए सामुदायिक स्रोत व्यक्तियों (सीआरपी) की सेवाओं का उपयोग करने पर बल दिया जाएगा। आजीविका के तहत जानकारी का प्रचार-प्रसार तथा क्षमता निर्माण प्रभावी रूप से करने के लिए आईसीटी का व्यापक उपयोग किए जाने की योजना है।

परिक्रमी निधि तथा पूँजीगत सब्सिडी : परिक्रमी निधि तथा पूँजीगत सब्सिडी के रूप में सब्सिडी उपलब्ध कराई जाती है। एसएचजी को परिक्रामी निधि (70% से अधिक सदस्य बीपीएल परिवारों से होने पर), प्रोत्साहन राशि के रूप में उपलब्ध कराई जाएगी, ताकि उनमें मितव्ययिता और दीर्घकालिक रूप से ऋण संबंधी आवश्यकताओं और अल्पकालिक रूप से तात्कालिक उपभोग संबंधी आवश्यकताओं को पूरा करने हेतु निधियाँ एकत्र करने की आदत उत्पन्न हो सके। उक्त सब्सिडी संग्रह निधि है और इसे सदस्यों की ऋण आवश्यकताएँ प्रत्यक्ष रूप से पूरी करने तथा दोबारा बैंक वित्तपोषण की पूर्ति हेतु उत्प्रेरक पूँजी के रूप में उपयोग किया जाएगा। पूँजीगत सब्सिडी निधि एसएचजी को सीधे दी जाएगी अथवा परिसंघों के माध्यम से एसएचजी को दी जाएगी, यदि वे चाहेंगे।

समुदाय संसाधन व्यक्ति

समुदाय संसाधन व्यक्ति (सीआरपी) महिला स्व-सहायता समूह है, जो स्व-सहायता समूहों का सदस्य बनकर गरीबी से मुक्त होते हैं एवं स्व-सहायता के मुख्य सिद्धांतों का पालन करते हैं। वे अन्य गरीब व्यक्तियों और अन्य संस्थाओं के लिए मार्गदर्शक एवं अनुकरणीय व्यक्ति के रूप में कार्य करते हैं। वे नए समूहों को क्षमता निर्माण सहायता उपलब्ध कराते हैं और गरीबी से मुक्त होने के लिए अपनी योजनाओं को सफलतापूर्वक कार्यान्वित करने हेतु एक-दूसरे के लिए परामर्शदाता के रूप में कार्य करते हैं। समुदाय संसाधन व्यक्ति इन वर्षों के दौरान सामाजिक एकजुटता, स्त्री-पुरुष, वित्तीय प्रबंधन, खाता-बही, विपणन, स्वास्थ्य, अर्द्धवैधानिक सहायता एवं अन्य जैसे विशिष्ट क्षेत्रों में अपनी-अपनी क्षमता वाले कार्यात्मक विशेषज्ञ के रूप में उभरे हैं।

सर्वभौम वित्तीय समावेशन : आजीविका में वित्तीय समावेशन की माँग एवं आपूर्ति दोनों पहलुओं का ध्यान रखा जाएगा। माँग के संदर्भ में इसके द्वारा गरीबों को वित्तीय पहलुओं के बारे में जानकारी दी जाएगी और एसएचजी और उनके परिसंघों के लिए उत्प्रेरक पूँजी उपलब्ध कराई जाएगी। आपूर्ति के संदर्भ में इसके अंतर्गत वित्तीय क्षेत्र के साथ समन्वय करते हुए सूचना, संचार एवं प्रौद्योगिकी (आईसीटी) आधारित वित्तीय प्रौद्योगिकियों, बिजनेस कॉरस्पोंडेंट और 'बैंक मित्र' जैसे सामुदायिक सुविधादाताओं को प्रोत्साहित किया जाएगा।

ब्याज सब्सिडी का प्रावधान : ग्रामीण निर्धनों को सुगम ऋण उपलब्ध कराने के लिए आजीविका के तहत उन सभी पात्र एसएचजी को 7% से अधिक की वार्षिक ब्याज दर पर सब्सिडी उपलब्ध कराने का प्रावधान है, जिन्होंने प्रमुख वित्तीय संस्थानों से ऋण लिया है, जो कि सही समय पर ऋण की वापसी पर आधारित है। यह किसी एसएचजी द्वारा पूँजीगत सब्सिडी प्राप्त करने की स्थिति में लागू नहीं होता।

अवसरंचनाओं का सृजन तथा विपणन सहायता : आजीविका में गरीबों के प्रमुख जीविकोपार्जन क्रियाकलापों के लिए आवश्यक अवसंरचना को पूरा किया जाना सुनिश्चित किया जाएगा। इससे निर्धनों के संस्थापन की विपणन संबंधी जरूरतों के लिए सहायता प्रदान की जाएगी।

कौशल तथा नियोजन परियोजनाएँ : आजीविका के माध्यम से युवाओं के मामले में बेहतर निवेश के रूप में भागीदारी मोड़ के माध्यम से विद्यमान कौशल एवं नियोजन परियोजनाओं का उन्नयन किया जाएगा और उभरते बाजारों में जीविकोपार्जन अवसरों को प्रोत्साहन दिया जाएगा। इसे सुदृढ़ करने के लिए सार्वजनिक, निजी, गैर-सरकारी तथा सामुदायिक संगठनों के साथ भागीदारी के विभिन्न मॉडल विकसित किए जाएँगे। औद्योगिक एसोसिएशनों तथा क्षेत्र विशिष्ट कर्मचारी एसोसिएशनों के साथ भी घनिष्ठ संबंध स्थापित किए जाएँगे।

ग्रामीण स्व-रोजगार प्रशिक्षण संस्थान (आरएसईटीआई) : आजीविका में सार्वजनिक क्षेत्र के बैंकों को देश के सभी जिलों में ग्रामीण स्व-रोजगार प्रशिक्षण संस्थान (आरएसईटीआई) स्थापित करने के लिए प्रोत्साहित किया जाता है। आरएसईटीआई जिले के बेरोजगार ग्रामीण युवाओं को स्वरोजगार वाले उद्यमियों के रूप में परिवर्तित करते हैं, जिसे आवश्यकता आधारित प्रयोगात्मक प्रशिक्षण कार्यक्रम और मौके पर व्यवस्थित सहायता एवं बैंक लिंकेज के माध्यम से प्राप्त किया जाता है। बैंक चयन, प्रशिक्षण तथा प्रशिक्षण पश्चात् चरणों संबंधी कार्यों में पूर्ण रूप से सम्मिलित होते हैं। आरएसईटीआई गरीबों के संगठनों सहित अन्य संगठनों की सहायता से अपनी कार्यसूची तथा उन्हें दिए गए अधिदेश को पूरा करते हैं। इसके अलावा आजीविका में विभिन्न स्तरों पर विभिन्न स्टेकहोल्डरों के साथ सीधे या निर्धनों की संस्थाओं के जरिए साझेदारी करने का प्रयत्न किया जाएगा।

पंचायती राज संस्थाओं (पीआरआई) के साथ संपर्क : पंचायती राज संस्थाओं (पीआरआई) की मुख्य भूमिका, जिसमें शासी, वाणिज्यिक और राजनैतिक भूमिकाएँ शामिल हैं, को देखते हुए खासकर ग्राम पंचायतों के स्तर पर पंचायतों और निर्धनों की संस्थाओं के बीच सावधानीपूर्वक पारस्परिक रूप से लाभप्रद कामकाजी संबंध बनाने एवं इसे आसान बनाने की जरूरत है। पारस्परिक राय, सहायता और संसाधनों के आदान-प्रदान के लिए ऐसी संस्थाओं और पीआरआई के बीच नियमित रूप से परामर्श करने के लिए औपचारिक प्लेटफार्म बनाए जाएँगे। तथापि, उनकी स्वायत्तता को सुरक्षित रखने के लिए सावधानी बरती जाएगी। जहाँ कोई पीआरआई नहीं हैं? वहाँ पारंपरिक स्थानीय ग्रामीण संस्थाओं से संपर्क किया जाएगा।

समुदाय संसाधन व्यक्तियों की सामाजिक एकजुटता और संस्थागत निर्माण की विशेषताएँ

1. समुदाय संसाधन व्यक्ति सुदृढ़ स्व-सहायता समूहों, ग्राम संगठनों और उच्च स्तरीय परिसंघों के सदस्यों से चुने गए सक्रिय समुदाय नेतृत्व होते हैं।
2. समुदाय संसाधन व्यक्ति ऐसे महिला सदस्य होते हैं, जो गरीबी से मुक्त हो गए हैं और जिनकी जिंदगी स्व-सहायता समूहों, ग्राम संगठनों एवं उच्च स्तरीय परिसंघों द्वारा उपलब्ध कराए गए सक्रिय सहयोग, मार्गदर्शन और सहायता से बदल गई है।
3. आरंभ में उनके पास उनके समूह में उत्तम पद्धतियों का अनुसरण करने वाले सदस्यों के रूप में कम-से-कम दो वर्षों का अनुभव हो। इस अवधि में उन्होंने विभिन्न प्रकार का ऋण लिया है और अपने आजीविका आधार और जीवन स्तर को बेहतर बनाया है।
4. उन्हें अपने स्व-सहायता समूहों, स्वैच्छिक संगठनों एवं उच्च स्तरीय परिसंघों में अनुकरणीय व्यक्ति के रूप में माना गया है।
5. उनके स्व-सहायता समूह, ग्राम संगठन और उच्च स्तरीय परिसंघ अच्छी प्रबंधन पद्धतियों को अपनाने वाले सुदृढ़ एवं ठोस संगठन हो गए हैं और सामाजिक मुद्दों का सफल समाधान कर रहे हैं। उनके पास अच्छे वाक् एवं संप्रेषण कौशल हैं।
6. वे विगत में घोर गरीबी से ग्रस्त थे और स्व-सहायता समूह की सहायता से गरीबी से मुक्त हो चुके हैं। उन्होंने एसएचजी अवधारणा, समूह प्रबंधन मानदंड, एसएचजी की बैठक की प्रक्रिया, खाता-बही की आवश्यकता और लेखाकार की भूमिका के संबंध में स्पष्टता, लघु ऋण योजना (एमसीपी) प्रक्रिया, स्वैच्छिक संगठन की बैठक की प्रक्रिया, स्वैच्छिक संगठन तथा स्वैच्छिक संगठनों की समितियों के विभिन्न कार्यों, स्व-सहायता संगठनों के साथ सामुदायिक कार्यकर्ता की भूमिका एवं कार्य संबंधी स्पष्टता के संबंध में अच्छा ज्ञान एवं अनुभव हासिल किया है।
7. उनके पास अपने स्व-सहायता संगठनों, स्वैच्छिक संगठनों और अन्य परिसंघों (एक समुदाय से दूसरे समुदाय को सीख) के व्यक्तिगत अनुभवों एवं श्रेष्ठ पद्धतियों से सबक लेकर समुदाय के लिए प्रशिक्षण आयोजित करने की क्षमता एवं कौशल है।
8. उनके पास गरीब महिलाओं को प्रेरित करने के लिए प्रशिक्षण एवं समारोह में अपने लोक साहित्य का उपयोग करने की क्षमता है।
9. वे अपने स्व-सहायता समूहों एवं स्वैच्छिक संगठनों की रूपरेखा, संस्थागत सुदृढ़ता प्रगति, पोषित एवं अपनाई गई श्रेष्ठ पद्धतियों और सदस्यों का स्थिति अध्ययन एवं उपलब्धियों को प्रलेखित करते हैं और उनका प्रयोग प्रशिक्षण एवं समारोह में प्रशिक्षण सामग्री के रूप में करते हैं।

महिला किसान सशक्तीकरण परियोजना (एमकेएसपी)

भारत सरकार ने वर्ष 2010-11 में आजीविका-राष्ट्रीय ग्रामीण आजीविका मिशन के उप-घटक के रूप में महिला किसान सशक्तीकरण परियोजना (एमकेएसपी) शुरू की, ताकि कृषि में महिलाओं की मौजूदा स्थिति में सुधार किया जा सके और सशक्तीकरण के अवसरों में वृद्धि की जा सके। एमकेएसपी देश भर में आजीविका बढ़ाने और संवेदनशीलता की कमी के हस्तक्षेप करने के लिए शुरू की गई। एमकेएसपी के अंतर्गत कृषि में महिलाओं के महत्त्व को स्वीकार किया गया है और इस प्रकार उन्हें प्रत्यक्ष एवं अप्रत्यक्ष सहायता उपलब्ध कराने का लक्ष्य है, ताकि स्थायी कृषि उत्पादन करने में उन्हें समर्थ बनाया जा सके। एमकेएसपी के अंतर्गत शिक्षण चक्र आरंभ करने की संकल्पना की गई है, जिसके द्वारा महिलाओं को उपयुक्त प्रौद्योगिकी एवं कृषि प्रणाली सीखने एवं अपनाने में समर्थ बनाया जाता है। आजीविका के उपघटक के रूप में एमकेएसपी का कार्यान्वयन विशेष रूप से बनाई गई परियोजनाओं के जरिए किया जाता है।

एमकेएसपी का मख्य उद्देश्य कृषि आधारित आजीविका में उनकी भागीदारी एवं उत्पादकता बढ़ाने के लिए प्रणालीगत निवेश द्वारा कृषि में महिलाओं को अधिकार संपन्न बनाना है।

महिला किसान सशक्तीकरण परियोजना (एमकेएसपी) की मुख्य विशेषताएँ इस प्रकार हैं :

(क) कृषि में स्थायी कृषि आजीविका के अवसर पैदा करने और इस प्रक्रिया में परिवार एवं समुदाय स्तर पर खाद्य एवं पोषण सुरक्षा सुनिश्चित करने का प्रस्ताव है।

(ख) ग्रामीण क्षेत्रों में समुदाय आधारित महिला संगठनों को सुदृढ़ किया जाएगा, ताकि उन्हें कृषि आधारित आजीविका संबंधी क्रिया-कलापों को प्रबंधित करने में समर्थ बनाया जा सके।

(ग) स्थानीय रूप से अपनाई गई संसाधन संरक्षक, किसानों पर आधारित और पर्यावरण के अनुकूल प्रौद्योगिकियों के उपयोग पर जोर दिया गया है।

(घ) ग्रामीण विकास मंत्रालय राज्य सरकार/परियोजना कार्यान्वयन एजेंसी द्वारा प्रस्तुत परियोजना के लिए 75 प्रतिशत तक (पूर्वोत्तर और पर्वतीय राज्यों के मामले में 90 प्रतिशत) वित्तीय सहायता उपलब्ध कराएगा। संबंधित राज्य सरकार अथवा अन्य दाता एजेंसी को शेष राशि में अंशदान करना होता है।

महिला किसान सशक्तीकरण परियोजना (एमकेएसपी) के अपेक्षित परिणाम इस प्रकार हैं :

(क) स्थायी आधार पर कृषि में महिलाओं की आय में वृद्धि
(ख) कृषि में महिलाओं एवं उनके परिवारों की खाद्य एवं पोषण सुरक्षा में सुधार
(ग) महिलाओं द्वारा कृषि क्षेत्र में वृद्धि, फसल की बारंबारता एवं खाद्य उत्पादन
(घ) कृषि में महिलाओं द्वारा कौशल एवं निष्पादन स्तर में वृद्धि
(ड) कृषि में महिलाओं को उत्पादक जमीन, जानकारी, ऋण, प्रौद्योगिकी एवं जानकारी की उपलब्धता में वृद्धि
(च) महिलाओं के लिए अनुकूल साधन/प्रौद्योगिकियों के उपयोग के जरिए कृषि में महिलाओं के लिए कठिनाई में कमी
(छ) उनके उत्पादों के बेहतर विपणन के लिए बाजार एवं बाजार संबंधी जानकारी की उपलब्धता में वृद्धि
(ज) कृषि आधारित आजीविका को कायम रखने के लिए मिट्टी की स्थिति एवं उर्वरता में वृद्धि
(झ) महिला संस्थाओं की बढ़ती संख्या और उनकी उद्यमिता में वृद्धि के रूप में हित समूह के रूप में कृषि में महिलाओं की संख्या में वृद्धि

एमकेएसपी के अंतर्गत नॉन-टिम्बर फॉरेस्ट प्रोड्यूस (एनटीएफपी) पर आधारित न्यू लाइवलीहुड वर्टिकल भी शामिल किया गया है। स्थायी कृषि और एनटीएफपी चरण दोनों के लिए दिशा-निर्देश इस मंत्रालय की वेबसाइट **www.rural.nic.in** और **www.aajeevika.gov.in** पर उपलब्ध है। वर्तमान में एमकेएसपी के अंतर्गत 15 राज्यों के 118 जिलों में फैली कुल 59 परियोजनाएँ चल रही हैं। परियोजना का कुल परिव्यय 822 करोड़ रु. है। वर्ष 2014-15 तक 28.5 लाख किसान महिलाएँ इस परियोजना से लाभान्वित हुई हैं।

मुख्य विशेषताएँ

- 5 वर्षों में 1,00,000 युवाओं को प्रशिक्षण देने और कम से कम 75% को रोजगार प्रदान करने का लक्ष्य है।
- स्थानीय युवाओं की विशिष्ट आवश्यकताओं को पूरा करने के लिए प्रत्येक ब्लॉक (भौगोलिक क्षेत्र) में प्रशिक्षण केंद्र विकसित किए जाएँगे।

- प्रशिक्षण के बाद और नियोजन के दौरान भी प्रशिक्षणार्थियों को सहायता उपलब्ध कराना।
- कार्यक्रम का दीर्घावधिक लक्ष्य समुदायों द्वारा केंद्रों का संचालन एवं उन्हें क्षमताएँ अंतरित करना है।

2. महात्मा गाँधी राष्ट्रीय ग्रामीण रोजगार गारंटी अधिनियम (मनरेगा)

सांविधिक स्वरूप एवं अधिकार-आधारित दृष्टिकोण के साथ महात्मा गाँधी राष्ट्रीय ग्रामीण रोजगार गारंटी अधिनियम (मनरेगा) से 5 सितंबर, 2005 को अधिसूचित किया गया था। इसका उद्‌देश्य है- प्रत्येक ग्रामीण परिवार को, जिसके वयस्क सदस्य अकुशल मजदूरी कार्य करना चाहते हैं, एक वित्तीय वर्ष में कम-से-कम 100 दिन का गारंटीयुक्त रोजगार उपलब्ध कराकर उनकी आजीविका सुरक्षा को बढ़ाना। अधिनियम में जिसे 2 फरवरी, 2006 को लागू किया गया, प्रथम चरण में 200 जिले सम्मिलित थे और तदुपरांत उसे देश के सभी ग्रामीण क्षेत्रों में चरणबद्ध रूप से विस्तारित किया गया।

योजना के तहत महिला श्रमिकों की भागीदारी सांविधिक न्यूनतम अनिवार्यता के 33 प्रतिशत को भी पार कर गई है और राष्ट्रीय स्तर पर महिला श्रमिकों की भागीदारी की दर संबंधी प्रवृत्तियों में वृद्धि का संकेत मिलता है। योजना के प्रारंभ से प्रत्येक वर्ष महिला भागीदारी लगभग 50 प्रतिशत से अधिक रही।

अंतर्राष्ट्रीय दृष्टि से मनरेगा पहला ऐसा कानून है, जो अनोखे पैमाने पर मजदूरी रोजगार की गारंटी देता है। अधिनियम का मुख्य उद्‌देश्य ग्रामीण क्षेत्रों में मजदूरी रोजगार के माँग की पूर्ति करना है। अधिनियम के अधीन अनुज्ञेय कार्य दीर्घकालिक गरीबी व दरिद्रता जैसे सूखा, वनों का कटाव और मृदा विस्फोट की समस्याओं को सुलझाता है, ताकि रोजगार सृजन की प्रक्रिया को टिकाऊ आधार पर कायम रखा जा सके। स्थानीय शासन निकायों, जैसे पंचायती राज संस्थान को महत्त्वपूर्ण भूमिका प्रदान कर प्रजातंत्र के विकेंद्रीकरण तथा प्रक्रियाओं को गहराई तक मजबूती देने के लिए अधिनियम एक महत्त्वपूर्ण वाहक भी है।

अधिनियम की मुख्य विशेषताएँ

- **अधिकार-आधारित स्वरूप :** ग्रामीण परिवार के वयस्क सदस्यों के लिए, जो अकुशल शारीरिक श्रम करना चाहते हैं।
- **समयबद्ध गारंटी :** रोजगार प्रदान करने के लिए 15 दिन, अन्यथा बेरोजगारी भत्ता।

- वास्तविक माँग के आधार पर एक वित्त वर्ष में एक परिवार को 100 दिन का रोजगार।
- **श्रम आधारित कार्य :** स्वीकार्य कार्यों के लिए मजदूरी तथा सामग्री का अनुपात 60:40; कोई ठेकेदार/मशीनरी नहीं।
- **विकेंद्रित आयोजना**
  - ❑ ग्राम सभा द्वारा कार्यों की सिफारिश
  - ❑ कम-से-कम 50% कार्यों का ग्राम पंचायतों द्वारा क्रियान्वयन
  - ❑ पंचायती राज संस्थाओं की मुख्य भूमिका
- **कार्यस्थल पर सुविधाएँ :** कार्य स्थलों पर क्रेच, पेयजल, प्राथमिक उपचार तथा विश्राम स्थल शेड की उपलब्धता
- **महिला सशक्तीकरण :** दीवारों पर लिखी सूचना, नागरिक सूचना पटलों तथा एमआईएस एवं सामाजिक लेखा परीक्षा के माध्यम से स्वयमेव प्रकटन
- **वित्तपोषण :** केंद्र सरकार द्वारा अकुशल मजदूरी के संबंध में 100 प्रतिशत तथा कुशल, अर्द्धकुशल और सामग्री की लागत के लिए 75 प्रतिशत वित्त पोषण का वहन किया जाता है। राज्यों द्वारा कुशल, अर्द्धकुशल और सामग्री की लागत के लिए 25 प्रतिशत अंशदान दिया जाता है। इसके अलावा केंद्र सरकार द्वारा अधिनियम के कार्यान्वयन के लिए 6 प्रतिशत प्रशासनिक खर्चों का वहन किया जाता है।
- **सृजित रोजगार :** वर्ष 2014-15 के दौरान, 4.14 करोड़ परिवारों को रोजगार उपलब्ध किया गया और 166 करोड़ श्रम दिवसों के रोजगार का सृजन किया गया।
- **गरीबों तथा अत्यधिक कमजोर वर्गों तक पहुँच बढ़ाना :** स्वरूप की दृष्टि से स्वयं लक्षित मनरेगा कार्यक्रम में अत्यधिक कमजोर वर्गों, जैसे अनुसूचित जाति/अनसूचित जनजाति (38%), महिलाओं (53%) की भागीदारी काफी ज्यादा रही है।
- **प्राकृतिक संसाधन आधार पर सशक्तीकरण :** वर्ष 2014-15 में 95.14 लाख कार्य शुरू किए गए, जिसमें जल संरक्षण के लिए 60%, अनुसूचित जाति/अनुसूचित जनजाति/बीपीएल तथा इंदिरा आवास योजना लाभार्थियों के स्वामित्व वाली भूमि पर सिंचाई सुविधा के लिए 12% का प्रावधान, ग्रामीण संपर्क के लिए 17% और 80% भूमि विकास के कार्य सम्मिलित थे।

- **गरीबों का वित्तीय समावेशन :** संस्थानिक खातों के माध्यम से मजदूरी भुगतानों की प्रणाली को पूरे देश में लागू करने की दृष्टि से सभी राज्यों को सिफारिश की गई है कि मजदूरी का भुगतान डाकघरों और बैंक खातों के माध्यम से किया जाए। मजदूरी के भुगतान के लिए मनरेगा सॉफ्ट पर महात्मा गाँधी नरेगा कामगारों/श्रमिकों के लगभग 9.37 करोड़ डाकघर एवं बैंक खातों की पुष्टि हो चुकी है।

15वीं लोक सभा के गठन के पश्चात्, ग्रामीण विकास मंत्रालय ने राज्य तथा जिला स्तर वी एवं एमसी के पुनर्गठन के लिए दिशा-निर्देश जारी किए, राज्य एवं जिला स्तर वी एवं एम सी के गठन तथा विचारार्थ विषय सहित दिशा-निर्देशों का एक दस्तावेज ग्रा.वि.मंत्रा की वेबसाइटः http://rural.nic.in/sites/downloads/general/V_MC_guidelineslatest_23052011.pdf पर उपलब्ध है। यह उचित होगा कि दिशा-निर्देशों के अनुसार सर्तकता एवं निगरानी समितियों की बैठकें नियमित रूप से आयोजित की जानी चाहिए।

आजीविका अवसरों के संवर्द्धन हेतु अतिरिक्त कार्य

मनरेगा के तहत अनुज्ञेय अतिरिक्त कार्य

1. वाटरशेड संबंधी कार्य

i. कंटूर ट्रेंच

ii. कंटूर बाँध

iii. बोल्डर चेक

iv. फार्म बंधीकरण

v. गैबियन स्ट्रक्चर

vi. भूमिगत डाइक

vii. मिट्टी के बाँध

viii. डोंगी फार्म तालाब

ix. रोक बाँध

2. पहाड़ी क्षेत्रों में वाटरशेड संबंधी कार्य

i. स्प्रिंगशेड विकास

3. कृषि संबंधी कार्य

i. एनएडीईपी कंपोस्टिंग

ii. वर्मी-कंपोस्टिंग

iii. तरल जैव खाद

4. पशुधन संबंधी कार्य

i. पोल्ट्री शेल्टर

ii. गेट शेल्टर

iii. पक्का फर्श, मूत्रालय टैंक और मवेशियों के लिए चारागाह (फॉडर ट्राव) का निर्माण

iv. अजोला पशु आहार के रूप में

5. माल्कीय संबंधी कार्य

i. सार्वजनिक भूमि पर मौसमी जल निकायों में मत्स्य पालने

6. तटवर्ती क्षेत्रों में कार्य

i. फिश ड्राइंग यार्ड

ii. बेल्ट वेजिटेशन

iii. तटीय सुरक्षा के लिए स्टॉर्म वाटर ड्रेनों का निर्माण

7. ग्रामीण पेयजल संबंधी कार्य

i. सोख्ता गड्ढे

ii. रिचार्ज पिट

8. ग्रामीण स्वच्छता संबंधी कार्य

i. वैयक्तिक पारिवारिक शौचालय

ii. विद्यालय में शौचालय

iii. आँगनवाड़ी शौचालय

iv. ठोस और तरल अपशिष्ट प्रबंधन

9. बाढ़ प्रबंधन संबंधी कार्य

i. फ्लड चैनलों को गहरा एवं उनकी मरम्मत करना

ii. चौर नवीनीकरण

10. सिंचाई कमांड संबंधी कार्य

i. माइनर, सब-माइनर तथा फील्ड चैनलों का पुनर्वास

11. आँगनवाड़ी केंद्रों का निर्माण

12. खेलकूद के मैदानों का निर्माण

मनरेगा समीक्षा में संकलित अनुसंधान अध्ययनों के प्रमुख निष्कर्ष

1. मनरेगा आय के अनुपूरक स्रोत के रूप में महत्त्वपूर्ण है और ग्रामीण परिवारों द्वारा मनरेगा आय को अपने व्यवसाय शुरू करने के लिए उपयोग किया जा रहा है।
2. मनरेगा से ग्रामीण परिवारों के प्रति व्यक्ति मासिक खपत व्यय में अत्यधिक वृद्धि हुई है।
3. अनुसूचित जाति एवं अनुसूचित जनजाति सहित हाशिए पर मौजूद समूहों की अधिक भागीदारी के साथ मनरेगा स्वलक्षित कार्यक्रम के रूप में सफल हो रहा है। अ.जा. तथा अ.ज.जा. दोनों के मामले में भागीदारी दर कुल जनसंख्या में उनके हिस्से से अधिक है।
4. मनरेगा से विशेष रूप से लोक निर्माण क्षेत्र में परंपरागत लिंग आधारित वेतन भेदभाव में कमी हुई है और महिलाओं की सामाजिक-आर्थिक स्थिति पर सकारात्मक प्रभाव पड़ा है।
5. अपने अंतर-क्षेत्रीय दृष्टिकोण के साथ मनरेगा सार्वजनिक निवेश के इष्टतम उपयोग के लक्ष्य के साथ विभिन्न कार्यक्रमों के साथ तालमेल के अवसर उपलब्ध कराता है।
6. जहाँ मनरेगा की ठीक से आयोजना एवं कार्यान्वयन किया गया है, वहाँ मनरेगा कार्यों से भूमिगत जल में वृद्धि हुई है, मृदा गुणवत्ता में सुधार हुआ है और जलवायु में परिवर्तन के प्रति उत्पादन प्रणाली की संवेदनशीलता में कमी हुई है। तथापि कुछ अध्ययनों से संकेत मिला है कि पर्यावरण पर मनरेगा कार्यों के प्रभाव की सीमा एवं प्रकार किए गए कार्यों के स्तर, तकनीकी डिजाइन, सृजित परिसंपत्तियों की गुणवत्ता एवं स्वामित्व तथा निर्मित वास्तविक संरचनाओं के उपयोग पर निर्भर करता है।
7. मनरेगा कार्यों को ''पर्यावरण अनुकूल'' एवं 'संतोषजनक' कहा गया है, अर्थात् श्रमिकों के अधिकारों एवं विधिक हकदारियों का सुनिश्चय करके, सामाजिक सुरक्षा एवं रोजगार तथा पर्यावरणिक रूप से स्थायी कार्यों जिनसे पारिस्थितिकी का नवीनीकरण होता है और जैव-विविधिता का सरंक्षण होता है, को प्रदान कर स्कीम बेहतर कामकाजी माहौल उपलब्ध करती है।
8. आर्थिक प्रगति एवं अन्य कारणों से प्रवास की तुलना में बदहाली के कारण प्रवास पर मनरेगा से अधिक प्रत्यक्ष एवं सकारात्मक प्रभाव पड़ा है।

मनरेगा समीक्षा का केवल पठनीय पाठ हमारी वेबसाइट www.nrega.nic.in पर उपलब्ध है।

मनरेगा में पंचायती राज संस्थानों की विशिष्ट भूमिका

1. अधिनियम में शामिल कार्यक्रम के नियोजन और क्रियान्वयन के लिए जिला, मध्यवर्ती ओर ग्राम स्तर की पंचायतें ही प्रमुख प्राधिकार हैं।
2. जिला स्तर पर पंचायत के कार्य हैं -

   (क) योजना के अंतर्गत ली जाने वाली परियोजनाओं की ब्लॉकवार सूची को मान्यता प्रदान करा और उन्हें अंतिम रूप देना।

   (ख) ब्लॉकवार और जिला स्तर पर ली गई परियोजनाओं की निगरानी और पर्यवेक्षण करना।

   (ग) अन्य ऐसे सभी कार्य, जो राज्य परिषद् द्वारा समय-समय पर इसे दिए जाएँ। जो काम ग्राम पंचायतों को नहीं सौंपे गए हैं, उनका 50 प्रतिशत कार्य जिला पंचायत निष्पादित करवा सकती है।
3. मध्यवर्ती स्तर पर पंचायत के प्रकार्य होंगे -

   (क) ब्लॉक स्तर की योजना को मंजूर कर उसे जिला स्तर पर जिला पंचायत की अंतिम स्वीकृति के लिए अग्रसारित करना।

   (ख) ग्राम एवं ब्लॉक स्तर की पंचायत द्वारा ली गई परियोजनाओं का निरीक्षण एवं पर्यवेक्षण करता।

   (ग) अन्य ऐसे सभी प्रकार्य करना, जो इसे समय-समय पर जिला परिषद् द्वारा दिए जाएँ।
4. इस अधिनियम के भीतर आनेवाले सभी प्रकार्यों और अधिनियम के तहत बनाई जाने वाली प्रत्येक योजना को संपन्न करने में जिला कार्यक्रम समन्वयक जिला पंचायत की सहायता करेगा।

   (क) कार्यक्रम अधिकारी जिला कार्यक्रम समन्वयक के निर्देश, नियंत्रण और निगरानी में कार्य करेगा।

   (ख) इस अधिनियम के भीतर आने वाले सभी प्रकार्यों और अधिनियम के तहत अपनाई जाने वाली किसी भी योजना को संपन्न करने में कार्यक्रम अधिकारी मध्यवर्ती स्तर की पंचायतों की सहायता करेगा।

   (ग) कार्यक्रम अधिकारी ही अपने क्षेत्राधिकार की सभी परियोजनाओं से पैदा होनेवाले रोजगार अवसरों ओर रोजगार की माँगों के बीच संतुलन बिठाने के लिए जिम्मेदार होगा।

ग्राम पंचायतों की जिम्मेदारियाँ

1. ग्राम सभा और वार्ड सभा की सिफारिश के आधार पर मनरेगा योजना के तहत ग्राम सभा क्षेत्र में ली गई परियोजनाओं के चयन, निष्पादन और निरीक्षण के लिए ग्राम पंचायत जिम्मेदार होगी।
2. ग्राम पंचायत अपने क्षेत्र की योजना के तहत आने वाली किसी भी परियोजना को ले सकती है। यदि कार्यक्रम अधिकारी इसकी मंजूरी प्रदान करे।
3. ग्राम सभा और वार्ड सभा की अनुशंसा पर विचार करने के उपरांत प्रत्येक ग्राम पंचायत एक विकास योजना बनाएगी और योजना के तहत लिए जाने वाले संभावित कार्यों का रजिस्टर सुव्यवस्थित रखेगी, जिससे सही समय पर काम की माँगों को पूरा किया जा सके।
4. ग्राम पंचायत विकास कार्यों के लिए अपने प्रस्ताव तथा उनके बीच प्राथमिकता का क्रम जिस वर्ष के लिए वे प्रस्तावित हों, उससे पहले परीक्षण और प्रारंभिक अनुमोदन के लिए कार्यक्रम अधिकारी को अग्रसारित करेगी।
5. कार्यक्रम अधिकारी योजना में शामिल कार्यों में से कम-से-कम 50 प्रतिशत (लागत के आधार पर) कार्यों के क्रियान्वयन की जिम्मेदारी ग्राम पंचायत को देगा।
6. कार्यक्रम अधिकारी प्रत्येक ग्राम पंचायत को उपलब्ध कराएगा–
   - मंजूर कार्यों के निष्पादन के लिए मस्टर रोल
   - ग्राम पंचायत के निवासियों को अन्यत्र उपलब्ध रोजगार अवसरों की सूची
7. ग्राम पंचायत उम्मीदवारों के बीच रोजगार अवसरों का आवंटन करेगी और उन्हें काम के लिए प्रस्तुत होने के लिए कहेगी।
8. योजना के तहत ग्राम पंचायत द्वारा लिए गए कार्यों के मापन एवं तकनीकी स्तर की आवश्यकताएँ निर्धारित मानकों के अनुरूप पूरी होनी चाहिए।

ग्राम सभा द्वारा सामाजिक अंकेक्षण

1. ग्राम सभा ग्राम पंचायत के सामाजिक अंकेक्षण के दायरे में आने वाले कार्यों की जाँच करेगी।
2. ग्राम पंचायत द्वारा ली गई योजना की सभी परियोजनाओं का नियमित सामाजिक अंकेक्षण ग्राम सभा संपन्न कराएगी।
3. सामाजिक अंकेक्षण के संचालन से संबंधित सभी कागज, दस्तावेज और

प्रमाण पत्र, जैसे मस्टर रोल, बिल वाउचर, माप पुस्तिका, मंजूरी आदेशों की प्रतिलिपि तथा लेखा संबंधी अन्य जरूरी कागजात ग्राम पंचायत ग्राम सभा को उपलब्ध कराएगी।

मनरेगा के कार्यान्वयन की संपूर्ण प्रक्रिया में पंचायत संस्थाओं की अपरिहार्य भूमिका है। इसके मुख्य चरण इस प्रकार हैं –

- योजना के विषय में जागरूकता पैदा करना
- विभिन्न प्रकार की अर्जियों (जिनमें मुख्य हैं जॉब कार्ड और कार्य के लिए दरख्वास्त)
- वेतन का भुगतान (इसमें बेरोजगारी भत्ता भी शामिल है)
- कार्य स्थल संबंधी सुविधाएँ प्रदान करना
- पारदर्शिता का निर्वाह करना
- सामाजिक अंकेक्षण का संचालन करना

ग्रामीण महिलाओं का सशक्तीकरण

त्रिपुरा : पारिवारिक आय में वृद्धि

पुरबा बरजाला ग्राम पंचायत के डॉक्टर्स क्षेत्र से लेकर पश्चिमी त्रिपुरा जिले के जिरानिया ब्लॉक में मंडई मुख्य मार्ग का निर्माण कार्य नरेगा के तहत पिछले साल अगस्त में पूरा हुआ है। इस तरह की एक-एक किलोमीटर लंबी सड़कों से ग्रामवासियों, विशेषकर महिलाओं को बहुत लाभ पहुँचा है। न केवल इसलिए कि अब उन्हें बाजार जाने के लिए लंबी दूरी तक पैदल चलने की आवश्यकता नहीं पड़ती, बल्कि अधिक महत्त्वपूर्ण बात तो यह है कि सड़क निर्माण से उन्हें धनोपार्जन के अवसर प्राप्त हुए हैं। सड़कों के लिए ईंटें बिछाए जाने की शुरुआत होने की संभावना इस वर्ष है, जिसकी गाँव वासी बेसब्री से प्रतीक्षा कर रहे हैं। पिछले साल 15 जुलाई से शुरू होने वाला निर्माणकार्य, जिसकी कुल लागत 73,800 रु. है, डेढ़ महीने में पूरा हो गया। इस निर्माण कार्य में लगी महिलाओं ने, जिनमें से अधिकांश बंगाली हैं, इस कार्य से अतिरिक्त आय की है। जिन जिला क्षेत्रों में मनरेगा लागू हुआ, वहाँ की महिलाएँ अपने परिवार की आय बढ़ाने में सफल रही हैं। ग्रामीण पुरुष नजदीक के शहरों में रोजगार की तलाश में जाते हैं और औसतन प्रतिदिन 120 रु. से लेकर 150 रु. तक कमाते हैं। रोजगार के अवसरों के अभाव के कारण महिलाएँ घर तक सीमित रह जाती थीं, लेकिन मनरेगा कार्यक्रम ने उन्हें बहुत हद तक राहत प्रदान की है।

त्रिपुरा जनजातीय क्षेत्र स्वायत्त परिषद् के तहत आने वाले पुरबा बजराला गाँव की महिलाओं के लिए मनरेगा योजना आय बढ़ाने का महत्त्वपूर्ण साधन है। बल्कि कहना चाहिए कि मनरेगा कार्यक्रम उनकी जीविका को चलाए रखने में संकटमोचक बनकर आया है। इन भूमिहीन आदिवासियों के लिए नजदीक के शहरों में दिहाड़ी पर मजदूरी करने या ईंट के भट्टे में काम करने के अलावा जीविका का कोई और साधन नहीं है। यह साधन भी कोई पक्के तौर पर उपलब्ध नहीं है।

गाँव की एक वृद्ध महिला पीरंजय देबवर्मा का कहना है, 'महिलाओं को कोई काम उपलब्ध नहीं है। मनरेगा के तहत दो कि.मी. सड़क निर्माण योजना ने रोजगार के अवसर दिए थे। लेकिन यह काम विधान सभा चुनाव के पहले ही पूरा हो गया। चुनाव के बाद इस योजना के तहत रोजगार के कुछ और अवसर उपलब्ध होने का इंतजार कर रहे हैं।'

चाहे पारिवारिक आय की बढ़ोतरी का मामला हो या जीविका के लिए जरूरी साधनों का, मनरेगा कार्यक्रम के तहत पूर्वोत्तर के राज्यों में महिलाओं की सर्वाधिक भागीदारी त्रिपुरा में दिखती है। कुछ क्षेत्रों, मसलन जिरानिया और दुकली ब्लॉक में मनरेगा के तहत महिलाओं की भागीदारी आश्चर्यचकित कर देने वाली है। प्रखंड विकास पदाधिकारी एस.आर. चौधरी का कहना है, 'त्रिपुरा की राजधानी अगरतला से 10 कि.मी. और दुलकी ब्लॉक की दुलकी ग्राम सभा में मनरेगा योजना के तहत महिलाओं की भागीदारी 70 से 80 प्रतिशत तक हो गई है।'

आँकड़े बोलते हैं

उत्तरी त्रिपुरा के अमरपुर ब्लॉक के खेदरनाल गाँव में मनरेगा के तहत 2007-09 के दौरान सभी 321 परिवारों के लिए 100 कार्य दिवस रोजगार दिया गया। देश में पहली बार ऐसा हुआ कि किसी गाँव में सभी परिवारों के लिए 100 कार्य दिवस रोजगार प्रदान किया गया है। इस योजना के तहत इस वर्ष गाँव में कुल मिलाकर 32,100 कार्य दिवस उत्पन्न हुए। मनरेगा की गतिविधियों पर राज्य की एक रिपोर्ट में बताया गया है कि महिलाओं का कार्य दिवस 44.51 रहा है, जो राष्ट्रीय औसत 42.52 से ऊपर है। मनरेगा परियोजना में महिलाओं की भागीदारी के संदर्भ में पूर्वोत्तर राज्यों में त्रिपुरा का प्रदर्शन सबसे अच्छा रहा है। कुछ प्रमुख आदिवासी राज्यों में महिलाओं के रोजगार की हिस्सेदारी है : अरुणाचल प्रदेश - 29.58, नागालैंड - 29.36 और मिजोरम - 36.62। मातृसत्तात्मक मेघालय में

यह केवल 30.87 प्रतिशत है, जबकि असम में 30.85 और मणिपुर में 32.80 प्रतिशत है।

ग्राम विकास विभाग के अनुसार 2007-08 के दौरान कुल 181.04 लाख कार्य दिवसों अर्थात् प्रति परिवार औसतन 38.86 कार्य दिवस का निर्माण हुआ। राज्य के सरकारी आँकड़ों के अनुसार वर्ष 2007-08 के दौरान पश्चिम त्रिपुरा, दक्षिण त्रिपुरा और धलाई जिलों में 4,65,779 जॉब कार्ड दिए गए हैं।

पंजाब : महिलाओं की आर्थिक एवं सामाजिक उन्नति

अजोल गाँव की रहने वाली और दो बच्चों की माता धनकौर, जो सिकलीगर जनजाति की है, मनरेगा योजना की लाभार्थी है। उसका पति करतार सिंह एक मजदूर था और लोहे की बाल्टियों की मरम्मत का काम ढूँढ़ने के लिए उसे एक गाँव से दूसरे गाँव के चक्कर लगाने पड़ते थे। उसे काम की खोज में हिमाचल प्रदेश तक की यात्रा भी करनी पड़ती थी। फिर भी दो जून की रोटी भी ठीक से नसीब नहीं हो पाती थी। इसलिए अपने बड़े बेटे पवन कुमार को भी अपने धंधे में लगा दिया। पवन कुमार का विवाह सुनीता से हो गया। इससे परिवार में एक सदस्य और बढ़ गया। अब उनका डेढ़ साल का एक बेटा राज है। बढ़ते परिवार के लिए अब मौजूदा आय पर्याप्त न रही। इसी बीच भारत सरकार ने होशियारपुर जिले को मनरेगा के तहत लाने का निर्णय किया। तब धन कौर ने अपना नाम पंजीकृत करवाया और उसके परिवार को जॉब कार्ड दिया गया। उसने अपने गाँव में काम शुरू किया। मनरेगा योजना के तहत काम करने से जो पैसा कमाया, उससे अपनी बहू सुनीता को अजोल गाँव की रेड क्रॉस सोसाइटी के हस्त कला केंद्र में सिलाई का काम सीखने में लगा दिया। उसने अपनी बचत से सिलाई मशीन खरीदी, जिससे वह सिलाई का काम करना शुरू कर सकी। वर्तमान में, सुनीता कपड़े की सिलाई से प्रतिदिन 40 रु. कमा लेती हैं। (www.nrega.nic.in)

तमिलनाडु : सर्वाधिक लाभान्वित हुई गरीब महिलाएँ

डिंडिगुल की जिलाधीश अमुधा के अनुसार मनरेगा 1.31 लाख गाँव के गरीब मजदूरों को रोजगार प्रदान कर रहा है, जिनमें किसी भी दिन अधिक संख्या महिलाओं की ही है। उन्होंने बताया कि योजना के तहत 1.81 लाख मजदूर पंजीकरण करा चुके हैं। इस वर्ष कुल 1,730 विकास कार्यों को, जिनकी लागत

7,480 करोड़ रु. है, मंजूरी मिल चुकी है, जिनमें से 80 पूरे हो चुके हैं। अब तक 46.68 करोड़ रु. राशि का भुगतान वेतन के रूप में हुआ है। विवरण देते हुए उन्होंने जोड़ा कि ग्रामीण सडकें, पुस्तकालय, खेल के मैदान और सामुदायिक भवन जैसी आधारभूत संरचना के निर्माण में लगे 1,310 विकास कार्य 62 गाँवों में संपन्न हो चुके हैं और शेष 714 कार्य जनवरी 2008 तक पूरे हो जाएँगे। (www-nrega.nic.in)

राजस्थान : महिला प्रधान ने दिखाई राह

राजस्थान के करौली जिले की सपोतारा पंचायत समिति की युवा महिला प्रधान ने योजना की जानकारी बिना किसी बाधा के ग्रामीण लोगों की सीधी पहुँच में लाकर और योजना के निष्पादन में भ्रष्टाचार पर नियंत्रण को सुनिश्चित कर मनरेगा के लिए एक समर्थ निगरानी व्यवस्था को विकसित करने की दिशा में एक अपूर्ण शुरुआत की है। 25 वर्षीय प्रधान शकुंतला मीना ने अपनी नेतृत्व क्षमता का दृढ़ परिचय तभी दे दिया था, जब मनरेगा ने उनके ब्लॉक में कार्य शुरू किया और पिछले नवंबर में योजना की प्रगति के मूल्यांकन तथा ग्राम पंचायत को सहयोग करने के उद्‌देश्य से एक 21 सदस्यों वाली निगरानी समिति अस्तित्व में आई। मध्यवर्ती स्तर की यह देश की पहली ऐसी समिति है, जिसे मनरेगा अधिनियम के तहत नियुक्त किया गया है।

योजना के लाभों को गरीब और बंचित वर्ग तक पहुँचाने के शकुंतला के प्रयासों को दो स्वैच्छिक संस्थाओं ने सहयोग दिया। चयनित प्रतिनिधियों की क्षमता का संवर्द्धन और पंचायती राज संस्थाओं को सुदृढ़ करना इन संस्थाओं के लक्ष्य का हिस्सा है। सपोतारा ब्लॉक में अधिकांश जनसंख्या कृषि एवं खदान मजदूरों की है। यह ब्लॉक नई सहायता व्यवस्था का सबसे बड़ा लाभार्थी बन गया है।

मनरेगा के लिए गाँव वासियों को आवेदन पत्र उपलब्ध कराने और पंचायत सचिवों द्वारा स्वीकृति सुनिश्चित कराने में शंकुतला अपनी शक्तियों को उपयोग में ला रही है। जब उनके पास चंदेलीपुर गाँव से इस तरह की रिपोर्टें आईं कि लोगों को उनकी दरख्वास्त दाखिल कराने से रोका जा रहा है तो उन्होंने पंचायत सचिव को पंचायत समिति कार्यालय में उपस्थित रहने और आवेदन पत्र स्वीकार करने का निर्देश दिया। इसका परिणाम यह हुआ कि इस वर्ष मई में गाँव के 45 लोगों को रोजगार प्रदान किया गया। एक-दूसरे गाँव, कनरपुर में नौकरशाहों के दाँव-पेचों को उन्होंने विफल कर डाला।

ब्लॉक स्तर की निगरानी समिति अनेक चरणों में भ्रष्टाचार को नियंत्रित करने में सफल रही है। बजना पंचायत में सरपंच और सचिव के बीच कहा-सुनी होने के कारण गाँववालों की अर्जियाँ फाड़ दी गईं। इसके अलावा, नकली/फर्जी मस्टर रोल तैयार किए गए और श्रमिकों के बजाय मशीन का उपयोग किया गया। मनरेगा ने अपने दिशा-निर्देशों में स्पष्ट रूप से कहा है कि कार्य के लिए मशीनें कदापि नहीं लगाई जाएँगी और केवल मानव श्रम ही उपयोग में लाया जाएगा। शकुंतला ने मामले की जाँच की और पंचायत सचिव को निलंबित कर दिया। उन्होंने मामले की निष्पक्ष जाँच के लिए निरीक्षण समिति की छह सदस्यों वाली उपसमिति नियुक्त की। हालाँकि यह सब इतना आसान नहीं रहा। उनकी कई विनतियाँ और प्रस्ताव इस संवेदनाहीन नौकरशाह व्यवस्था में अनसुने रह जाते हैं। वे कई मोर्चों पर चुनौतियों का सामना कर रही हैं।

ओड़िशा : जीवन बदला कई तरह से

महारानी प्रधान ओड़िशा के सुंदरगढ़ जिले के खरूलचप गाँव की रहने वाली हैं। उन्होंने बताया, 'मेरे पति की मृत्यु हो चुकी है। मैं भीख माँगकर पेट भरा करती थी। अब जब मुझे ढाई महीने के लिए रोजगार मिल गया है। मैंने भीख माँगना बंद कर दिया और अब मैं गरिमा के साथ जी सकती हूँ।' ओड़िशा राज्य के सुंदरगढ़ जिले के बागबंध गाँव में रहने वाली सुकुमारी बग बताती हैं, "मेरे पति एक दुर्घटना में अपना पैर गँवा चुके हैं और इसलिए वे काम करने की स्थिति में नहीं हैं। गाँववालों ने मुझे मनरेगा के विषय में बताया। मैंने 80 दिन काम किया और अब हम अपने बच्चों को शिक्षा देने के योग्य बन गए हैं।"

उमेश चंद बग भी बागबंध गाँव का निवासी है। अभी जब वह पढ़ रहा था, तभी उसके पिता की मृत्यु हो गई। अब उसे अपने साथ-साथ अपने दो छोटे भाइयों को भी सहारा देना था। उसने बताया, "जब मेरे पिता की मृत्यु हुई थी तब मेरे पास पैसा नहीं था। हमारे सरपंच ने मुझे मनरेगा के बारे में बताया। अपने परिवार का मुखिया होने के नाते मैंने काम के लिए अपना पंजीकरण करा लिया। मैं 20 दिन से काम कर रहा हूँ। मुझे प्रतिदिन 100 रु. मिलते हैं, जिसमें से मैं 50 रु. प्रतिदिन बचा लेता हूँ। मैं आगे पढ़ाई कर कोई व्यवसाय करना चाहता हूँ।" सत्यानंद किशन और राधा किशन सुंदरगढ़ के टेल्को बड गाँव के हैं। उन्हें अपने बच्चों को पढ़ने योग्य बनाने में मनरेगा के तहत किए कार्य के वेतन से मदद मिली - "हमने काम के 80 दिन पूरे कर लिए और हम खुश हैं।

हमारे लिए अपने बच्चों को स्कूल भेजना पहले से आसान हो गया है। हमारी बड़ी बेटी ने हाईस्कूल कर लिया है और छोटी बेटी इस साल हाईस्कूल की परीक्षा में बैठेगी। हमारा बेटा कॉलेज जाता है। अब हमें और काम की जरूरत है, जिससे हम अपने बच्चों को बेहतर शिक्षा दे सकें।'' उनके बेटे मधुकिशन का कहना है, ''मैं अपने माता-पिता का बहुत आभारी हूँ। उन्होंने शारीरिक श्रम किया, ताकि मैं अपनी शिक्षा पूरी कर सकूँ। उनकी कठोर मेहनत के कारण ही मैं बनकुश के पंचायत कॉलेज में 12वीं कक्षा में पढ़ रहा हूँ।'' उनकी बेटी सीता किशन ने कहा, ''मनरेगा के कार्यस्थलों पर किए गए मेरे माता-पिता के काम के कारण मैं सिलाई सीख सकी और मेरे भाई-बहन पढ़ाई कर रहे हैं।'' (www.nrega.nic.in)

केंद्रीय ग्रामीण विकास संस्थान ने शुरू किया–काम मांगो अभियान

केंद्रीय ग्रामीण विकास विभाग ने देश के चुनिंदा जिलों में माँगों के पंजीकरण तथा महात्मा गाँधी ग्रामीण रोजगार गारंटी योजना के तहत दावेदारियों के संबंध में जागरूकता फैलाने के उद्देश्य से 'काम मांगो अभियान' की शुरुआत की। एक अधिकारिक प्रेस विज्ञप्ति के अनुसार ग्रामीण विकास मंत्री ने छह राज्यों के मुख्यमंत्री को पत्र लिखकर कहा है कि वे सभी हितधारकों को इस अधिनियम के तहत मिलने वाले लाभों की जानकारी देकर उन्हें प्रेरित करें और ऐसे अच्छे मॉडल्स तैयार करें, जिससे बड़ी संख्या में गरीब परिवारों को लाभ पहुँचता हो। उन्होंने सभी मुख्यमंत्रियों से आग्रह किया कि वे निजी तौर पर इस प्रयास की अगुवाई करें और इसका अपने राज्य के सभी जिलों में प्रसार करें। विज्ञप्ति के अनुसार झारखंड के मुख्यमंत्री अपने राज्य में इस अभियान की शुरुआत कर चुके हैं। ग्रामीण विकास मंत्रालय का मानना है कि मनरेगा के तहत गिरती माँगों की असली वजह जनता द्वारा काम को माँगने में कमी नहीं, बल्कि जनता की माँगों को प्रभावपूर्ण तरीके से समझना नहीं है। इसलिए इस अभियान का लक्ष्य रोजगार गारंटी अभियान के तहत दावेदारियों के संबंध में जागरूकता फैलाना और माँगों के लिए रोजगार की गारंटी देकर कार्यक्रम में लोगों की भागीदारी बढ़ाना है। आगामी महीने में इसका फोकस देश के छह जिलों पर होगा - सीतापुर (उत्तर प्रदेश), नासिक (महाराष्ट्र), रायचूर (कर्नाटक), कटिहार (बिहार), पश्चिम सिंहभूम (झारखंड) और सुंदरगढ़ (ओड़िशा)। यह अभियान 2 फरवरी 2014 को मनरेगा दिवस से शुरू होने वाले

राष्ट्रीय अभियान के लिए मॉडल प्रस्तुत करेगा। यह अभियान जिला, राज्य और केंद्र सरकार मनरेगा-कर्मियों और सामाजिक संगठनों का संयुक्त प्रयास होगा।

इस अवधि में प्रत्येक गाँव में लोगों को मनरेगा के कार्य के लिए अपनी माँग पंजीकृत करवाने का प्रयास किया जाएगा। माँगों की पूर्ति के लिए विविध तरीकों का इस्तेमाल किया जाएगा। इसमें अधिकारियों का प्रशिक्षण, पदयात्रा के जरिए जन जागरूकता प्रसार अभियान, लोगों की माँगों और शिकायतें दर्ज करने के लिए प्रत्येक पंचायत में रोजगार दिवस के आयोजन को भी शामिल किया जाएगा। माँगों का पूर्वानुमान लगाया जाएगा और प्रबंधन की अधिक जिम्मेदारी के लिए क्षमता विकास का कार्य किया जाएगा।

विशेष परिस्थितियों में महिलाएँ

विधवा महिलाएँ, परित्यक्त महिलाएँ और गरीब महिलाएँ अत्यधिक संवेदनशील होती हैं और उन पर विशेष ध्यान दिए जाने की आवश्यकता है। ग्राम पंचायत को ऐसी महिलाओं की पहचान करनी चाहिए और उन्हें 100 दिन का कार्य उपलब्ध कराना सुनिश्चित करना चाहिए। गर्भवती महिलाओं और स्तन पान कराने वाली माताओं (कम-से-कम प्रसव से 8 महीने पहले और प्रसव के 10 महीने बाद तक) को भी एक विशेष श्रेणी में समझा जाना चाहिए। उनके लिए ऐसे विशेष कार्यों की पहचान और कार्यान्वयन किया जाना चाहिए, जिनमें प्रयास कम करने पड़ते हों और उनके आवास के नजदीक हों।

पीएमजीएसवाई का मिशन एवं मुख्य विशेषता

प्रधानमंत्री ग्राम सड़क योजना का मिशन

यद्यपि ग्रामीण सड़क संविधान के अंतर्गत राज्य सूची में है, भारत सरकार राज्यों की सहायता करने के लिए गरीबी उपशमन कार्यनीति के हिस्से के रूप में केंद्र प्रायोजित योजना के रूप में दिनाँक 25 दिसंबर, 2000 को प्रधानमंत्री ग्राम सड़क योजना (पीएमजीएसवाई) शुरू की गई थी। इस कार्यक्रम का मुख्य उद्देश्य 500 (जनगणना 2001) और इससे अधिक आबादी वाले कोर नेटवर्क में सड़क सुविधा उपलब्ध कराना है। इससे अधिक पर्वतीय राज्यों (पूर्वोत्तर, सिक्किम, हिमाचल प्रदेश, जम्मू एवं कश्मीर और उत्तराखंड), मरुभूमि वाले क्षेत्रों (मरुभूमि

विकास कार्यक्रम में यथा निर्धारित), समेकित कार्य योजना के तहत जनजातीय (अनुसूची-V) क्षेत्रों और चुनिंदा जनजातीय एवं पिछड़े जिलों (गृह मंत्रालय और योजना आयोग द्वारा यथानिर्धारित) के संबंध में इसका उद्देश्य 250 (जनगणना 2001) और इससे अधिक आबादी वाली बसावटों को सड़क से जोड़ना है। इस कार्यक्रम के अंतर्गत एकल बारहमासी सड़क संपर्क की संकल्पना की गई है।

खेत से बाजार तक सड़क सुविधा सुनिश्चित करने के उद्देश्य से इस कार्यक्रम के अंतर्गत निर्धारित मानकों तक मौजूदा थ्रू रूटों और प्रमुख संपर्कों सड़कों के उन्नयन का प्रावधान है। यद्यपि यह कार्यक्रम का मुख्य हिस्सा नहीं है।

प्रधानमंत्री ग्राम सड़क योजना की मुख्य विशेषताएँ

(क) विकेंद्रीकृत आयोजना : इस कार्यक्रम में ग्रामीण सड़कों के लिए विकेंद्रीकृत नेटवर्क आयोजना का मॉडल लागू किया गया है। देश के सभी जिलों के लिए जिला ग्रामीण सड़क योजनाएँ (डीआरआरपी) तैयार की गई है और इन्हीं जिला ग्रामीण सड़क योजनाओं से कोर नेटवर्क तैयार किया गया है, ताकि प्रत्येक लक्षित बसावट को कम-से-कम एक सड़क संपर्क उपलब्ध कराया जा सके। वार्षिक परियोजना प्रस्तावों की प्राथमिकता का निर्धारण व्यापक नए सड़क संपर्क प्राथमिकता सूची (सीएनसीपीएल) और व्यापक उन्नयन प्राथमिकता सूचियों (सीयूपीएल) के अनुसार किया जाता है। कोर नेटवर्क के आँकड़ों के आधार पर सीएनसीपीएल और सीयूपीएल तैयार की गई हैं। इस आयोजना प्रक्रिया में तीनों स्तरों की पंचायती राज संस्थाओं की पूरी भागीदारी रही है।

(ख) मानक और विनिर्देशन : ग्रामीण विकास मंत्रालय की विशेष पहल पर भारतीय सड़क संगठन (आईआरसी) ने ग्रामीण सड़कों के ज्यामितीय मानकों, अभिकल्पना, निर्माण और अनुरक्षण के विषय में ग्रामीण सड़क नियमावली आईआरसी एससी : 20 शीर्षक से प्रकाशित की। इसके बाद आईआरसी ने निम्नलिखित कोड तैयार किए हैं, जो कम लागत वाली ग्रामीण सड़कों के समुचित रूप से पक्का नहीं किया गया था और इन सड़कों में जल निकासी की व्यवस्था अपर्याप्त थी। इसीलिए ये सड़कें लंबे समय तक नहीं टिकीं।

विगत वर्षों के दौरान राज्य और केंद्र स्तरों पर विभिन्न कार्यक्रमों के जरिए किए गए प्रयासों के बावजूद नई सदी की शुरुआत तक भी लगभग 40 प्रतिशत गाँवों को बारहमासी सड़कों से जोड़ा नहीं जा सका था। जो गाँव सड़कों से जोड़ भी दिए गए थे, वहाँ भी सड़कों की गुणवत्ता ऐसी नहीं थी कि उन्हें बारहमासी

सड़क कहा जा सके। राष्ट्रीय स्तर पर अपेक्षाकृत बड़ी बसावटों को संपूर्ण सड़क संपर्क उपलब्ध कराने को सरकार के संकल्प का उल्लेख संसद के दोनों सदनों की 25 अक्तूबर, 1999 को आयोजित संयुक्त बैठक को भारत के महामहिम राष्ट्रपति के अभिभाषण में किया गया, जब ग्रामीण क्षेत्रों में बारहमासी सड़कों के निर्माण के कार्यक्रम की घोषणा की गई। इसके बाद प्रधानमंत्री ने अच्छी बारहमासी सड़कों के जरिए गाँवों को जोड़ने के विशिष्ट लक्ष्य के लिए केंद्रीय प्रायोजित योजना के रूप में प्रधानमंत्री ग्राम सड़क योजना (पीएमजीएसवाई) की घोषणा की।

(ग) विस्तृत परियोजना रिपोर्टें और संवीक्षा : इस कार्यक्रम के अंतर्गत प्रत्येक सड़क की गुणवत्ता सुनिश्चित करने के महत्त्वपूर्ण उपाय के रूप में समुचित सर्वेक्षण और पर्याप्त अन्वेषणों की शर्त लगाई गई है। विस्तृत परियोजना रिपोर्ट परियोजना की स्वीकृति की पूर्वापेक्षा है। परियोजना का समुचित डिजाइन और तैयारी सुनिश्चित करने के लिए देश की 60 से अधिक प्रतिष्ठित अभियांत्रिकी एवं प्रौद्योगिकी संस्थाएँ परियोजना प्रस्तावों की स्वतंत्र संवीक्षा करती है। इस संस्थाओं को राज्य तकनीकी एजेंसी का नाम दिया गया है।

(घ) संस्थागत प्रबंधन : केंद्रीय स्तर पर इस कार्यक्रम के कार्यान्वयन के लिए ग्रामीण विकास मंत्रालय नोडल मंत्रालय है। केंद्र स्तर पर कार्यक्रम के कार्यान्वयन के लिए तकनीकी और प्रबंधकीय सहायता प्रदान करने के लिए राष्ट्रीय ग्रामीण सड़क विकास एजेंसी (एनआरआरडीए) गठित की गई है और राज्य सरकार ने राज्य नोडल विभाग बनाया है और राज्य स्तर पर कार्यान्वयन के लिए राज्य ग्रामीण विकास एजेंसियों (एसआरआरडीए) गठित की गई हैं। कार्य की मात्रा के आधार पर राज्य द्वारा प्रत्येक जिले के लिए कार्यक्रम कार्यान्वयन एकक बनाया गया है।

(ड) प्रापण प्रक्रिया : पीएमजीएसवाई के अंतर्गत निर्माण के ठेके देने के लिए सर्वोत्तम राष्ट्रीय एवं अंतर्राष्ट्रीय पद्धतियों के आधार पर मानक बोली दस्तावेज तैयार किया गया है। इस कार्यक्रम के अंतर्गत सभी निर्माण कार्यों की निविदा प्रक्रिया मानक बोली दस्तावेज के आधार पर चलाई जाती है। पारदर्शिता सुनिश्चित करने और इलेक्ट्रॉनिक टेंडरिंग के विभिन्न लाभ प्राप्त करने के लिए कार्यक्रम के अंतर्गत निर्माण के ठेके देने के लिए बोली की संपूर्ण प्रक्रिया केवल ई-प्रोक्योरमेंट के जरिए संचालित की जाती है। भारतीय सड़क संगठन (आईआरसी)

की सहायता से प्रापण एवं संविदा प्रबंधन नियमावली भी बनाई जा रही है। ग्रामीण सड़क के विनिर्देशनों में संशोधन और दरों के विश्लेषण संबंधी मानक आंकड़ा पुस्तिका भी आईआरसी के जरिए बनाई गई है।

(च) गुणवत्ता नियंत्रण : गुणवत्ता इस कार्यक्रम का मुख्य उद्देश्य है। इसलिए पीएमजीएसवाई के अंतर्गत त्रिस्तरीय गुणवत्ता प्रबंधन तंत्र बनाया गया है।

(छ) अनुरक्षण : इस कार्यक्रम के अंतर्गत सृजित सड़क परिसंपत्तियों का स्थायित्व सुनिश्चित करने के लिए इस कार्यक्रम के अंतर्गत प्रत्येक अनुरक्षण ठेके में निर्माण कार्य के बाद उसी ठेकेदार द्वारा 5 वर्ष के नियमित अनुरक्षण के साथ-साथ 5 वर्षों तक दोष सुधार की जिम्मेदारी का प्रावधान है।

(ज) ऑनलाइन निगरानी, प्रबंधन और लेखांकन प्रणाली : कार्यक्रम कार्यान्वयन के विभिन्न पहलुओं में पूर्ण पारदर्शिता के मद्देनजर इस कार्यक्रम के अंतर्गत वेब आधारित ऑनलाइन निगरानी, प्रबंधन और लेखांकन प्रणाली तैयार की गई है।

(झ) प्रक्रिया नियमावली और कार्यक्रम निगरानी : इस कार्यक्रम के अंतर्गत सभी प्रक्रियाएँ 'प्रक्रिया नियमावली' में व्यवस्थित तरीके से निर्धारित की गई है, जिसे वर्ष 2005 में प्रकाशित किया गया। इस नियमावली में संस्थागत संरचना, आयोजना, डिजाइन, परियोजना निर्माण, प्रापण, गुणवत्ता, तकनीकी एजेंसी निगरानी, अनुरक्षण का प्रबंधन, सड़क सुरक्षा, कार्यान्वयन जिम्मेदारी आदि सहित सभी प्रक्रियाओं के ब्योरे रहते हैं। वास्तविक एवं वित्तीय प्रगति के पहलुओं के संबंध में नियमित मासिक निगरानी के अतिरिक्त, क्षेत्रीय समीक्षा बैठकें आयोजित की जाती हैं, जिनमें आयोजना, परियोजना निर्माण एवं समीक्षा, प्रापण और संविदा प्रबंधन से संबंधित पहलुओं पर विस्तार में चर्चा की जाती है। निगरानी के लिए गुणवत्ता संबंधी पहलुओं को सर्वोच्च प्राथमिकता दी जाती है और इन मामलों पर चर्चा करने के लिए अलग सत्र आयोजित किए जाते हैं। सचिव (ग्रामीण विकास) की अध्यक्षता में अधिकार संपन्न समिति की बैठकों का उपयोग विभिन्न राज्यों में कार्यक्रम के कार्यान्वयन की विस्तृत समीक्षा मंच के रूप में किया जाता है। मंत्री (ग्रामीण विकास) आयोजना, प्रगति, गुणवत्ता, रखरखाव, निधियों की उपलब्धता इत्यादि के संबंध में नियमित अंतरालों पर कार्यक्रम की समीक्षा करते हैं।

नई पहलें

राज्यों को नियमित प्रस्तावों के साथ प्रौद्योगिकी प्रदर्शन परियोजनाओं को प्रस्तुत

पीएमजीएसवाई का सामाजिक-आर्थिक प्रभाव मूल्यांकन और प्रयोक्ता की संतुष्टि : सारांश

2007-2011 की समयावधि के दौरान पीएमजीएसवाई के सामाजिक-आर्थिक प्रभाव के मूल्यांकन के लिए मंत्रालय ने एलईए सहयोगियों : साउथ एशिया प्रा. लि. को अपने साथ जोड़े रखा है। प्रभाव मूल्यांकन में 10 राज्यों को शामिल किया है और परिवार एवं गाँव स्तर पर (मुख्य आँकड़ों का संचयन) 11,490 परिवारों की जनसंख्या के नमूनों (33 जिलों में 750 परिवार) के आधार पर चार चरणों में अर्थात् 2007 (पाइलट), 2009 (आधार रेखा), 2010 (मध्यावधि) और 2011 (अंतिम अवधि) पुनर्यात्रा सर्वेक्षण के माध्यम से मुख्य आँकड़े का संचयन किया गया है।

मुख्य निष्कर्षों को निम्न प्रकार से संक्षिप्त किया जाता है :

(i) कृषि :

- प्रारंभिक मूल्यांकन अवधि में जोड़ी गई (कनेक्टेड) बसावटों में व्यापार से जुड़ी जनसंख्या का प्रतिशत 1.7 प्रतिशत अधिक है, जबकि जोड़े गए बसावटों में कृषि श्रमिकों के प्रतिशत में 0.5 की वृद्धि हुई है। प्रारंभिक मूल्यांकन अवधि में उक्त का प्रतिशत क्रमशः 0.7 और 1.2 प्रतिशत था। इससे यह ज्ञात होता है कि संपर्क (कनेक्टिविटी) के प्रारंभिक वर्षों में कारोबार व्यापार में सकारात्मक परिवर्तन प्रभावकारी साबित हुआ।
- सस्ती कीमतों पर तय किए गए उर्वरक और कीटनाशकों के प्रयोग से तथा उचित संपर्क (कनेक्टिविटी) के कारण आधुनिक फॉर्म के इस्तेमाल की संभावना से खेती काफी किफायती हो गई है।

(ii) स्वास्थ्य :

- कनेक्टेड स्थानों में महिला जनसंख्या का प्रतिशत, जिन्होंने मातृत्व और साधारण रोगों के लिए निजी चिकित्सा संस्थानों एवं चिकित्सकों से प्राप्त सहायता का मूल्यांकन किया, 2.7 प्रतिशत बढ़ा है।
- स्वास्थ्य कार्यकर्ताओं द्वारा प्रदान की गई सेवाओं में काफी सुधार हुआ है, क्योंकि अब वे आपातकालीन स्थितियों में रात्रि के दौरान गाँवों में ज्यादा गश्त करते हैं।

(iii) शिक्षा :

- अनकनेक्टेड बसावटों की तुलना में कनेक्टेड बसावटों में, स्कूलों में ड्रापआउट दर (स्कूल छोड़ने वाले विद्यार्थियों की संख्या) 28% तक कम हो गई है।

– सड़क संपर्कों ने परोक्ष रूप से बच्चों को स्कूल जाने में, विशेषकर लड़कियों को, सहायता दी है, सड़क संपर्क ने शिक्षण संस्थानों को समीपवर्ती गाँवों अथवा नजदीकी शहरों में यात्रा करने के लिए सुरक्षित और सहज मार्ग उपलब्ध किया है।

(iv) गैर-खेती गतिविधियाँ :

– कनेक्टेड स्थानों में औसत मासिक परिवार आय में प्रतिवर्ष 12% की वृद्धि हुई है, जबकि अनकनेक्टेड स्थानों में औसत वृद्धि दर प्रति वर्ष 4% है
– कलाकारों तथा हस्तशिल्पियों के लिए बारहमासी कनेक्टिविटी को एक ग्राहक आधार पर स्थापित करने में सफलता मिली है।
– प्रोविजनल स्टोर, पान की दुकान तथा साइकिल की मरम्मत करने वाले दुकानों को खोलकर अनेक ग्रामीण गैर-खेती रोजगार साधनों से अपनी आजीविका के लिए आय जुटाने में सफल हुए हैं।
– जिन लोगों के पास अपना वाहन है, उन्हें वाहन की कम रखरखाव लागत से तथा ग्रामीणों की परिवहन में बढ़ती आवाजाही से लाभ पहुँचा है।

करने के लिए प्रोत्साहित किया जाता है। राज्यों से प्राप्त परियोजनाओं की संवीक्षा की जाती है और तकनीकी प्रदर्शन के लिए उन्हें अधिकार प्राप्त समिति को भेजा जाता है।

- नए प्रकार के पाइपों अर्थात् डबल वाल कोरूगेटेड हाई डेंसीटी पॉलीथीन पाइपिंग सिस्टम (डीडब्ल्यूएचडीपी) जो गैरदाब भूमिगत नाला अनुप्रयोग के लिए उपयुक्त है, के उपयोग के लिए पायलट आधार पर अनुमति दी गई है। दो नई तकनीकों, कन्सोलिड 444 कार्बनिक रसायन और ठोस पाउडर का प्रयोग करने वाली पायलट परियोजनाओं को मंजूरी दे दी गई है।
- सीमेंट कंकरीट (भरे सेल (प्रकोष्ठ) तथा इंटरलॉकिंग कंकरीट ब्लॉक), ग्रेवाल, लाइम स्टेब्लाइज्ड, स्लैग स्टेब्लाइज्ड, कोयर तथा आरबीआई-81 का इस्तेमाल करने वाले 24 सड़क कार्यों के लिए प्रौद्योगिकी प्रदर्शन परियोजनाओं का अनुमोदन कर दिया गया है।
- प्रत्येक राज्य में नए संपर्क अथवा उन्नयन के अंतर्गत लगभग 50 किमी. की लंबाई को कवर करने के लिए कोयर जियो टेक्सटाइल्स के प्रयोग से ग्रामीण

सड़क परियोजना शुरू करने के लिए आंध्र प्रदेश, असम, छत्तीसगढ़, झारखंड, कर्नाटक, मध्य प्रदेश, ओड़िशा एवं तमिलनाडु राज्यों को पत्र भेजे गए हैं

पीएमजीएसवाई के अंतर्गत ग्रामीण सड़कों की धरातल सतह के निर्माण में कोल्ड मिक्स प्रौद्योगिकी का इस्तेमाल करते हुए लगभग 100 किमी. सड़क को पायलट आधार पर शुरू करने के लिए (यदि राज्य में उक्त की अनुमति है) सभी राज्यों को पत्र भेजे गए हैं।

महिलाओं का सशक्तीकरण

सभी राज्यों/संघ क्षेत्रों के ग्रामीण क्षेत्रों में इंदिरा आवास योजना का कार्यान्वयन किया जा रहा है। योजना के तहत, एक आवास के निर्माण के लिए बीपीएल परिवार को वित्तीय सहायता दी जाती है। तथापि, योजना के तहत महिलाओं के लिए अलग निधियाँ निर्धारित नहीं की जाती हैं। योजना दिशानिर्देशों के अनुसार, निर्मित आवासों को लाभार्थी परिवार की महिला सदस्य के नाम पर आवंटित किया जाता है। विकल्पतः योजना के तहत आवास को पति एवं पत्नी दोनों के नाम पर आवंटित किया जा सकता है। परिवार में पात्र महिला के न होने पर आईएवाई आवास बीपीएल परिवार के सुपात्र सदस्य के नाम पर आवंटित किया जा सकता है। वर्ष 2011-12 के दौरान, 32.66 लाख स्वीकृत आवासों में से महिला लाभार्थियों (65.76%) के नाम पर अनन्य रूप से 21.15 लाख और पति एवं पत्नी के संयुक्त नाम पर 7.31 लाख आवासों का आवंटन किया गया।

इसके अलावा वर्तमान वित्तीय वर्ष 2012-13 के दौरान 31 जनवरी, 2013 तक 25.34 लाख स्वीकृत आवासों में से, महिला लाभार्थियों के नाम पर अनन्य रूप से 15.04 लाख तथा पति एवं पत्नी के संयुक्त नाम पर 6.60 लाख आवासों का आवंटन किया गया।

तालमेल

आईएवाई के साथ विभिन्न केंद्र प्रायोजित योजनाओं (सीएसएस) के तालमेल के संबंध में सभी जिला ग्रामीण विकास एजेंसियों को आवश्यक निर्देश दिए गए हैं। आईएवाई लाभार्थी राजीव गाँधी ग्रामीण विद्युतीकरण योजना (आरजीजीवीवाई), संपूर्ण स्वच्छता अभियान (टीएससी) जनश्री और आम आदमी बीमा योजना तथा विभेदक ब्याज दर (टीआरआई) योजना के अंतर्गत लाभ प्राप्त कर सकते हैं।

- आरजीजीवीवाई के अंतर्गत प्रत्येक आईएवाई लाभार्थी अपने मकान में निःशुल्क बिजली कनेक्शन प्राप्त कर सकते हैं।
- टीएससी के अंतर्गत आईएवाई लाभार्थी स्वच्छता शौचालय बना सकता है जिसके लिए वे आईएवाई के अंतर्गत प्राप्त इकाई सहायता के अतिरिक्त टीएससी निधियों से 3200 रु. की राशि प्राप्त कर सकते हैं।
- सभी इच्छुक आईएवाई लाभार्थी जनश्री बीमा और आम आदमी बीमा नीतियों के अंतर्गत उपलब्ध लाभ प्राप्त कर सकते हैं।
- डीआरआई के अंतर्गत, आईएवाई लाभार्थी प्रति वर्ष 4 प्रतिशत ब्याज पर किसी राष्ट्रीयकृत बैंक से 20,000 रु. तक टॉप अप ऋण ले सकता है, ताकि आईएवाई के अंतर्गत प्राप्त सहायता में वृद्धि की सके।

राष्ट्रीय सामाजिक सहायता कार्यक्रम

राष्ट्रीय सामाजिक सहायता कार्यक्रम (एनएसएपी) में उस समय राष्ट्रीय वृद्धावस्था पेंशन योजना (एनओएपीएस), राष्ट्रीय परिवार लाभ योजना (एनएफबीएस) और राष्ट्रीय मातृत्व लाभ योजना (एनएफबीएस) और राष्ट्रीय मातृत्व लाभ योजना (एनएमबीएस) शामिल थीं। ये कार्यक्रम वृद्धों तथा बीपीएल परिवारों के मुख्य जीविकोपार्जक की मृत्यु के मामले में तथा प्रसूति के लिए सामाजिक सहायता का लाभ देने के लिए बनाए गए थे। इन कार्यक्रमों का उद्देश्य राज्यों द्वारा उस समय दिए जा रहे अथवा भविष्य में दिए जाने वाले लाभों के अलावा न्यूनतम राष्ट्रीय मानक सुनिश्चित करना था। एनएमबीएस को वर्ष 2001-02 से स्वास्थ्य एवं परिवार कल्याण मंत्रालय को अंतरित कर दिया गया और जननी सुरक्षा योजना में मिला दिया गया था। 01 अप्रैल, 2000 को अन्नपूर्णा योजना नामक एक नई योजना शुरू की गई थी। इस योजना का उद्देश्य एनओएपीएस के अंतर्गत शामिल न किए गए पात्र वरिष्ठ नागरिकों की आवश्यकता को पूरा करने के लिए खाद्य सुरक्षा मुहैया कराना था। अन्नपूर्णा योजना के अंतर्गत लाभार्थियों को प्रति माह 10 कि.ग्रा. खाद्यान्न मुफ्त दिए जाते हैं। फरवरी 2009 में एनएसएपी के अंतर्गत इंदिरा गाँधी राष्ट्रीय विकलांगता पेंशन योजना (आईजीएनडीपीएस) नामक दो नई योजनाएँ शुरू की गई है।

इंदिरा गाँधी राष्ट्रीय वृद्धावस्था पेंशन योजना (आईजीएनओएपीएस)

भारत सरकार ने अपने निर्धारित मानदंड के अनुसार 65 वर्ष अथवा इससे अधिक आयु के और गरीबी रेखा से नीचे जीवन बसर करने वाले परिवारों के व्यक्तियों को वृद्धावस्था पेंशन देने संबंधी पात्रता मानदंड को 13.9.2007 को संशोधित कर दिया। इस संशोधन के साथ राष्ट्रीय वृद्धावस्था पेंशन योजना (एनओएपीएस) को इंदिरा गाँधी राष्ट्रीय वृद्धावस्था पेंशन योजना (आईजीएनओएपीएस) का नाम दिया गया था। राष्ट्रीय वृद्धावस्था पेंशन योजना के अंतर्गत वर्ष 2006 के दौरान 87.09 लाख लाभार्थियों को लाभान्वित किया गया था। तथापि गरीबी रेखा से नीचे जीवन बसर करने वाले सभी व्यक्तियों को लाभांवित करने के लिए पात्रता मानदंड में संशोधन से इंदिरा गाँधी राष्ट्रीय वृद्धावस्था पेंशन योजना के अंतर्गत लाभार्थियों की संख्या पिछली रिपोर्ट के अनुसार दिसंबर 2012 तक बढ़कर 223 लाख हो गई है।

1.4.2011 से आईजीएनओएपीएस के अंतर्गत वृद्धावस्था पेंशन के लिए पात्रता आयु 65 वर्ष से घटाकर 60 वर्ष कर दी गई है और 80 वर्ष या इससे अधिक आयु वाले व्यक्तियों के लिए पेंशन राशि 200 रुपए से बढ़ाकर 500 रु. प्रतिमाह कर दी गई है।

इंदिरा गाँधी राष्ट्रीय विधवा पेंशन योजना (आईजीएनडब्ल्यूपीएस)

फरवरी 2009 में, भारत सरकार ने 40-64 वर्ष की आयु की बीपीएल विधवाओं के लिए प्रति लाभार्थी प्रतिमाह 200 रु. की पेंशन राशि की मंजूरी दी थी। आईजीएनओएपीएस के अंतर्गत आयु सीमा कम किए जाने के परिणामस्वरूप आईजीएनडब्ल्यूपीएस के तहत उच्चतम आयु सीमा 64 वर्ष से घटाकर 59 वर्ष कर दी गई है। 1.10.2012 से आईजीएनडब्ल्यूपीएस के अंतर्गत पेंशन की राशि बढ़ाकर 300 रु. और पात्रता की उच्चतम आयु सीमा बढ़ाकर 79 वर्ष कर दी गई है। अतः आईजीएनडब्ल्यूपीएस के अंतर्गत विधवा पेंशन 40-79 वर्ष की आयु वाली बीपीएल परिवारों की विधवाओं को दी जाती है। पिछली रिपोर्ट के अनुसार इस योजना के अंतर्गत दिसंबर 2012 तक 42 लाख लाभार्थियों को पेंशन दी गई है।

इंदिरा गाँधी राष्ट्रीय विकलांगता पेंशन योजना (आईजीएनडीपीएस)

फरवरी 2009 में भारत सरकार ने इंदिरा गाँधी राष्ट्रीय विकलांगता पेंशन योजना

(आईजीएनडीपीएस) के अंतर्गत 18-64 वर्ष की आयु के गंभीर या विविध अपंगता वाले बीपीएल व्यक्तियों के लिए प्रति लाभार्थी प्रति माह 200 रु. की दर से पेंशन राशि की मंजूरी भी दी थी। आईजीएनओएपीएस के अंतर्गत उच्चतम आयु सीमा को कम किए जाने के फलस्वरूप आईजीएनडीपीएस के अंतर्गत पेंशन की राशि बढ़ाकर 300 रु. और उच्चतम आयु सीमा बढ़ाकर 79 वर्ष कर दी गई है। अतः आईजीएनडीपीएस के अंतर्गत गंभीर या विविध अपंगताओं से ग्रस्त 18-79 वर्ष की आयु के और भारत सरकार द्वारा निर्धारित मानदंड के अनुसार गरीबी रेखा से नीचे जीवन यापन करने वाले परिवारों के अपंग व्यक्तियों को पेंशन दी जाती है। पिछली रिपोर्ट के अनुसार दिसंबर 2012 तक 8 लाख लाभार्थियों को इस योजना के तहत पेंशन दी गई।

राष्ट्रीय परिवार लाभ योजना (एनएफबीएस)

प्रारंभ में इस योजना के अंतर्गत किसी परिवार के 'मुख्य जीविकोपार्जक' की स्वाभाविक मृत्यु के मामले में शोक संतप्त परिवार को 5000 रु. तथा दुर्घटना में मृत्यु के मामले में 10,000 रु. दिए जाते थे। इस योजना में निर्दिष्ट मुख्य जीविकोपार्जक चाहे वह पुरुष हो अथवा स्त्री, उस परिवार का हिस्सा होना चाहिए तथा उसकी आय परिवार की कुल आय का एक बड़ा अंश हो। ऐसे किसी मुख्य जीविकोपार्जक की 18 से 64 वर्ष तक की आयु अर्थात् 18 वर्ष से अधिक तथा 65 वर्ष रो कग आयु गें मृत्यु हो जाए तो उसका परिवार इस योजना के अंतर्गत लाभ पाने का पात्र होगा। 1998 में एनएफबीएस के अंतर्गत दुर्घटना के साथ-साथ प्राकृतिक कारणों से मृत्यु होने के मामले में भी राशि को बढ़ाकर 1000 रु. कर दिया गया था। 18.10.2012 से एनएफबीएस के अंतर्गत सहायता की राशि बढ़ाकर 2000 रु. और मुख्य जीविकोपार्जक की मृत्यु के समय उच्चतम आयु घटकर 59 वर्ष कर दी गई है। अतः एनएफबीएस 18-59 वर्ष की आयु के मुख्य जीविकोपार्जक की मृत्यु के मामले में लागू है। पिछली रिपोर्ट के अनुसार इस योजना के तहत दिसंबर 2012 तक 2.91 लाख बीपीएल परिवारों को लाभान्वित किया गया है।

पंचायती राज संस्थाओं की भागीदारी

पंचायत और जिला स्तर पर इन योजनाओं के कार्यान्वयन में पंचायती राज संस्थाओं को शामिल किया जा सकता है। इन तीन योजनाओं के अंतर्गत

लाभार्थियों के निर्धारण में ग्राम पंचायतें/नगरपालिकाएँ सक्रिय भूमिका निभा सकती हैं। बैंकों या डाकघरों में लाभार्थियों के बचत खातों या पोस्टल मनीऑर्डर के माध्यम से लाभ के वितरण के अतिरिक्त ग्रामीण क्षेत्रों में ग्राम सभा की बैठकों और शहरी क्षेत्रों में पड़ोस/मोहल्ला समितियों की बैठकों जैसी सार्वजनिक बैठकों में भी इन योजनाओं के अंतर्गत दी जाने वाली सहायता राशि का वितरण किया जा सकता है। पंचायतों और नगरपालिकाओं को निगरानी कार्य तथा स्वीकृतियों और वितरण में देरी के मामलों में कार्रवाई में भी शामिल किया जा सकता है।

8

प्रशिक्षण कार्यक्रमों द्वारा क्षमतावर्धन सरकार व स्वैच्छिक संस्थाओं का योगदान

जैसा कि पहले भी कहा है, पंचायती राज व्यवस्था में लगभग 34 लाख सदस्य व अध्यक्ष चुने गए हैं। इनमें 11 लाख से अधिक महिलाएँ हैं। अधिकांश महिलाएँ ऐसी हैं, जो पहली बार चुनकर आई हैं। इन पंचायत प्रतिनिधियों की अनेक जिम्मेदारियाँ हैं। अपने क्षेत्र के आर्थिक विकास व सामाजिक न्याय की योजना बनाकर उन्हें लागू करना पंचायत की जिम्मेदारी है। इस कार्य को कारगर ढंग से संपन्न करने के लिए महिलाओं को पंचायती राज व्यवस्था के बारे में प्रशिक्षण देना अनिवार्य है। प्रशिक्षण में मुख्य रूप से विकेंद्रीकरण का दर्शन, पंचायतों को दिए गए अधिकार, शक्तियाँ व कर्तव्य, विभिन्न कार्यक्रम लागू करने के तरीके, विकेंद्रीकरण योजना क्या है, पंचायतों के वित्तीय साधन, बजट बनाना, मूल्यांकन व पर्यवेक्षण करना आदि शामिल करना आवश्यक है। सरकार व स्वैच्छिक संस्थाओं ने इस दिशा में अनेक प्रयास किए हैं, उन्हीं पर यहाँ प्रकाश डाला गया है।

केंद्र व राज्य सरकार

73वाँ संविधान संशोधन विधेयक राष्ट्रपति के हस्ताक्षर के बाद 24 अप्रैल, 1993 को अधिनियम बन गया था। इस अधिनियम को प्रभावी ढंग से अमल में लाने

के लिए 3 जुलाई, 1993 को दिल्ली में मुख्यमंत्रियों का एक सम्मेलन हुआ, जिसमें चुने गए प्रतिनिधियों को प्रशिक्षण देने की कार्य योजना तैयार की गई थी। इसमें कहा गया कि सभी नोडल संस्थाएँ चुने हुए प्रतिनिधियों के लिए प्रशिक्षण का पाठ्यक्रम तैयार करेंगी और प्रशिक्षकों को प्रशिक्षण प्रदान करेंगी। इन नोडल संस्थाओं में भारतीय लोक प्रशासन संस्थान, नई दिल्ली, राष्ट्रीय ग्रामीण विकास संस्थान, हैदराबाद व लालबहादुर एकेडमी, मसूरी है। इसके अतिरिक्त प्रशिक्षण देने का कार्य 23 राज्यों के राज्य ग्रामीण विकास संस्थान भी कर रहे हैं। राज्य से नीचे स्तर पर लगभग 110 ग्राम सेवक प्रशिक्षण केंद्रों व अन्य प्रशिक्षण केंद्रों द्वारा यह प्रशिक्षण दिया जाएगा।

16 दिसंबर, 1993 को केंद्रीय ग्रामीण विकास विभाग ने 'कार्य दल' का गठन किया जो इंदिरा गाँधी राष्ट्रीय मुक्त विश्वविद्यालय के सहयोग से 'डिस्टेंस एजुकेशन पोस्ट लिटरेरी कैंपेन' के लिए प्रशिक्षण मॉडल तैयार करेगा। इस मॉडल के द्वारा चुने गए प्रतिनिधि स्वयं अपने आप विकेंद्रीकृत शासन, योजना व विकास का अध्ययन करेंगे। केंद्र सरकार ने राज्य ग्रामीण विकास संस्थानों व अन्य प्रशिक्षण केंद्रों की संरचना को मजबूत करने के लिए वित्तीय सहायता भी प्रदान की। 11 सितंबर, 1995 को हुए राज्यों व केंद्र शासित प्रदेशों के पंचायत मंत्रियों और सचिवों के सम्मेलन में प्रशिक्षण के मुद्दे पर चर्चा हुई। यह निर्णय लिया गया कि पहले दौर में, जरूरतमंद समूह, जिसमें सभी स्तरों पर चुनी हुई महिला सदस्य हों, को प्रशिक्षण देना है। महिलाओं का प्रशिक्षण उनके अनुकूल पैकेज के रूप में दिया जाएगा, जिसमें कि प्रशिक्षण की प्रभावशीलता में वृद्धि हो। पंचायती राज कर्मचारियों को भी पंचायती राज व्यवस्था के विभिन्न पहलुओं के बारे में अभिनवीकरण प्रशिक्षण दिया जाएगा। इस कार्य को करने के लिए प्रशिक्षण के ढाँचे को मजबूत किया जाएगा। दूरस्थ शिक्षा कार्यक्रम भी इस कार्यक्रम के लिए महत्त्वपूर्ण है। इसलिए, पंचायती राज प्रणाली की अवधारणाओं, नीतियों और विषयवस्तु से निर्वाचित नेताओं को सुपरिचित कराने तथा बुनियादी प्रबंधकीय कार्यकुशलता में जानकारी उपलब्ध कराने के उद्देश्य से इंदिरा गाँधी राष्ट्रीय मुक्त विश्वविद्यालय ने दूरस्थ शिक्षा का एक व्यापक कार्यक्रम शुरू किया है। ग्रामीण विकास मंत्रालय द्वारा प्रायोजित इस कार्यक्रम को मध्य प्रदेश में प्रायोगिक आधार पर शुरू किया जाएगा और बाद में देश के अन्य प्रांतों में भी विस्तार का प्रस्ताव है। इस कार्य को निपटाने के लिए गैर सरकारी संगठनों की क्षमता का

इस्तेमाल करने पर विचार किया गया, क्योंकि ग्राम स्तरीय नेताओं को प्रशिक्षण देने में ये संस्थाएँ अहम भूमिका निभा सकती हैं।

ग्रामीण विकास मंत्रालय 73वें संविधान संशोधन के बाद पंचायतों के सभी स्तरों पर पंचायत कार्यकर्ताओं के प्रशिक्षण को सर्वोच्च प्राथमिकता देता रहा है। मंत्रालय ने प्रथमतया तीन राष्ट्रीय प्रशासनिक अकादमी तथा भारतीय लोक प्रशासन संस्थान का चयन प्रशिक्षकों का प्रशिक्षण कार्यक्रम आयोजित करने के लिए किया है। ग्रामीण विकास मंत्रालय ने दूरस्थ शिक्षा और साक्षरता अभियान के मॉडल तैयार करने के लिए कार्यदल का गठन किया था। यह दल पंचायती राज के विभिन्न पहलुओं के बारे में सूचना का कार्यक्रम तैयार करने के लिए इंदिरा गाँधी राष्ट्रीय मुक्त विश्वविद्यालय के सहयोग से कार्य कर रहा है। पंचायती राज संस्थाओं के अध्यक्षों का सम्मेलन 9 व 10 अक्तूबर, 1995 को नई दिल्ली में हुआ। इसमें संपूर्ण देश से 6,800 प्रतिनिधियों ने भाग लिया। इस सम्मेलन में प्रतिनिधियों की जानकारी के लिए पंचायती राज व्यवस्था के विभिन्न पहलुओं से संबंधित सामग्री भी वितरित की गई।

इसके अतिरिक्त पंचायती राज के ढाँचे में समाज के कमजोर वर्गों व महिलाओं के लक्षित वर्ग के लिए उनकी भूमिका के महत्त्व पर विचार करते हुए प्रशिक्षण और जागरूकता सृजन कार्यक्रम का आयोजन करने के लिए अच्छे रिकॉर्ड वाले गैर सरकारी संगठनों को भी वित्तीय सहायता दी जा रही है। दूरस्थ शिक्षा और साक्षरता अभियान के लिए विषय सामग्री तैयार करने संबंधी कार्यदल का गठन किया गया है। पंचायती राज के विभिन्न पहलुओं के बारे में सूचना का प्रचार-प्रसार करने के लिए स्वतः स्पष्ट लिखित सामग्री के साथ-साथ देखने और सुनने के कार्यक्रम राष्ट्रीय मुक्त विश्वविद्यालय तैयार कर रहा है। केंद्रीय ग्रामीण विकास मंत्रालय राज्य सरकारों को भी सीमित रूप में पंचायत प्रतिनिधियों को प्रशिक्षित करने के लिए वित्तीय सहायता दे रहा है।

राज्य सरकारों की भूमिका

राज्य सरकारों ने भी पंचायत प्रतिनिधियों को प्रशिक्षित करने के लिए कारगर कदम उठाए हैं। कुछ राज्यों में इसके अपेक्षित परिणाम भी देखने को मिले हैं। प्रशिक्षण के बारे में राज्यों से संबंधित पंचायती राज विभागों के अंतर्गत पंचायती राज प्रशिक्षण प्रकोष्ठों की स्थापना की गई है। प्रकोष्ठ सतत रूप से कार्य करें, इसके लिए प्रशिक्षण कार्ययोजना तैयार करने, विभिन्न कार्यक्रमों में प्रशिक्षणार्थियों

की भागीदारी सुनिश्चित करने, प्रशिक्षण आवश्यकताओं का मूल्यांकन करने तथा प्रशिक्षण कार्यक्रमों की निगरानी एवं मूल्यांकन करने की जिम्मेदारी सौंपी गई है। प्रशिक्षण एक बार न होकर सतत प्रक्रिया हो, इसके लिए भी प्रशिक्षण योजनाएँ तैयार की गई हैं, ताकि नवनिर्वाचित प्रतिनिधियों को सर्वाधिक रूप से नए विचारों, नीतियों तथा सामाजिक-आर्थिक विकास के कार्यक्रमों की जानकारी मिल सके।

स्वयंसेवी संस्थाओं की भूमिका

73वें संविधान संशोधन की धारा 243-जी के अनुसार राज्य सरकार पंचायतों के निर्माण के लिए ऐसे कदम उठाएगी तथा उन्हें इतनी शक्ति और अधिकार प्रदान करेगी, ताकि ये पंचायतें स्वायत्तशासी संस्थाएँ बन सकें। इसके अतिरिक्त पंचायतों को आर्थिक विकास व सामाजिक न्याय की योजनाएँ बनाने का अधिकार भी दिया गया है। पंचायतों को 29 विषय, जिसमें कृषि से लेकर संपत्तियों के रख-रखाव तक शामिल हैं, सौंपे गए हैं। इस अवधारणा को अमली जामा पहनाने के लिए स्वयंसेवी संगठन दो तरह के कार्य कर रहे हैं - प्रथम, सैद्धांतिक स्तर पर, दूसरे व्यावहारिक स्तर पर। सैद्धांतिक स्तर पर स्वयंसेवी संस्थाएँ राज्यों के पंचायती राज अधिनियमों का आलोचनात्मक अध्ययन कर महिलाओं को उनसे अवगत करा रही हैं। वे बता रही हैं कि अमुक अधिनियम में फलाँ-फलाँ कमियाँ हैं, जिनके कारण पंचायतें स्वायत्त संस्थाएँ नहीं बन पाई हैं। इसके अतिरिक्त ये संगठन अपने स्तर पर मॉडल अधिनियम बनाकर सरकार व पंचायत प्रतिनिधियों को प्रस्तुत कर रहे हैं, ताकि वे इस तथ्य से परिचित हो सकें कि पंचायतों को स्वायत्त संस्थाएँ बनाने के लिए कैसे अधिनियम बनाए जाने की आवश्यकता है। स्वयंसेवी संस्थाएँ विचार-गोष्ठी कर सरकारों पर पंचायत अधिनियमों में सुधार के लिए दबाव डाल रही हैं, क्योंकि पंचायतों को कितने अधिकार व शक्तियाँ प्राप्त हों, यह पंचायत अधिनियमों के प्रावधानों पर ही निर्भर है। गोवा का उदाहरण हमारे सामने है, जहाँ ग्राम पंचायत ने स्वयंसेवी संस्थाओं के सहयोग से ड्पोन बहुराष्ट्रीय कंपनी को अपने क्षेत्र से इसलिए बाहर कर दिया था, क्योंकि पंचायती राज अधिनियम में यह प्रावधान था कि बिना पंचायत की अनुमति के कोई भी विनिर्माण कार्य नहीं किया जा सकता। ड्पोन कंपनी ने केंद्र व राज्य सरकारों से भी अनुमति ले ली, लेकिन इस बात का ध्यान नहीं रखा कि ग्राम पंचायत अधिनियम के अनुसार ग्राम पंचायत से भी अनुमति लेनी होगी। अगर इस तरह का प्रावधान अधिनियम में न होता तो शायद पंचायत इस कंपनी को अपने क्षेत्र से बाहर न कर पाती।

व्यावहारिक स्तर पर स्वैच्छिक संगठन महिलाओं को चुनाव से पहले, चुनाव के दौरान व चुनाव के बाद होने वाले विभिन्न कार्यों के विषय में समझा रहे हैं। चुनाव से पहले संगठन साफ-सुथरी साख रखनेवाली महिलाओं व पुरुषों को चुनाव लड़ने के लिए प्रेरित कर रहे हैं। चुनाव के दौरान ये संगठन महिलाओं को सहयोग देते हैं। स्वतंत्र एवं निष्पक्ष मतदान के लिए समाज के विभिन्न समुदायों और जातियों के बीच आपसी सद्भाव बनाए रखने व गाँव में सम्मानित लोगों में से प्रदर्शक दल बनाकर चुनाव के दौरान होने वाली धाँधलियों पर कड़ी नजर रखने का प्रबंध करते हैं। चुनाव में शत-प्रतिशत मतदान हो, इसके लिए मतदाताओं को प्रोत्साहित कर रहे हैं। चुनाव के बाद स्वयंसेवी संगठन शिविर लगाकर महिलाओं को पंचायतों के विभिन्न पहलुओं की जानकारी हेतु पठन सामग्री दे रहे हैं। संक्षेप में स्वयंसेवी संगठनों के प्रयास से निम्न प्रभाव पड़े हैं :

(क) 73वें संविधान संशोधन को ध्यान में रखकर बनाए गए राज्य पंचायती राज अधिनियमों से पंचायतें स्वायत्त शासन की संस्थाएँ किस सीमा तक बनी हैं, इसके विषय में महिलाओं को जानकारी दी है।

(ख) स्वयंसेवी संगठनों ने पंचायती राज अधिनियम के विभिन्न प्रावधानों की जानकारी महिलाओं को दी।

(ग) प्रशिक्षण सामग्री, जैसे - महिलाओं के अधिकार व शक्तियाँ, योजना तैयार करना आदि की जानकारी महिलाओं को दी गई है। स्थानीय भाषा में तैयार की गई सामग्री महिलाओं के लिए बेजोड़ सिद्ध हुई है।

कुछ उदाहरण :

1. प्रिया व कालबरेटिंग नेटवर्क ऑफ रीजनल स्पोर्ट ऑर्गेनाइजेशन द्वारा पंचायती राज के मुद्दे पर विभिन्न राज्यों में संयुक्त प्रयास जारी है। इन संस्थाओं के प्रयास मुख्यतः निम्न बिंदुओं पर केंद्रित हैं :

(क) पंचायतें स्वशासन की इकाइयाँ हैं, न कि मात्र केंद्र सरकार की विकास योजनाओं को लागू करने की एजेंसियाँ अर्थात् पंचायतों को कार्यात्मक, वित्तीय एवं प्रशासनिक स्वायत्तता मिली है जैसा कि संविधान की धारा 243-जी में इनके बारे में कहा गया है।

(ख) महिलाओं व कमजोर वर्गों में निर्णय लेने की प्रक्रिया में वृद्धि कर उनका नेतृत्व के लिए प्रोत्साहित करना।

(ग) स्थानीय व मानवीय संसाधनों पर पंचायतों का नियंत्रण बढ़ाना।

उपरोक्त उद्देश्यों को पूरा करने के लिए प्रिया व सहायक संस्थाओं ने निम्न कार्यक्रम चलाए हैं - प्रशिक्षण कार्यक्रमों का परिचालन, प्रशिक्षण सामग्री तैयार करना और प्रतिनिधियों तक पहुँचाना, स्थानीय स्तर पर विकेंद्रित योजना तैयार करना, शोध व मूल्यांकन कार्य करना। इन कार्यक्रमों के प्रभाव से महिला व अन्य चुने प्रतिनिधियों की पंचायती राज व्यवस्था के बारे में समझ बढ़ी है।

2. केरल में नौवीं योजना के लिए जन अभियान शुरू किया गया था। इस अभियान के दौरान बहुत कम समय में ही ग्राम, ब्लॉक एवं जिला स्तर पर योजना बनाने की लोगों की क्षमता को विकसित किया गया। इस अभियान के दौरान पंचायतों ने लगभग डेढ़ लाख परियोजनाएँ तैयार की हैं। नौवीं योजना में स्थानीय निकायों की हिस्सेदारी 40 प्रतिशत है, जो लगभग 44 अरब रु. के बराबर है। अभियान के दौरान एक अहम प्रश्न यह उभरकर आया कि प्रस्तावित योजनाओं के लिए संसाधनों का अनुमोदन करने से पहले इनकी तकनीकी जाँच व वित्तीय व्यवहार्यता और सामाजिक स्वीकार्यता की जाँच कौन करेगा? इसी कारण स्वयंसेवी तकनीकी दल का प्रयोग सामने आया, जिसका जिक्र यहाँ किया गया है। केरल में इस प्रकार लगभग 10 हजार विशेषज्ञ जिनमें सेवानिवृत्त इंजीनियर, डॉक्टर, प्रोफेसर, खंड विकास अधिकारी, तकनीकी विशेषज्ञ, वैज्ञानिक, सैनिक एवं ड्राफ्टसमैन शामिल होकर स्वयंसेवी तकनीकी दलों के रूप में कार्य करेंगे।

   इन तकनीकी दलों ने परियोजनाओं को बनाने व उनका मूल्यांकन करने में क्रांतिकारी पहल की है। इस तरह के प्रयासों से पंचायतों के क्षेत्र में दीर्घकालिक परिणाम होंगे।

3. स्वयंसेवी संस्था एकलव्य मध्य प्रदेश के कई जिलों में मुख्यतः शिक्षा के क्षेत्र में कार्यरत है। इस संस्था ने जिला, ब्लॉक और ग्राम स्तर पर साक्षरता समितियों का गठन किया है, जिनमें पंचायत सदस्य भी शामिल है। इस क्षेत्र में अनेक पंचायत सदस्य साक्षर बने और फिर उन्होंने दूसरों को साक्षर बनाया। देवास जनपद के कुछ सरपंचों ने यह घोषणा की है कि उनके गाँव में सभी लोगों को साक्षर होना है, अगर कोई व्यक्ति उनके पास अँगूठा लगाकर अर्जी लाया तो वह तब तक हस्ताक्षर नहीं करेगा जब तक व्यक्ति स्वयं लिखना-पढ़ना न जान ले। इस जनपद की एक महिला सरपंच ने

अपनी दोनों पढ़ी-लिखी बहुओं को साक्षरता मिशन को अग्रसर करने के लिए प्रोत्साहित किया। वास्तव में ग्रामीण महिलाएँ घूँघट में रहती हैं। यदि उनको पढ़ाने के लिए महिलाएँ हों तो परिणाम बेहतर होंगे, क्योंकि घूँघट के कारण वे महिलाएँ पुरुषों से अच्छी तरह तारतम्य नहीं बिठा सकतीं। होशंगाबाद जिले में एक गाँव की महिला सरपंच ने वहाँ कार्यरत एक स्वयंसेवी संस्था की मदद से अपने कार्य के बारे में तकनीकी जानकारी प्राप्त की है।

4. उत्तर प्रदेश में पीपल्स एक्शन फॉर नेशनल इंटीग्रेशन (पानी) अवार्ड सामाजिक संस्था के सहयोग से ग्राम पंचायत के स्तर की योजना बनाने के काम में लगी है। ये संस्थाएँ विभिन्न ग्राम पंचायतों की योजना बनाने के सहायक के रूप में कार्य कर रही हैं। प्रारंभिक प्रशिक्षण के बाद पाँच दिन की प्रशिक्षण कार्यशाला आयोजित की जा रही है। प्रशिक्षण शिविरों में सहभागिता एवं समूह चर्चा करके कम-से-कम तीन ग्राम पंचायतों की योजना सरल प्रक्रिया द्वारा बनाई जाती है। उसके बाद उसे ग्राम सभा की खुली बैठक में प्रस्तुत करके अंतिम स्वीकृति ली जाती है। उसके बाद साधन की उपलब्धता के आधार पर क्रियान्वयन किया जाता है। इस तरह के अनेक उदाहरण सामने हैं, जहाँ पर पंचायती राज व्यवस्था को सुदृढ़ बनाने के प्रयास किए हैं। इससे आभास होता है कि महिलाएँ अपनी समस्याओं को पार करते हुए अपनी पंचायतों में प्रभावी भूमिका निभा सकेंगी।

लोक कार्यक्रम और ग्रामीण प्रौद्योगिकी विकास परिषद् (कपार्ट)

लोक विकास कार्य (भारत) (पीएडीआई) तथा ग्रामीण प्रौद्योगिकी विकास परिषद् (सीएआरटी) को मिलाकर वर्ष 1986 में लोक कार्यक्रम और ग्रामीण प्रौद्योगिकी विकास परिषद् (कपार्ट) का गठन किया गया था। यह ग्रामीण विकास मंत्रालय के तत्त्वावधान के अधीन एक पंजीकृत सोसाइटी है। कपार्ट की कार्यकारी समिति ने 24 अगस्त, 2009 को आयोजित अपनी 49वीं बैठक में कपार्ट के पुनर्गठन का निर्णय लिया था।

कपार्ट की योजनाएँ और सामाजिक कार्यकलाप

वर्तमान में कपार्ट के तहत मुख्य योजनाओं को रोक दिया गया है जैसे कि कपार्ट पुनर्गठन प्रक्रिया के अधीन है। तथापि, कपार्ट के तहत निम्न कार्यकलाप चल रहे हैं।

विपणन कार्यकलाप

इस योजना के अंतर्गत दिल्ली हाट में सरस मेला और प्रगति मैदान में इंडिया इंटरनेशनल ट्रेड फेयर का आयोजन किया जाता है। वर्तमान में यह स्कीम 18 राज्यों के 111 जिलों में चल रही है।

प्रधानमंत्री ग्रामीण विकास फेलो

13 सितंबर, 2011 को भारत के माननीय प्रधानमंत्री जी की उपस्थिति में केंद्रीय ग्रामीण विकास मंत्री जी ने प्रत्येक समेकित कार्य योजना जिले में जिला प्रशासन की सहायता करते हेतु युवा पेशेवरों को तैनात करने के लिए ग्रामीण विकास फेलो योजना की घोषणा की, जिसे यहाँ से आगे प्रधानमंत्री ग्रामीण विकास फेलो (पीएमआरडीएफ) कहा गया है।

पीएमआरडीएफ की भूमिका

समेकित कार्य योजना जिलों में अपने कार्यकाल के दौरान पीएमआरडीएफ को निम्नलिखित कार्य करने होंगे –

(क) जिले का सामाजिक-आर्थिक और राजनैतिक विश्लेषण करना तथा लोगों को महसूस हो रही जरूरतों का पता लगाने में मदद करना;

(ख) महात्मा गाँधी नरेगा, एनआरएलएम, राष्ट्रीय ग्रामीण पेयजल कार्यक्रम, आईडब्ल्यूएमपी और समेकित कार्य योजना जैसे प्रमुख कार्यक्रमों के बेहतर कार्यान्वयन में सहायता करना;

(ग) निर्धनों की क्षमता बढ़ाने और उन्हें उनके अधिकार दिलाने में निर्धनों की संस्थाओं के साथ मिलकर कार्य करना।

(घ) स्व-सहायता समूहों और पंचायत जैसी स्थानीय लोकतांत्रिक संस्थाओं में क्षमता निर्माण करना;

(ड) जिला प्रशासन द्वारा कार्यक्रम संचालन के और बेहतर तौर-तरीकों तलाशने के लिए कार्य अनुसंधान शुरू करना।

(च) अभिनव परियोजनाओं की रूपरेखा तैयार करना और उन्हें क्रियान्वित करना।

(छ) ग्रामीण विकास संबंधी नवीन पहलों पर जानकारी उपलब्ध कराना।

प्रशिक्षण और क्षमता निर्माण

ग्रामीण विकास मंत्रालय देशभर में विभिन्न ग्रामीण विकास कार्यक्रमों के कार्यान्वयन को और अधिक प्रभावी बनाने के लिए ग्रामीण विकास कार्यकर्ताओं और अन्य हितधारकों के क्षमता विकास पर जोर देता है। इसके अतिरिक्त, जमीनी वास्तविकताओं, ग्रामीण विकास की प्रवृत्तियों, ग्रामीण विकास कार्यक्रमों के प्रभाव और अन्य संबंधित मुद्दों के मूल्यांकन का कार्य पूरा करने के लिए कार्य अनुसंधान एवं अनुसंधान कार्यकलाप भी किए जाते हैं। पंचायती राज संस्थाओं के निर्वाचित प्रतिनिधियों एवं ग्रामीण विकास कार्यकर्ताओं, बैंक अधिकारियों, सामुदायिक संगठनों, राष्ट्रीय, राज्य, जिला, ब्लॉक तथा उप-ब्लॉक स्तरों पर विभिन्न विकास विभागों के कर्मियों सहित विभिन्न हितधारकों की क्षमता का विकास करने के लिए ग्रामीण विकास मंत्रालय के अधीन हैदराबाद स्थित राष्ट्रीय ग्रामीण विकास संस्थान नामक शीर्ष स्वायत्त प्रशिक्षण संस्थान है। मंत्रालय के इस प्रयास में राज्यों के राज्य ग्रामीण विकास संस्थान एवं पंचायती राज (एसआईआरडी) और विस्तार प्रशिक्षण केंद्र (ईटीसी) भी सक्रिय रूप से शामिल हैं।

भारत ग्रामीण आजीविका फाउंडेशन (बीआरजीएफ)

ग्रामीण विकास मंत्रालय, भारत सरकार ने लोकोपकारी प्रयोजनों के लिए स्वतंत्र पंजीकृत सोसायटी के रूप में भारत ग्रामीण आजीविका फाउंडेशन (बीआरएलएफ) को बढ़ावा दिया है, ताकि सरकार के सहयोग से सिविल सोसायटी के कार्यों में मदद की जा सके। बीआरएलएफ का मिशन महिलाओं, विशेष रूप से केंद्रीय भारतीय जनजातीय क्षेत्र में, उनकी आजीविकाओं पर ध्यान देते हुए गरीब ग्रामीण परिवारों की आजीविकाओं और उनके जीवन को बदलने के लिए सरकार के साथ भागीदारी करके सिविल सोसाइटी के प्रस्तावित कार्यकलापों में सहायता करना और उन्हें आगे बढ़ाना है।

बीआरएलएफ में सरकारी और गैर-सरकारी दोनों क्षेत्रों की भागीदारी होती है, इससे सरकार और सामाजिक विकास संस्थाओं (सीएसओ) में विश्वसनीयता बढ़ेगी, जिससे प्रत्येक कार्य में महत्त्वपूर्ण बदलाव किए जा सकेंगे और सरकार-सीएसओ-समुदाय के सहयोग से जमीनी स्तर पर महत्त्वपूर्ण विकास संबंधी परिणाम प्राप्त किए जा सकेंगे। सीएसओ को दी जाने वाली सहायता वित्तीय और गैर-.

वित्तीय (सुविधा सहायता) होगी। बीआरएलएफ द्वारा दी जाने वाली निधियों में सीएसओ के मानव संसाधन और संस्थागत लागत को शामिल किया जाएगा, ताकि प्रस्तावित कार्यक्रमों को बढ़ाने, छोटे सिविल सोसायटी संगठनों को संस्थागत रूप से सुदृढ़ बनाने, विकास संबंधी कार्यक्रमों में सहायता देने के लिए विकासात्मक व्यावसायियों का वर्ग बनाया जा सके।

परिकल्पित लाभ

सम्मानयुक्त स्थायी आजीविका, परिवार और समाज में महिलाओं के लिए विशेष स्थान, संसाधनों तक बेहतर पहुँच और नियंत्रण, प्राकृतिक संसाधनों का उपयोग करने की संवर्धित क्षमता, जवाबदेही, जिम्मेदारी, पारदर्शिता, प्रशासन और स्व-शासन, सशक्त और परिवर्तनशील सेवा माँग प्रणाली और सेवा मानकों का सृजन करना; युवाओं के लिए नए अवसर का सृजन इत्यादि वांछित परिणाम प्राप्त होंगे।

प्रशिक्षण गतिविधियाँ

वर्ष 2014-15 के दौरान, बीआरजीएफ ने 785 कार्यक्रम आयोजित किए। इन कार्यक्रमों में समूचे देश एवं विकासशील देशों से आए कुल 22765 व्यक्तियों ने भाग लिया। राज्य ग्रामीण विकास संस्थानों तथा विस्तार प्रशिक्षण केंद्रों की नेटवर्किंग के माध्यम से संस्थान की प्रशिक्षण गतिविधियों का व्यापक प्रचार किया गया। पंचायती राज और ग्रामीण विकास कार्यकर्ताओं के क्षमता निर्माण के लिए क्षेत्रीय और ऑफ-कैंपस कार्यक्रम भी आयोजित किए।

2014-15 में आयोजित किए गए कुछ महत्त्वपूर्ण कार्यक्रम पंचायतों के सशक्तीकरण के संदर्भ में

- पंचायती राज संस्थाओं में वित्तीय प्रबंधन
- पंचायती राज संस्थाओं की ग्रामीण अवसंरचना और भूमिका
- अनुसूचित क्षेत्रों में पंचायत विस्तार अधिनियम 1996 का कार्यान्वयन
- पंचायती राज संस्थाओं के माध्यम से सुशासन को बढ़ावा देना

(क) राज्य ग्रामीण विकास संस्थानों (एसआईआरडी)

इन संस्थानों का उद्देश्य राज्य और जिला स्तरों पर ग्रामीण विकास कर्मियों और पंचायती राज संस्थाओं के निर्वाचित प्रतिनिधियों के ज्ञान और कौशल

में वृद्धि करना और अभिवृत्ति में सुधार लाना है। वर्तमान में प्रत्येक राज्य में एक-एक एसआईआरडी के रूप में 28 एसआईआरडी हैं। एस.आई.आर.डी द्वारा आयोजित कराए गए पाठ्यक्रमों में ईटीसी के लिए प्रशिक्षण कौशल और प्रणाली से संबंधित पाठ्यक्रम, ग्रामीण विकास परियोजनाओं की आयोजना एवं कार्यान्वयन से संबंधित पाठ्यक्रम में ईटीसी के लिए प्रशिक्षण कौशल और प्रणाली से संबंधित पाठ्यक्रम, ग्रामीण विकास परियोजनाओं की आयोजना एवं कार्यान्वयन से संबंधित पाठ्यक्रम, ग्रामीण ऋण, ग्रामीण विकास के लिए कंप्यूटर सूचना प्रणाली, ब्लॉक विकास अधिकारियों के लिए पाठ्यक्रम, स्वैच्छिक संगठनों, प्रबंधन विकास कार्यक्रम, स्वैच्छिक संगठनों, प्रबंधन विकास कार्यक्रम, महात्मा गाँधी नरेगा, समेकित वाटरशेड विकास के पाठ्यक्रम आदि शामिल हैं।

(ख) विस्तार प्रशिक्षण केंद्र

राज्य सरकारों के अधीन क्षेत्रीय स्तर पर कार्यरत विस्तार प्रशिक्षण केंद्र (ई.टी.सी.) ब्लॉक और ग्राम स्तरीय ग्रामीण विकास कर्मियों और पंचायती राज संस्थाओं के निर्वाचित प्रतिनिधियों को प्रशिक्षण देते हैं। अब तक देश भर में केंद्रीय सहायता से कुल 89 विस्तार प्रशिक्षण केंद्रों की स्थापना और उनका उन्नयन किया गया है। विकास कर्मियों की संख्या में वृद्धि और पंचायती राज संस्थाओं के निर्वाचित सदस्यों को प्रशिक्षण देने की आवश्यकता के फलस्वरूप विस्तार प्रशिक्षण केंद्रों का महत्त्व बढ़ा है।

निगरानी समितियों के सदस्यों के लिए पाठ्यक्रम के अतिरिक्त, ग्रामीण कारीगरों, ग्रामीण उद्यमियों, स्वसहायता समूहों, ग्राम सेवकों, ग्राम-सेविकाओं, पंचायतों और सहकारी समितियों के सचिवों, सभी विकास विभागों के निचले स्तर के कर्मियों के लिए पाठ्यक्रम चलाते हैं।

निष्कर्ष

केंद्र सरकार, राज्य सरकार व स्वयंसेवी संगठनों द्वारा महिलाओं को प्रशिक्षित करने के लिए किए गए अनेक प्रयासों से यह बात साफ है कि महिलाओं की सामाजिक, आर्थिक व राजनीतिक सीमाएँ शिथिल होंगी और आने वाले समय में वे अपनी भूमिका प्रभावी ढंग से निभा सकेंगी।

9

महिलाओं की मुखरता की मिसालें

पंचायतों में एक-तिहाई महिलाओं के आरक्षण ने महिलाओं की छुपी हुई ऊर्जा को उजागर किया है। आरक्षण के प्रावधान के कारण लगभग 11 लाख महिलाएँ पंचायतों में सदस्य व अध्यक्ष पदों पर चुनी गई हैं। कुछ राज्यों में तो ग्राम पंचायतों की सरपंच और सदस्य सभी महिलाएँ हैं। इस अध्याय में महिलाओं द्वारा विभिन्न राज्यों में किए गए विभिन्न कार्यों का उल्लेख करते हुए यह बताने का प्रयास किया गया है कि भले ही अधिकतर महिलाएँ निरक्षर हैं, समाज की विभिन्न कुरीतियों की शिकार हैं, उनकी आर्थिक स्थिति दयनीय है, उन पर पुरुष वर्ग का आधिपत्य है, लेकिन इन सीमाओं के बावजूद उन्होंने अपनी समझ और साहस से समाज के सामने वे उदाहरण प्रस्तुत किए हैं, जिनसे लगता है कि महिलाएँ पुरुषों से पीछे नहीं रहेंगी और विभिन्न चुनौतियों का सामना कर सकेंगी।

आंध्र प्रदेश

कुरनूल जनपद की कालबा ग्राम पंचायत को सरकार की तरफ से 'सर्वश्रेष्ठ' पंचायत का इनाम मिला है। इस पंचायत की सरपंच 36 वर्षीय फातिमा बी हैं, जो अशिक्षित हैं। सरपंच बनने से पहले वह घर की चारदीवारी के अलावा कुछ नहीं जानती थीं। सरपंच का पद महिला के लिए आरक्षित होने के कारण गाँव की महिलाओं ने फातिमा बी को चुनाव लड़ने के लिए प्रेरित किया और सहयोग

दिया। अंत में वह विजयी घोषित हुईं। शुरू-शुरू में फातिमा कुछ कहने से बहुत डरती थीं। एक दिन जिले का जिलाधीश उनसे मिलने गाँव आया। उसने कहा, ''सरपंच से मिलना है।'' फातिमा के पति ने कहा कि 'मैं ही सरपंच हूँ।' जिलाधीश ने कहा, 'लेकिन यहाँ की सरपंच तो महिला है।' तब फातिमा को बताया गया कि तुमसे साहब मिलने आए हैं। फातिमा का यह सुनना था कि मानो उसके पैरों के नीचे की जमीन खिसक गई। वास्तव में प्रशिक्षण शिविर में भाग लेने का न्योता था फातिमा के लिए। खैर, फातिमा को प्रशिक्षण शिविर में भाग लेने के लिए सहमत कर लिया गया। बस यही वह बिंदु था, जिसने उसके जीवन प्रवाह को बदल दिया। तीन दिन के प्रशिक्षण शिविर ने उसकी छुपी मुखरता को उजागर कर दिया। शिविर में उपस्थित मंडल राजस्व अधिकारी को फातिमा बी ने कहा, ''यही व्यक्ति है, जिसने मेरी परियोजना के लिए पैसा मंजूर नहीं किया और मेरे कुछ कागजात देने से इंकार कर दिया था।''

अपने 18 महीने के कार्यकाल में फातिमा ने पक्की सड़क बनवाई, स्कूल शुरू करवाया, पानी की व्यवस्था की, गरीबों को जमीन के पट्टे दिए और तालाब साफ करवाया। फातिमा के इन प्रयासों से गाँव की तस्वीर व तकदीर दोनों ही बदल गई। फातिमा अपने क्षेत्र से अकेली महिला हैं, जिसने मंडल पंचायत की सबसे अधिक बैठकों में भाग लिया। फातिमा को पुरुषों का विरोध सहना पड़ा। पुरुष वर्ग फातिमा को निरुत्साहित करना चाहते थे, लेकिन फातिमा का दृढ़ निश्चय व महिलाओं की एकता के सामने पुरुष धराशायी हो गए। इस पंचायत के पास एक तालाब था, जिसकी मछलियों की नीलामी होती थी। फातिमा के चुनाव में गाँव के एक पुरुष ने कार्य किया था। वह चाहता था कि इस तालाब की मछलियों को न्यूनतम राशि पर नीलाम कर दिया जाए, फातिमा ने मना कर दिया। इस प्रकार वह तालाब, अगर फातिमा उस व्यक्ति का कहना मानती तो मात्र 10 या 20 हजार में नीलाम होता। लेकिन फातिमा की सूझ-बूझ से वह तालाब एक लाख रु. में नीलाम हुआ। उसका पैसा ग्राम पंचायत कोष में जमा हुआ। यह रकम ग्राम पंचायत की अर्थव्यवस्था को सुदृढ़ आधार देने में सहायक सिद्ध हुई।

इस प्रदेश का दूसरा उदाहरण आदिलाबाद व नेल्लौर जिला परिषदों की अध्यक्षों का है, जिनको तेलुगूदेशम पार्टी ने इसलिए बर्खास्त कर दिया, क्योंकि उनके विरुद्ध भ्रष्टाचार के आरोप थे। इन महिलाओं के विरुद्ध कोई अविश्वास

प्रस्ताव भी नहीं आया था। तेलुगूदेशम पार्टी का तर्क था कि ये महिला पार्टी के निर्देशों की अवहेलना कर रही थीं, इसलिए उन्हें बर्खास्त कर दिया गया है। जबकि अध्यक्षों का तर्क है कि उनके बर्खास्त होने का कारण उनका स्त्री होना और उनके द्वारा पार्टी के नेताओं के पैर छूने से इंकार करना है। यह घटना साबित करती है कि महिलाएँ अपना कार्य पंचायती राज अधिनियम के दायरे में करना चाहती हैं, लेकिन पार्टीवाले अपनी मर्जी से कराना चाहते थे। इन महिलाओं का साहस देखिए कि उन्होंने अपना लाभ छोड़ दिया, लेकिन नेताओं के अनुचित आदेशों को नहीं माना।

हरियाणा

फरीदाबाद जिले के होडल ब्लॉक की ग्राम पंचायत बेंधा पट्टी की महिला सरपंच ने अपने गाँव की पानी की समस्या के लिए अपने सचिव को निर्देश दिया कि वह एस.डी.ओ. (स्वास्थ्य) को कहे कि गाँव की पानी की व्यवस्था को सुधारे। सचिव ने लिखकर एक अर्जी एस.डी.ओ. को दे दी। लेकिन नतीजा कुछ भी नहीं निकला। अंत में सरपंच स्वयं एस.डी.ओ. (स्वास्थ्य) के पास गई और विनती की कि गाँव में पाइप लाइन काम नहीं कर रही है, जिसके कारण मानव व पशु दोनों ही परेशान हैं। एस.डी.ओ. ने अपने सरकारी अंदाज में कहा मेरे पास 'टाइम' नहीं है। सरपंच ने कहा कि आप कह रहे हैं कि मेरे पास टाइम नहीं है, उधर हम व हमारे पशु पानी के बिना प्यासे हैं। या तो आराम से गाँव चलो नहीं तो गट्टा (कलाई) पकड़कर घसीटती हुई गाँव में ले जाऊँगी। सरपंच का इतना कहना था कि एस.डी.ओ. "टाइम नहीं है," कहनेवाला एकदम गाँव जाने के लिए तैयार हो गया और दो दिन के अंदर ही पानी की व्यवस्था ठीक हो गई।

दूसरा उदाहरण होडल ब्लॉक के गाँव पंचायत खांबी का है। वहाँ की महिला सरपंच ने ग्राम पंचायत की शामलात की जमीन, जो पाँच वर्ष के लिए 20,000 रु. के ठेके पर जाती थी, अपना पद सँभालते ही उसे दो साल के लिए 60,000 रु. में ठेके पर दे दिया। सरपंचों के एक प्रशिक्षण शिविर में सुझाव दिया गया कि गाँव के झगड़े-फसाद से बचने के लिए मास्टर प्लान लागू होना चाहिए। ग्राम पंचायत का हिसाब-किताब रखने के लिए हमें या ग्राम पंचायत सचिव को प्रशिक्षण मिलना चाहिए। ग्रामों के लिए अनुदान जिला या ब्लॉक से न मिलकर, सीधे गाँव से जाना चाहिए।

तीसरा उदाहरण ब्लॉक नारनौल जिला महेंद्रगढ़ की एक गाँव की पंच बसंती

देवी का है, जो अनुसूचित जाति से हैं। यह महिला अशिक्षित है। प्रशिक्षण शिविर के दौरान यह महिला कुछ सोच रही थी। लेखक ने पूछा, "ताई क्या सोच रही है,' तो महिला ने जवाब दिया, "भाई मैंने के बेरा (पता) था कि म्हारा (हमारा) भी राज आवेगो, नहीं तो मैं पढ़ती।" लेखक ने कहा, "अब क्या करोगी?" महिला ने कहा, "अब मैं अपने वार्ड की सभी लड़कियों से कहूँगी कि वे स्कूल में पढ़ने जाएँ नहीं तो मेरी तरह अँगूठा छाप रह जाओगी और बड़ी होकर मेरी तरह ही पश्चाताप करोगी।" इसी तरह एक अन्य प्रशिक्षण शिविर में जब पठन सामग्री वितरित हो रही थी तो वितरक ने एक महिला पंच से कहा कि तुम यह लेकर क्या करोगी, पढ़ना तो जानती नहीं। महिला का जवाब था, "मैं नहीं जानती तो क्या हुआ, मेरी पोती पढ़ना जानती है, उससे पढ़वाऊँगी और फिर मीटिंग में बात करूँगी।"

भिवानी जिले के लोहारू ब्लॉक के गाँव अमीरवास में सर्व महिला पंचायत चुनकर गाँव वालों ने सदियों पुरानी पुरुष प्रधान राजनीतिक प्रणाली को एक गंभीर चुनौती दी है। एक सेवानिवृत अधिकारी कहते हैं कि 'ये महिलाएँ मर्दों से अधिक समझती हैं कि लोगों की समस्याओं को कैसे हल किया जाए'।

गाँव की प्राथमिकता के बारे में पंच रोशनी समझती है कि गाँव में प्रौढ़ शिक्षा को प्राथमिकता दी जानी चाहिए। वह कहती है, "निरक्षरता की वजह से, विशेषकर बुजुर्ग गाँव वालों के अनपढ़ होने के कारण हम अपनी जनसंख्या पर काबू नहीं रख पाए हैं।"

अंतिम उदाहरण रिवाड़ी जिले को कोसली ग्राम पंचायत की सरपंच उर्मिला यादव का है। उर्मिला यादव दूसरी बार सामान्य सीट से जीतकर आई हैं। उसकी जीत का कारण उसके द्वारा किए गए विकास कार्य हैं। श्रीमती यादव के कार्य को देखकर इंस्टीट्यूट ऑफ सोशल साइंसेज ने उन्हें विशिष्ट महिला सरपंच पुरस्कार दिया है।

अंतिम उदाहरण वैसे तो पंचायतों में निर्वाचित प्रतिनिधियों का नहीं है, लेकिन महिला के साहस व मुखरता का अटूट उदाहरण है। हुआ यूँ कि रेवाड़ी से 20 कि.मी. दूर धारूहेड़ा के पास सी.आई.ए. के उपनिरीक्षक को एक महिला पर शक था कि वह भागी हुई लड़की है और इसके साथ जो व्यक्ति है, वह उसे भगाकर लाया है। सोहना चौक पर खड़ी महिला को सी.आई.ए. उपनिरीक्षक ने अपशब्द कहे, जिसका अर्थ महिला समझ ही नहीं पाई। इतनी देर में उपनिरीक्षक

ने महिला को थप्पड़ मार दिया। थप्पड़ का कारण पूछा तो उपनिरीक्षक ने बताया कि भागी हुई है। यह सुनते ही वह महिला आगबबूला हो उठी तथा उपनिरीक्षक की पिटाई करनी आरंभ कर दी। जब बात समझौते पर आई तो महिला ने शर्त रखी कि वह भी उसी सोहना चौक पर सार्वजनिक रूप से पुलिस अधिकारी को दो थप्पड़ मारेगी। अंततः ऐसा ही हुआ। महिला से पुलिस अधिकारी ने दो थप्पड़ खाने के बाद उससे लिखित में माफी माँगी। यह समाचार 'नवभारत टाइम्स' में 11 अक्तूबर, 1997 को छपा था।

गुजरात

सुधा के. पटेल आनंद जिले के चंगा गाँव की सरपंच। उसकी आँखों में ज्योति नहीं, लेकिन दिल में जोश और उमंग भरपूर है। वह हिंदी में एम.ए. तथा एल.एल.बी. है और हिंदी साहित्य में पी-एच.डी. की तैयारी कर रही है। सुधा पटेल प्राथमिकताएँ शिक्षा, स्वास्थ्य, जल आपूर्ति, सड़कों, दूरसंचार, सड़क, प्रकाश व्यवस्था तथा सामाजिक जागरूकता व सहयोग की भावना पैदा करना है। सुधा ने अपने कार्यकाल में अपने गाँव के माध्यमिक कॉलेज में सात कंप्यूटर लगवाए, बाल-मंदिर बनवाए। नेत्र शिविर भी आयोजित किए। सर्वरोग निदान और मोतियाबिंद के निःशुल्क ऑपरेशन किए गए। सांसद कोष और पंचायत अनुदान के माध्यम से चार सड़कों का निर्माण भी कराया गया। सुधा लोकसभा का चुनाव लड़ना चाहती है और लोगों को यह दिखाना चाहती है कि सांसद ग्रामीण विकास और समाज कल्याण के अनेक कार्य कर सकती है।

कर्नाटक

कर्नाटक में 73वें संविधान संशोधन से पहले भी महिलाओं का पंचायत में आरक्षण था। यही कारण है कि पिछले चुनावों में यहाँ महिला पंचायत सदस्यों की संख्या संविधान द्वारा निर्धारित न्यूनतम 33 प्रतिशत से अधिक थी। यहाँ ग्राम पंचायत में महिलाओं की भागीदारी 36.6 प्रतिशत थी। कर्नाटक में पंचायतों के अनेक मूल्यांकन हुए हैं, जिनसे पता चलता है कि महिलाएँ पहले अपने पास बैठे पुरुष के माध्यम से अपनी समस्या अध्यक्ष तक पहुँचाती थीं। कुछ बैठकों में भागीदार होने के बाद वे अलग से अध्यक्ष से मिलकर अपनी बात कहने लगी थीं। बाद में जब उनकी झिझक खुल गई तो बैठक में खड़े होकर ही अपनी समस्या अध्यक्ष के सामने रखना शुरू कर दीं। इसके अतिरिक्त मूल्यांकन से यह भी सामने

आया कि पुरुष से ज्यादा महिलाओं को ग्राम विकास की समझ है। पुरुषों की प्राथमिकताएँ सड़क बनाना, पंचायत घर बनाना, पंचायत घरों में रेडियो व टी.वी. होना आदि बताए गए, जबकि महिलाओं ने अपनी प्राथमिकताएँ बच्चों के स्कूल, स्वास्थ्य केंद्र, धुआँरहित चूल्हा और आय-सृजन की गतिविधियाँ बताईं।

केरल

केरल में श्रीमती सुहेरा 'पुथीक' पंचायत की अध्यक्ष थी। जिस वार्ड से सुहेरा चुनाव लड़ीं, वह महिला के लिए आरक्षित था। सत्तारूढ़ दल मार्क्सवादी पार्टी ऐसी महिला को चुनाव लड़ाना चाहती थी, जो पार्टी के इशारों पर काम करे। इसलिए पार्टी ने एक कामरेड की पत्नी को उम्मीदवार बनाया। पार्टी ने जिला स्तर पर एक उपसमिति बनाई और फैसला किया कि इसके द्वारा मंजूर किए गए विकास कार्यक्रम ही पंचायत क्षेत्र में लागू होंगे। इस प्रकार निर्णय लेने की शक्ति ग्राम पंचायत में निहित न होकर इस उपसमिति में निहित हो जाएगी। श्रीमती सुहेरा को यह स्वीकार नहीं था। उसका तर्क था, "मुझे यहाँ की जनता ने चुना है, उन्हीं का आदेश मैं मानूँगी। मेरे लिए ग्राम पंचायत के नियम-कानून मान्य हैं, न कि पार्टी के आदेश।" अंततः सुहेरा को अपने पद से त्यागपत्र देना पड़ा। इस प्रकार सुहेरा ने साहस, निर्भीकता और लोकतांत्रिक तरीके से कार्य करने की एक मिसाल सामने रखी।

महाराष्ट्र

महाराष्ट्र के जलगाँव जिले के विरनेर ग्राम में महिला सरपंच ने अनुसूचित जातियों के क्षेत्र में केवल खेल के मैदान और शौचालय ही नहीं बनवाए बल्कि महिलाओं को पतियों के नाम जमीन में अधिकार भी दिलवाए। इसी प्रकार पुणे जिले की ग्राम पंचायत बहानगर में महिला सरपंचों ने ग्रामीण समाज की भलाई के लिए अनेक कार्य किए हैं, जो साबित करते हैं कि महिलाओं में विकास व कल्याण के कार्य करने की समझ व क्षमता पुरुषों से अधिक है।

मध्य प्रदेश

'प्रिया' संस्था ने पंचायतों में महिला सहभागिता व 'नेतृत्व' का अध्ययन किया है। इसी कड़ी में एक उदाहरण श्रीमती लक्ष्मी उजला का है, जो सिहोर जिले के लावहसुरिया परिहार पंचायत की सरपंच हैं। यह 45 वर्ष की महिला हैं तथा

दसवीं कक्षा पास की है। इस पंचायत के 20 सदस्य हैं और सभी महिलाएँ हैं। शुरुआत में श्रीमती लक्ष्मी उजला अपने पति की छाया में कार्य करती थीं। धीरे-धीरे उसने ब्लॉक कार्यालय में जाना शुरू कर वहाँ से ग्राम के विकास के विभिन्न कार्यक्रमों/योजनाओं की जानकारी लानी शुरू कर दी। जैसे-जैसे उसका संवाद बाहर की दुनिया से हुआ, उसकी पहल ग्रामीण गतिविधियों में बढ़ती चली गईं। इस प्रकार वह अपने पति की छाया से बाहर निकली और फिर पीछे मुड़कर नहीं देखा। उसने अपनी नेतृत्व क्षमता की सारे क्षेत्र में धाक जमा दी। गाँव के विकास के लिए मुख्यतः महिलाओं के लिए अनेक कार्यक्रम ग्राम में लाई। उसने गाँव के अंदर सहभागिता के आधार पर मंदिर बनवाया, पूर्ण साक्षरता अभियान भी ग्राम पंचायत में चलाया। अब वह ग्राम सभा व ग्राम पंचायत की बैठकों में अध्यक्षता कर विभिन्न कार्यों की पहल कर रही है। यहाँ तक कि उसने मुख्यमंत्री व प्रधानमंत्री को अपने गाँव के विभिन्न कार्यों के लिए पत्र लिखकर उनका भी ध्यान आकर्षित किया है। एक बार तो वह गाँव के लोगों को मुख्यमंत्री के पास लेकर भी गईं। श्रीमती उजला ने एक बैठक में कहा कि वैसे तो अखबार में मेरा फोटो प्रकाशित किया, यह कहकर कि मेरे पास जिलाधीश की शक्तियाँ हैं, लेकिन दो वर्ष इधर-उधर घूमने से कुछ भी हासिल नहीं हुआ। इसलिए मैं कोई शक्ति नहीं चाहती, सब वापस ले लीजिए।

पन्ना जिले में स्थित डमरावन गाँव की सरपंच महेंद्र कुमारी रात्रिकालीन पाठशाला का संचालन घूँघट की ओट से अत्यंत ही सफलतापूर्वक कर रही हैं। इस कार्य से उसकी इज्जत और भी बढ़ गई है।

हरदा जिले की ग्राम पंचायत रामटेक की अनुसूचित जाति की सरपंच सोजरबाई ने भ्रष्टाचार के खिलाफ लड़ाई लड़ी और अपनी हिम्मत से भ्रष्ट जनपद के मुख्य कार्यपालन अधिकारी को निलंबित कराया। सोजरबाई की भ्रष्टाचार के खिलाफ इस लड़ाई ने पूरे हरदा जिले के पंचायत प्रतिनिधियों को चकित कर दिया। उससे न केवल भ्रष्ट अधिकारी, कर्मचारी डरे, बल्कि क्षेत्र के सरपंचों का आत्मविश्वास व मनोबल बढ़ा।

राज्य में इस तरह के अनेक उदाहरण हैं।

उत्तर प्रदेश

श्रीमती ओमवती ग्राम पंचायत बरला जट, जिला मुजफ्फरनगर, उत्तर प्रदेश

की प्रधान हैं, जो दलित समाज से हैं। ग्राम पंचायत में बोलबाला जाटों का है तथा उपप्रधान भी जाट ही है। उपप्रधान और पंचायत के अन्य संपन्न परिवारों ने पहले तो प्रधान से कहा, ''तुम तो अनपढ़ हो, तुम्हें क्या पता प्रधानी क्या होती है? इसलिए ग्राम पंचायत के सभी कागजात हमारे यहाँ रख दो।'' उसने कहा, ''क्यों? सब कागजात मेरे ही पास रहेंगे।'' गाँव का संपन्न वर्ग ही नहीं, बल्कि पंचायत सचिव भी प्रधान का साथ न देकर उन लोगों का साथ दे रहा था, जो महिला से प्रधानी हथियानी में लगे थे। जब यह दलित महिला किसी भी तरह उनके नियंत्रण में नहीं आई तो उसके खिलाफ अविश्वास प्रस्ताव लाने के लिए उपप्रधान ने सभी दलित और अन्य पंचायत सदस्यों को खरीदने का प्रयास किया। अविश्वास प्रस्ताव लाने से पहले महिला प्रधान के परिवार पर हमला भी किया गया, जिससे सरपंच ने अपनी सुरक्षा के लिए पुलिस का दरवाजा खटखटाया। कुल मिलाकर इस निर्भीक महिला प्रधान ने उपप्रधान को, जो उसे प्रधान पद से हटवाना चाह रहा था, 24 दिन के लिए जेल की हवा खिलाई। इस प्रधान की प्राथमिकताएँ गाँव में उचित शिक्षा, चिकित्सा और रोजगार के अवसर उपलब्ध कराना है। इससे साफ पता चलता है कि भले ही महिला सरपंच अशिक्षित है, लेकिन उसे विकास कार्यों का ज्ञान है।

जिला सहारनपुर के गंगोह क्षेत्र में 'एंपावरमेंट एंड सस्टेनबेल डेवलपमेंट इंनिशिएटिव' नामक स्वैच्छिक संस्था ने पंचायतों में चुनी महिलाओं के चार प्रशिक्षण शिविर लगाए थे, जिनमें महिलाओं ने खुलकर स्वच्छता, पेयजल, प्राथमिक स्कूल, प्राथमिक चिकित्सालय और सिलाई केंद्र आदि ऐसे मुद्दे उठाए, जिनका गाँवों के जीवन से सीधा संबंध है। एक शिविर में क्षेत्र पंचायत की सदस्य ने उपजिला अधिकारी को बताया, ''मुझे तो क्षेत्र पंचायत की बैठक की सूचना नहीं दी जाती, जब हमको सूचना ही नहीं मिलती तो हम कैसे अपनी भूमिका निभा सकते हैं।'' इससे पता चलता है कि भले ही महिलाएँ पहली बार चुनकर आई हैं, लेकिन उनमें ग्रामीण विकास तथा ग्राम की प्राथमिकताओं के बारे में रुचि है। महिलाओं ने यह भी महसूस किया है कि संगठित हुए बिना उन्हें अधिकार नहीं मिलेंगे।

'प्रिया' ने कुशीनगर जिले की माँगों पर पंचायत का अध्ययन किया, जो बताता है कि महिला सरपंच श्रीमती शांति के प्रभावी नेतृत्व व लोगों की भागीदारी के कारण वह पंचायत लोगों की आकांक्षाओं को बहुत हद तक पूरा कर रही हैं। इसी का संक्षिप्त वर्णन यहाँ दिया जा रहा है। इस ग्राम पंचायत की प्रधान

शांति 35 वर्ष की है, स्नातक है और स्कूल में अध्यापक है। श्रीमती शांति के नेतृत्व में ग्राम पंचायत ने ग्राम पंचायत की जमीन का कब्जा युवक क्लब से वापस लिया। महिला ने ग्राम सभा की बैठक की, जिसमें निर्णय लिया गया कि युवक क्लब के पास जो जमीन है, वह ग्राम पंचायत की है, इसलिए उसे ग्राम पंचायत को वापस कर दिया जाए, लेकिन ग्राम सभा की बात न मानने के बजाय क्लब कोर्ट में चला गया, जहाँ पर अंततः ग्राम प्रधान की लगन व पहलकदमी के कारण मुकदमे का निर्णय ग्राम पंचायत के पक्ष में गया। प्रधान पंचायती राज अधिनियम के अनुसार वर्ष में दो बैठकें करती हैं। इसके अलावा प्रतिमाह ग्राम सभा की औपचारिक बैठकें भी होती रहती हैं, जहाँ ग्राम सभा के सदस्य आकर ग्राम की विभिन्न समस्याओं पर चर्चा करते हैं। इस प्रकार श्रीमती शांति के नेतृत्व में ग्राम सभा एक प्रभावी मंच बन सकी, जहाँ पर विभिन्न विकास कार्यों पर चर्चा होती है। यही नहीं, इस मंच ने पंचायत सदस्यों व समाज के बीच एक पुल का कार्य किया।

'निरंतर' सामाजिक संस्था ने बांदा जिले में महिला प्रधान व उन महिलाओं का अध्ययन किया है, जिन्होंने प्रधान का चुनाव लड़ा। उन्हीं अध्ययनों में से श्रीमती सोनिया के संघर्ष का वर्णन यहाँ प्रस्तुत है। यह महिला 'कोल' (अनुसूचित) जाति की है। श्रीमती सोनिया ने किसी ग्राम पंचायत में प्रधान का चुनाव लड़ा था क्योंकि इस बार यहाँ पर प्रधान पद का आरक्षण महिला व अनुसूचित जाति के लिए था। इस गाँव में ब्राह्मण भूमिपति व कोल भूमिहीन हैं। कोल करीब-करीब बंधुआ मजदूर के रूप में कार्य करते हैं। सोनिया का गाँव में एक जमींदार हेम नारायण त्रिपाठी के साथ बहुत लंबा संघर्ष चल रहा था। हुआ यूँ कि त्रिपाठी ने 20 कोल परिवारों के नाम पर फर्जी दस्तावेज बनाकर एकीकृत ग्राम विकास कार्यक्रम के अंतर्गत ऋण ले लिया। जब पैसा लौटाने का समय आया तो लेखपाल ने कोल परिवारों को परेशान करना शुरू कर दिया, जबकि उनकी इसमें कोई गलती नहीं थी। सोनिया ने इस अन्याय को न सहने का बीड़ा उठाया, इससे सोनिया की गाँव के जमींदार त्रिपाठी से कड़ी भिडंत हो गई। जमींदार के चंगुल से निकलने के लिए सोनिया ने गाँव से अलग कुछ सरकारी जमीन का आवंटन करवाया और रहना शुरू कर दिया। गाँव के दूसरे मौजे में दूसरे जमींदार मिश्रा ने भी कोल जाति के लोगों को परेशान कर रखा था। इस प्रकार सोनिया अपने अधिकारों व कोल के अधिकारों के प्रति सजग हुई।

अब समय आया पंचायत चुनाव का। ग्राम प्रधान पद के लिए तीन महिलाएँ चुनाव-मैदान में उतरीं—सोनिया, सूरजी व सुकाली। सोनिया तो स्वयं खड़ी हुई थी। वह समझदार थी। बाहर-भीतर के संसार से वाकिफ थीं। सूरजी मिश्रा की 'डमी' उम्मीदवार थी व सुकाली त्रिपाठी की 'डमी' उम्मीदवार थी। सोनिया ने अपने जी-जान से चुनाव अभियान शुरू किया। अभियान के दौरान वह कह रही थी कि यह मेरा चुनाव चिह्न है। मेरे पास आप लोगों को देने के लिए कुछ नहीं है। मेरे को जमींदार की भी मदद नहीं है। संक्षेप में सोनिया के संघर्ष के बावजूद यह चुनाव नहीं जीत सकी। लेकिन उसने गाँव में एक नई मिसाल खड़ी की। भले ही जमींदार की पिट्ठू चुनाव जीत गई, लेकिन सोनिया जैसी बिना प्रधान हुए भी ग्राम सभा के सदस्य के रूप में कोल जाति के विकास के लिए अहम भूमिका निभाई।

पश्चिम बंगाल

देश में पश्चिम बंगाल ही अकेला राज्य है, जहाँ पर मार्क्सवादी सरकार के सत्ता में आने के बाद लगातार चुनाव होते रहे हैं। पश्चिम बंगाल में पंचायतों के चुनाव 1993 में संपन्न हुए थे। चूँकि 73वें संविधान संशोधन में यह प्रावधान था कि जिन राज्यों में इस संशोधन से पहले चुनाव हो गए हैं, वे अपना कार्यकाल पूरा कर सकेंगे। इसलिए पुराने प्रावधानों के अनुसार ही चुनाव हुए। लेकिन यहाँ सरकार ने पंचायतों में सदस्यों के लिए ही महिलाओं का आरक्षण किया था। फिर भी यहाँ पर महिलाओं की भागीदारी न्यूनतम 33 प्रतिशत से अधिक है। यहाँ पर ग्राम पंचायत में 3 प्रतिशत, पंचायत समिति में 33 प्रतिशत तथा जिला परिषद् में 34.1 प्रतिशत महिला सदस्य हैं।

इस प्रदेश में कुलटीकरी अकेली ग्राम पंचायत है, जिसके सभी 13 सदस्य व प्रधान महिला हैं। यह पंचायत मिदनापुर जनपद के सकरील ब्लॉक में स्थित है। श्री जयतिलक गुहारे ने पंचायत की उपलब्धियों पर प्रकाश डाला है, जो वर्णय योग्य है। इस पंचायत ने अपनी आय बढ़ाने के लिए 13 बड़े तालाबों को पट्टे पर दिया तथा पंचायत की परती जमीन पर फलों के बाग लगाए गए हैं, जो 3 वर्ष के भीतर फल देना आरंभ कर देंगे। टोकरी बनाने के केंद्र शुरू किए गए, ताकि लोगों की आय में वृद्धि हो। प्राथमिक व माध्यमिक स्कूलों की मरम्मत करवाई गई। विद्यार्थियों को निःशुल्क पुस्तकें वितरित की गईं तथा 140 ऐसे बच्चों को स्कूल में पुनः प्रवेश दिलाया गया, जिन्होंने पढ़ाई छोड़ दी थी।

13 संयुक्त जमीन के पट्टे वितरित किए गए। कुलटीकरी उन ग्राम पंचायतों में से एक है, जिसमें प्रत्येक वार्ड में ग्राम संसद की बैठकें हुई हैं। यही नहीं, बैठकों की कार्यवाही प्रकाशित भी की गई है और पंचायत के खाते आदि पर भी बैठकों में बहस हुई है। इस पंचायत ने गरीबों को आसानी से ऋण उपलब्ध कराने के लिए ऋण मेलों का भी आयोजन किया।

मजे की बात यह है कि अभी हाल में हुए पंचायत चुनावों में फिर यह पंचायत महिला पंचायत ही उभरकर आई है। यह साबित करता है कि इस पंचायत के अच्छे कार्यों के कारण ही वहाँ की जनता फिर महिलाओं को ही सत्र में लाई है।

कमला महतो ग्राम पंचायत बनडोन जिला पुरुलिया की प्रधान है। कमला का कहना है कि मैंने कभी भी अपने पति या किसी अन्य के कहे अनुसार कार्य नहीं किया। मैंने स्वयं जो उचित समझा, वही किया। कमला ने अपने पाँच वर्ष के कार्यकाल में 10 नलकूप लगवाए। उसने बताया कि पहले जब पुरुष प्रधान था तो महिलाएँ उसकी बड़ी इज्जत करती थीं। जिसे प्रधान नजर आया तो सिर को ओढ़नी से ढक लेती थीं, लेकिन कुछ कह नहीं पाती थीं। अब वे मुझसे खुलकर बात करती हैं। "इस ग्राम पंचायत में कमला के अलावा 5 और महिलाएँ हैं, जिन्होंने महिलाओं के लिए आय सृजन के विभिन्न कार्यकलाप शुरू किए हैं। अब महिलाएँ स्वयं अपनी आवश्यकताओं की पूर्ति करती हैं। अगर नलकूप खराब हो गया है तो वे स्वयं उसकी मरम्मत करती हैं। महिलाएँ वास्तव में अपने पैरों पर खड़ी हो गई हैं। उनकी यह सोच कि सभी कार्य पुरुषों द्वारा ही होंगे, बदल गई है।

कमला बताती है कि आरक्षण का एक महत्त्वपूर्ण योगदान यह है कि अब महिलाएँ स्वयं पारिवारिक झगड़े निबटा रही हैं। पहले यदि महिला को ससुरालवाले सताते थे तो वह कहीं नहीं जा पाती थी। लेकिन अब वे मेरे पास दौड़ी चली आती हैं। कमला वैसे कभी कोर्ट कचहरी नहीं गई है, लेकिन उसने अपनी सूझ-बूझ से 7 घरेलू झगड़े, जो दहेज व शराब से संबंधित थे, सुलझाए हैं।

बिहार

पंचायती राज संस्थानों में महिलाओं के आरक्षण से उनकी छिपी ऊर्जा को उजागर किया है। अनेक महिलाओं को अवसर प्राप्त हुए हैं। इन्हीं में एक मीना देवी महिला भी हैं। पंचायती राज प्रणाली में न्याय पंचायत का एक सराहनीय नया प्रयास है, जो वास्तव में ग्राम न्यायालय ही है और ग्रामीणों को न्याय उपलब्ध

कराने की प्रक्रिया में ये स्थानीय परंपराओं और संस्कृति को आधार बनाती हैं। इस प्रावधान के तहत बिहार सरकार ने भी ग्राम कचहरियाँ शुरू की हैं, जो असल में गाँवों के एक समूह के लिए न्याय अदालतें ही होती हैं और आपराधिक मामलों का निपटारा करती हैं। ये ग्राम कचहरियाँ गाँव वालों द्वारा चुने गए स्थानीय निकाय होते हैं, जिनमें महिलाओं के लिए 50 प्रतिशत आरक्षण है।

सामाजिक कल्याण की व्यवस्था सुनिश्चित करने और आपराधिक मामलों का समाधान करने तथा न्याय उपलब्ध कराने के लिए अपने चुनावी वायदे का दृढ़ता से पालन करते हुए मीना देवी कड़े विरोध के बावजूद अपने गाँव में नियमित रूप से ग्राम कचहरियाँ लगा रही हैं। वे सभी को न्याय दिलाने की पक्की व्यवस्था कराने के संकल्प पर अडिग हैं। एक मामले में एक गरीब किसान ग्राम कचहरी के सामने फरियाद लाया कि उसकी जमीन एक धनी किसान ने हड़प ली है, जो उसके साथ वाले प्लाटों का मालिक था। उससे कहा गया कि अगर उसे अपनी जमीन वापस चाहिए तो 20,000 रु. देने होंगे। मीना देवी ने फौरन उस धनी किसान को बुलाया, ताकि उसका पक्ष भी जान सकें। जब धनी किसान ने सभी आरोपों का खंडन किया तो मीना देवी ने अन्य लोगों से हिम्मत करके सामने आकर यह बताने को कहा कि जमीन का असल मालिक कौन था। मीना देवी ने सभी लोगों को डर और आशंकाओं को छोड़कर हकीकत बताने का आग्रह किया। धीरे-धीरे दस लोगों ने आगे आकर बयान दिया कि पंद्रह साल से वह जमीन उस गरीब किसान की ही थी। उन्होंने यह भी गवाही दी कि उनके सामने उस गरीब किसान ने अपनी जमीन के बदले 5,000 रु. धनी किसान को दिए थे।

शिकायतकर्ता को उसकी जमीन और 500 रु. की रकम तथा 1,000 रु. का हर्जाना दिलाया गया। धनी किसान से इन मुकदमों के रजिस्टर पर दस्तखत भी करवाए गए और फिर भविष्य की समस्याओं को रोकने के उद्देश्य से जमीन उस गरीब किसान के नाम कर दी गई। इस घटना से ग्रामीणों में जबर्दस्त विश्वास की भावना आई। ऐसे ही उदाहरणों से राजनीतिक प्रक्रियाओं में महिलाओं की भागीदारी के महत्त्व का पता चलता है।

उत्तर प्रदेश

भारत डोगरा की फील्ड रिपोर्ट बताती है कि प्रशिक्षण ने महिला प्रतिनिधियों की सक्रियता को बढ़ाया है। प्रशिक्षण में महिलाओं को अपनी जिम्मेदारियों और अपने

अधिकारों के बारे में समुचित जानकारी मिली। उन्हें विभिन्न सरकारी योजनाओं और कार्यक्रमों के बारे में भी पता चला। महिला सामाजिक कार्यकर्ताओं ने उनसे बातचीत कर उनका संकोच दूर करने का प्रयास किया। जैसे-जैसे उनकी झिझक दूर हुई, उन्होंने खुलकर अपने विचार प्रकट करने शुरू किए। उन्होंने बताया कि अपने गाँव के लिए अच्छे कार्य करने की इच्छा तो बहुत होती है, पर पुरुषों द्वारा अवसर नहीं दिए जाते हैं। यहाँ तक कि कहीं-कहीं तो उनके हस्ताक्षर प्राप्त करने की भी आवश्यकता नहीं समझी जाती। वे भी पुरुषों द्वारा कर लिए जाते हैं। इस प्रशिक्षण के दौरान इन महिला प्रतिनिधियों में यह इच्छा शक्ति जागृत हुई कि बहुत हुआ, अब हमें भी निर्वाचित प्रतिनिधि के रूप में अपने अधिकारों का उपयोग आरंभ करना है। पैक्स कार्यक्रम में आयोजित इस प्रशिक्षण शिविर के अनुकूल परिणाम शीघ्र ही नजर आने लगे। करतल की एक पंच वहाँ के महिला समूह की सदस्य थी। यहाँ के लोग निकासी के अभाव में पानी के जमाव व दलदल से परेशान थे। प्रशिक्षण से लौटी पंच ने महिलाओं को प्रेरित किया कि वे इसे रोकने के लिए निरंतर आवेदन करें। जोरदार ढंग से आवाज उठाने पर प्रधान ने इस ओर समुचित ध्यान दिया और प्राथमिकता के आधार पर उचित निकासी की व्यवस्था शीघ्र की गई।

रगौलीभट्टपुर गाँव में अधिकांश हैंडपंप खराब पड़े हुए थे और गाँव-वासियों, विशेषकर महिलाओं को जल प्राप्त करने में बहुत कठिनाई आ रही थी। यहाँ की निर्वाचित प्रतिनिधि गीता ने ब्लॉक विकास अधिकारी से इस संबंध में समुचित आदेश प्राप्त करने में महत्त्वपूर्ण भूमिका निभाई और इसके बाद शीघ्र ही तीन हैंडपंपों की ठीक से मरम्मत हो गई। बिलहटा ग्राम पंचायत में 25 निर्धन परिवारों की न्यायसंगत भूमि की माँग को लेकर बहुत समय से संघर्ष चल रहा था। अनेक ग्राम प्रधानों व निर्वाचित प्रतिनिधियों ने इस माँग को समर्थन दिया। इसमें शकुंतला देवी एवं सुशीला देवी की सक्रिय भूमिका रही। स्थानीय एस.डी.एम. महोदय ने आरंभिक दौर में इस प्रयास को दबाने-कुचलने का प्रयास किया और माँग उठाने वाले के विरुद्ध कानूनी कार्यवाही की धमकी भेजी। जो प्रधान शक्तिशाली माने गए, उनको धमकी नहीं दी गई, पर महिला प्रतिनिधियों को कमजोर मानते हुए उन्हें धमकाने का विशेष प्रयास किया गया। लेकिन इन महिला प्रतिनिधियों ने बहुत हिम्मत का परिचय देते हुए किसी धमकी की परवाह न करते हुए इस संघर्ष में अंत तक साथ निभाने का वायदा किया और उसे पूरा

किया। शीघ्र ही कमिश्नर महोदय ने सार्थक एवं न्यायसंगत भूमिका निभाते हुए इस भूमि विवाद को सुलझाने के अनुकूल निर्देश दिए, जिससे 25 वर्षों से उलझा यह विवाद समाप्त हुआ और निर्धन परिवारों ने भूमि पर कब्जा प्राप्त किया। ललितपुर जिले के भरावड़ा प्रखंड की गिराड़ पंचायत में बुंदेलखंड सेवा संस्था के प्रशिक्षण एवं प्रोत्साहन प्रयासों का परिणाम तब नजर आया, जब निर्वाचित प्रतिनिधियों ने प्राथमिक स्वास्थ्य केंद्र के दरवाजे से ताला हटवाकर वहाँ से ग्रामवासियों को वास्तव में स्वास्थ्य सुविधाओं का लाभ दिलवाया। यहाँ लंबे समय से डॉक्टर साहब आते ही नहीं थे। अब उनके दर्शन भी गाँववासियों को नियमित होने लगे साथ ही, वर्षों से किराए पर चल रहे स्वास्थ्य केंद्र के लिए भवन भी स्वीकृत हो गया। धौरीसागर गाँव में स्वास्थ्य समिति की अध्यक्ष सरजू बाई की बढ़ती सक्रियता से भी गाँववासी लाभान्वित हुए।

लगभग एक दशक से पंचायती राज संस्थाओं में महिलाओं के लिए 33 प्रतिशत स्थान के आरक्षण के बाद महज इस उपस्थिति को सक्रिय सार्थक भूमिका में बदलने के लिए अभी बहुत-कुछ करना शेष है। पुरुष प्रधान समाज ने अनेक स्थानों पर महिलाओं की उपस्थिति को ऊपर से थोपे गए एक कानून के रूप में ही मजबूरी से स्वीकार किया और साथ ही पुरुष स्थानों पर हमेशा यह देखा गया कि महिला प्रधान, सरपंच या पंच नाम मात्र की है - वास्तविक असरदार भूमिका तो उसके पति द्वारा निभाई जा रही है। इन परिस्थितियों में पंचायती राज संस्थाओं में निर्वाचित महिला प्रतिनिधियों के प्रशिक्षण का विशेष महत्त्व है ताकि इन महिलाओं में निहित क्षमताओं का उचित उपयोग ग्रामीण विकास एवं सार्थक सामाजिक बदलाव के विभिन्न कार्यों एवं कार्यक्रमों के लिए हो सके।

मेल-मिलाप और आपसी विवाद निपटने की मिसाल देखनी है तो उत्तर प्रदेश के लखीमपुरी खीरी जिले के सदर तहसील की अंबुपुर बहेरवा ग्राम पंचायत आइए। यहाँ ज्यादातर मामले प्रधान और उनके प्रतिनिधियों की देख-रेख में गाँव की पंचायत में ही निपटा दिए जाते हैं। पिछले दो दशकों में विवाद थाने तक नहीं गए। यह ग्राम पंचायत स्वच्छता अभियान में भी देश में खास मुकाम रखती है। पूर्व राष्ट्रपति कलाम ने इस ग्राम पंचायत को पुरस्कृत किया था। अलीगंज रोड़ पर बसी इस ग्राम पंचायत अंबुपुर बहेरवा में अंबुपुर, हरिहरपुर और बहेरवा गाँव हैं। इस पंचायत को मई 2007 में तत्कालीन राष्ट्रपति एपीजे अब्दुल कलाम ने स्वच्छता अभियान के तहत पुरस्कृत किया था। केंद्र और राज्य सरकार की

सभी योजनाओं पर यहाँ काम भी तेजी से होता है। ग्राम प्रधान ऋतु सिंह, जो महेवा स्टेट से ताल्लुक रखती है और उनके पति राघवेंद्र बहादुर सिंह के अथक प्रयासों का ही नतीजा है कि पंचायत में अपराधों की संख्या न के बराबर है। अगर कोई विवाद होता भी है तो उसे ग्राम प्रधान और उनके प्रतिनिधि अपनी सूझबूझ से सुलझा लेते हैं। यही कारण है कि थाने में न कोई रिपोर्ट और न ही कोई मुकदमा, लिहाजा पुलिस भी गाँव में नहीं आती। राघवेंद्र बहादुर सिंह बताते हैं कि ज्यादातर पारिवारिक झगड़े जैसे भाई-भाई में मारपीट, नाले की लड़ाई और मेडबंदी होते हैं, जिसे आपस में पंचायत कर निपटा दिया जाता है।

पंजाब

पंजाब में कुछ ग्राम पंचायतों की महिला सरपंचों ने शराब के खिलाफ जंग छेड़ दी है। राज्य की महिला सरपंच पुरुषों को शराब के जहर का शिकार होने से बचाने के लिए अब गाँवों में और शराब की दुकानें खोले जाने के खिलाफ लाठी उठा रही हैं। भटिंडा जिले की नंदगढ़ कोन्ना और कोन्ना कौरिवाला की पंचायतों ने इस आशय के प्रस्ताव पारित कर आबकारी एवं राजस्व प्रस्ताव भेजे हैं कि विभाग आगामी वित्तीय वर्ष में इन गाँवों में शराब की दुकानें न खोले।

कौत्र कौरीवाला की सरपंच हरबंस कौर का कहना है, ‘‘शराब की स्थानीय दुकान गाँव के बिलकुल बीचों-बीच थी, जिससे महिलाओं और शराब न पीनेवालों का इन दुकानों से गुजरना दूभर हो गया था।’’

‘भास्कर’ अखबार की एक खबर के अनुसार पिछले दिनों पंजाब राज्य के कुछ जिलों में तकरीबन 71 पंचायतों ने शराब ठेकों की अनुज्ञप्ति लेने से इंकार कर दिया। पंचायतों के इस निर्णय से राज्य का आबकारी विभाग दंग है कि आखिर इस तरह के सामूहिक विरोध की वजह क्या है। लिहाजा विभाग इस बाबत कयास लगाने में जुटा है कि जहाँ शराबखोरी की वजह से उन्हें ढेरों राजस्व की प्राप्ति होती थी, उसमें कौन-सी ताकतों ने रोड़ा अटकाया। ठेकों के लाइसेंस हासिल करने में ग्राम पंचायतों की उदासीनता को आबकारी विभाग तरह-तरह की बातों से जोड़कर देख रहा है।

मध्य प्रदेश

भाषा सिंह ने, *नई दुनिया के 8 मार्च, 2011* में बताया कि कैसे दलित महिला ने भ्रष्ट सरपंच को हराया। तस्लीम ने हँसते हुए बताया कि दो बार पंच का चुनाव

पूरी ठसके के साथ जीती हूँ। भ्रष्ट सरपंच को हटवाया। बदमाशी कर रहा था, औरतों का पैसा खा रहा था, सो पीट दिया उसके दफ्तर में जाकर। पहली बार चुनाव जीती तो हारने वाले की नाक कट गई, उसने कहा ये तो मेहतरनी से हार गया। दूसरी बार कोई खड़ा ही नहीं हुआ सामने। पहली बार जिसे हराया था, उसके घर भी मैला साफ करने जाती थी। यह सुन कर लगा कि दलित महिलाओं की दुनिया वाकई बदल रही है।

तस्लीम मध्य प्रदेश के उज्जैन जिले के तराना ब्लॉक की कायथा ग्राम पंचायत की निवासी है और वहाँ से दो बार पंच रह चुकी है। तस्लीम मुस्लिम समाज के हेला समाज से है, जो गटर और सड़कों को साफ करने का काम करती है। ऐसी ही अन्य महिला है मध्य प्रदेश की सोरमबाई और रामबाई, जो पिछले साल हुए ग्राम पंचायतों के चुनावों में सरपंच चुनी गईं। ये दोनों भी सिर पर मैला ढोने का काम करती थीं और आज बाकी महिलाओं को इससे बाहर निकालने की जद्दोजहद में लगी हुई हैं। मध्य प्रदेश में पिछले साल हुए इन चुनावों में गरिमा अभियान के आँकड़ों के अनुसार पाँच सरपंच, 43 पंच और 6 पार्षद वे महिलाएँ चुनी गई हैं, जो सिर पर मैला ढोने का काम करती थीं और इससे मुक्त होकर सामाजिक-राजनीतिक जीवन में सक्रिय हुईं हैं। वाकई जमीन पर औरतों की जिंदगी कितनी बदल रही है और उनकी दावेदारी से कितने बंद दरवाजे खुल रहे हैं। ऐसा ही एक और चेहरा है आंध्र प्रदेश की नारायण अम्मा का। उनके संघर्ष की गाथा को एनसीईआरटी ने अपनी किताब में दर्ज किया है।

जम्मू और कश्मीर

जनसत्ता, 11 मई, 2011 में छपी खबर के अनुसार जम्मू कश्मीर में कश्मीरी पंडित परिवार की एक गृहिणी ने मुस्लिम बहुल गाँव में पंचायत चुनाव जीता है। प्रदेश में पहली कश्मीरी पंडित महिला पंच बनने वाली 52 वर्षीय आशा सभी पंडित परिवारों की घाटी में वापसी चाहती है। प्रदेश के प्रसिद्ध पर्यटन स्थल गुलमर्ग को जाने वाले मार्ग पर छोटा-सा गाँव वुसान उस वक्त खबरों में आया, जब आशा को यहाँ का पंच चुना गया। इस पद के लिए मैदान में वह अकेली कश्मीरी पंडित महिला थी। उनके मुकाबले में मुस्लिम समुदाय की प्रतिद्वंद्वी उम्मीदवार खड़ी थी और गाँव में 90 फीसदी मतदाता मुस्लिम

हैं। आशा के पड़ोसी अब्दुल हमीद वानी ने कहा कि लोगों को इससे समझना चाहिए कि मानवता अब भी श्रेष्ठ गुण है।

उन्होंने कहा, 'धर्म और क्षेत्र जैसी बातें इसके आगे गौण हो जाती हैं। कश्मीर घाटी में 1980 के दशक में उग्रवाद के पसरने के बाद करीब दो लाख कश्मीरी पंडित घाटी छोड़कर चले गए। वुसान गाँव में आतंकवाद से पहले 10 कश्मीरी पंडित परिवार रहते थे और अब केवल पाँच बचे हैं, लेकिन 1984 में शादी के बाद जम्मू के डोडा से यहाँ आने वाली आशा कहती है कि, 'दरअसल हमारे इलाके में दोनों समुदायों के बीच रिश्ता इतना मजबूत है कि हमने कभी घाटी से जाने की जरूरत नहीं समझी।' उन्होंने कहा, ''हमारे मुस्लिम भाइयों ने हमें विश्वास दिलाया कि हम उनके बराबर ही महफूज हैं और हमारे रास्ते में आने वाली हर परेशानी का वे सामना करेंगे।''

पंचायत चुनाव लड़ रहे लोगों को मिल रही आतंकवादी धमकियों के मद्देनजर किसी तरह के डर के सवाल पर आशा ने कहा कि वे नियति में मजबूती से भरोसा रखती हैं। उन्होंने कहा, 'जीना और मरना भगवान के हाथ में है और आदमी केवल एक बार मरता है। यदि मैं सच्चाई के लिए और सही रास्ते पर मरती हूँ तो मुझे कोई अफसोस नहीं होगा।''

नई पंच ने कहा कि उन्होंने कभी चुनावी राजनीति में जाने के बारे में नहीं सोचा था, लेकिन स्थानीय नेताओं ने उन्हें चुनाव लड़ने के लिए प्रोत्साहित किया। उन्होंने कहा, ''कई लोग मुझसे चुनाव लड़ने के लिए कहने आए। शुरुआत में मैं थोड़ी घबराई, लेकिन काफी समर्थन देखने के बाद मैंने चुनाव लड़ने का फैसला किया।''

पंचायत चुनाव में वुसान में पड़े कुल 98 वोटों में आशा को 54 वोट मिले, जबकि उनकी प्रतिद्वंद्वी सरवाह बेगम को 43 वोट ही मिले। एक वोट खारिज कर दिया गया। चुनाव जीतने के बाद उत्साहित आशा ने एक संदेश में कहा, ''हम चाहते हैं कि सभी पंडित कश्मीर वापस आएँ। लेकिन सरकार द्वारा बनाए गए शिविरों या कॉलोनियों में नहीं, बल्कि उन जगहों पर लौटें, जिसे वे घर कहते हैं।''

महिला सरपंचों ने की अमेरिका की यात्रा

भारत की चार महिला नेताओं - गुजरात की इलाबेन परमार, राजस्थान की शकुंतला शर्मा, मध्य प्रदेश की नंदा प्रेमदास बैरागी और कर्नाटक की मुड्डा इरेका- ने अमेरिका के न्यूयार्क शहर में आयोजित सम्मेलन में शिरकत की। सम्मेलन में लगभग 1800 विशिष्ट एवं गणमान्य व्यक्तियों के समक्ष इन महिला नेताओं ने भारत की पंचायत राज प्रणाली पर अपने विचार व्यक्त किए।

अंतरराष्ट्रीय संगठन 'हंगर प्रोजेक्ट' ने बुनियादी स्तर पर महिलाओं का नेतृत्व उभारने के लिए 'साउथ एशिया एनिशिएटिव' नामक अपनी शाखा शुरू करने के मौके पर इन भारतीय पंचायत नेताओं को आमंत्रित किया था। 24 सितंबर की रात हिल्टन होटल में आयोजित रात्रि भोज में इन महिला पंचायत सदस्यों ने अपनी मातृभाषा में सम्मेलन के प्रतिनिधियों को संबोधित किया। उन्होंने बताया कि पंचायत के लिए चुने जाने के बाद उन्हें किस तरह के अधिकार प्राप्त हैं और वे लोग किस प्रकार गाँव में लोगों का जीवन बदलने की कोशिश कर रही हैं।

इलाबेन परमार ने गुजराती में बोलते हुए कहा कि वे अपने पंचायत क्षेत्र में महिलाओं को साक्षर बनाने पर जोर दे रही हैं, जिससे महिलाएँ अपने अधिकारों के लिए लड़ सकें और वे न सिर्फ अपने परिवार बल्कि अपने समाज, अपने गाँव में भी परिवर्तन लाने में सक्षम हो सकें।

शंकुतला शर्मा ने हिंदी में भाषण किया। उन्होंने कहा कि पंचायत सदस्य होने के नाते उन्होंने महिलाओं के लिए पढ़ना और लिखना अनिवार्य कर दिया है। वे महिलाओं को अपने हस्ताक्षर स्वयं करने के लिए प्रोत्साहित करती हैं।

फातिमा बी का इंकार

काल्वा गाँव की सरपंच और इस वर्ष के यू.एन.डी.पी. रेस अगेंस्ट पावर्टी की विजेता फातिमा बी 18 नवंबर को चेन्नई में ए.आई.ए.डी.एम.के. की महासचिव जयललिता से मिलीं। जयललिता ने उन्हें न केवल एक लाख रु. का चेक दिया बल्कि आंध्र प्रदेश ए.आई.ए.डी.एम.के. की महिला शाखा का प्रमुख भी बना दिया। इससे काल्वा गाँव की महिलाओं में नाराजगी फैल गई।

उन्होंने फातिमा बी को ग्राम समिति में बुलाकर स्पष्टीकरण माँगा। सरपंच ने कहा कि पंचायत में किसी से बात किए बिना चेन्नई जाकर उन्होंने गलती की और ए.आई.ए.डी.एम.के. में शामिल होने से इंकार किया।

उन्होंने कहा कि उन्होंने कुछ कागजात पर यह सोचकर हस्ताक्षर किए थे कि ये चेक के लेन-देन के बारे में हैं। अनपढ़ होने के नाते वह यह नहीं जान पाई कि वह कागजात ए.आई.ए.डी.एम.के. की सदस्यता या उन्हें राज्य में कोई पद दिए जाने के बारे में थे।

इसके बाद उन्होंने न केवल चेक वापस करने बल्कि ए.आई.ए.डी.एम.के. सहित किसी भी राजनीतिक दल से संबंध न होने का एलान किया।

झारखंड

डा. विष्णु राजगढ़िया ने पंचायतनामा (20 अप्रैल से-5 मई, 2013) में गाँव को आत्मनिर्भर बनाने में जुटी मुखिया दोरोथिया दयामनी के कार्यों को इस प्रकार उजागर किया है। झारखंड में राँची जिले की आरा पंचायत की एक खासियत यह है कि इसके नौ वार्ड तथा एक पंचायत समिति सदस्यों में सिर्फ एक पुरुष प्रतिनिधि हैं। इस तरह महिलाओं के भारी प्रतिनिधित्व वाली इस पंचायत में आत्मनिर्भरता की कोशिशों का खास महत्त्व है। दोरोथिया बताती हैं कि पंचायत चुनाव होने के बाद उन्होंने सभी महिलाओं के साथ बैठकर विचार किया। सबका कहना था कि पुरुषों के पास तो रोजगार के काफी अवसर होते हैं, लेकिन महिलाओं के लिए अवसर बिलकुल नहीं हैं। उन्हें घर पर ही कोई रोजगार मिल जाए तो बेहतर होगा। इस सोच पर काम करते हुए आत्मनिर्भरता की कोशिशें की गईं, जिसमें कृषि ग्राम विकास केंद्र का भरपूर सहयोग मिला।

आत्मनिर्भरता के लिए पशुपालन और किचन गार्डन जैसे क्षेत्रों पर जोर दिया गया। पंचायत के हरेक वार्ड में विदेशी उन्नत नस्ल का एक-एक बकरा दिया गया, ताकि क्षेत्र में बकरियों की नस्ल सुधारी जा सके और बकरी उत्पादन में तेजी आए। बकरी पालन में ब्रीड चेंज की इस कोशिश का साफ असर दिख रहा है। अब तो दूसरी जगह के लोग भी आकर बकरे की माँग कर ले जाते हैं ताकि उन्हें भी इसका लाभ मिले।

इसी तरह मुर्गी पालन को बढ़ावा देने के लिए ब्रायलर मुर्गी के 450 चूजे बाँटे गए। मात्र 30 रु. में एक चूजा दिया गया, जबकि बाजार में यह 60 रु. का आता है तथा उसकी नस्ल भी इतनी अच्छी नहीं होती। ऐसे चूजे काफी तेजी से बढ़ रहे हैं और मुर्गीपालन के क्षेत्र में आत्मनिर्भरता आ रही है। इसी तरह

महिलाओं को मात्र 50 रु. की अनुमानित दर पर बतख के पाँच-पाँच चूजे दिए गए। ये काफी अच्छी नस्ल के चूजे हैं, जो आम बाजार में उपलब्ध नहीं हैं तथा इन चूजों और बतखों को बिना पानी के रखा जा सकता है।

गाँव के एक मैकेनिक स्टीफन एक्का किसी दुर्घटना के कारण शारीरिक श्रम करने में लाचार हो गए थे। उन्हें सूअर पालन का प्रशिक्षण दिलाकर प्रखंड की ओर से पाँच सूअर दिलाए गए। इससे उन्हें अपना घर चलाने में काफी मदद मिली है। एक-एक सूअर सात-आठ हजार रु. में बिकता है। अब तक वह कई सूअर बेच चुके हैं। आज भी उनके पास 14 सूअर बचे हैं। गाँव के दो किसानों को मधुमक्खी पालन का प्रशिक्षण देकर उन्हें दो बक्से मधुमक्खियाँ दी गई हैं। मछली पालन के लिए तालाब की तलाश की जा रही है। इसी तरह, किचेन गार्डन को बढ़ावा देने के लिए बैंगन, टमाटर, मिर्च, नींबू, बीन इत्यादि के 21 प्रकार के बीज बाँटे गए तथा उनके उपयोग संबंधी कैलेंडर भी दिए गए। ग्रामीण क्षेत्र के अधिकांश घरों में थोड़ी-बहुत ऐसी जगह होती है, जहाँ किचेन गार्डन के रूप में अपने उपयोग की चीजें उपजाई जा सकें। इसमें घरेलू उपयोग का पानी भी काम आ जाता है। इसके लिए घरों में छत पर पानी की टंकी लगाकर ड्रिप इरीगेशन का भी प्रयोग किया गया है। लगभग एक सौ महिलाओं को मशरूम की खेती का प्रशिक्षण दिया गया है। कुछ महिलाओं को स्वीट कॉर्न के उत्पादन का भी प्रशिक्षण दिया गया है।

पंचायत समिति सदस्य सोफिया टोप्पो भी इन उपलब्धियों से काफी उत्साहित हैं। सोफिया टोप्पो बताती हैं कि दो साल के भीतर क्षेत्र में लगभग एक हजार फलदार वृक्षों के पौधे लगाए गए हैं। इनमें पपीता, आम, अमरूद, लीची, केला, सागवान इत्यादि शामिल हैं। पपीते के पेड़ों में बेहद कम समय में बड़ी संख्या में तथा अत्यधिक मीठे पपीतों का उत्पादन हो रहा है। श्रीविधि में धान की खेती को बढ़ावा देने का भी प्रयोग किया गया। पिछले साल 11 किसानों ने यह प्रयोग किया। उनकी सफलता को देखकर इस साल लगभग 20 किसानों ने इसका प्रयोग किया। इस पंचायत क्षेत्र में महिलाओं के 22 स्वयं सहायता समूह कार्यरत हैं। लेकिन अधिकांश का विधिवत् पंजीयन नहीं होने के कारण बैंक और अनुदान की सुविधा नहीं मिल रही है। दोरोथिया अब इन्हें विधिवत् रूप से संचालित करने की कोशिश कर रही है। गाँव में जनवितरण प्रणाली की नई दुकानें खोलने तथा उनका संचालन महिलाओं के स्वयं सहायता समूहों की

गतिविधियाँ भी विविध प्रकार की हैं। अगर स्कूल में दोपहर के भोजन के लिए राशन के पैसे घटते हैं तो इसके लिए एसएचजी से कर्ज मिल जाता है। एक समूह ने ऑटो खरीदकर किराए पर चलाना शुरू किया है और दूसरे समूह ने टेंट हाउस के सामान खरीदकर स्थानीय लोगों को सुविधा दी है। पंचायत की महिलाओं को कुछ अन्य प्रकार के रोजगार से जोड़ने की भी कोशिश हो रही है।

झारखंड

झारखंड की कटकमदाग ग्राम पंचायत की मुखिया प्रियंका कुमारी ने वर्ष 2011 में मुखिया निर्वाचित होने के बाद शराबखोरी की समाप्ति और ग्राम सभा के माध्यम से महिला सशक्तीकरण का बीड़ा उठाया। पंचायत प्रियंका कुमारी के प्रयासों से किसी महिला को डायन करार देने व बाल विवाह जैसी सामाजिक बुराईयों से मुक्त हो चुकी हैं। सरपंच ने कुपोषण को हराना, लड़कियों की पढ़ाई, भ्रष्टाचार पर रोक व बाल विवाह पर रोक जैसे कार्य बड़े अच्छे तरीके से किए हैं। पेयजल सुविधाओं और जल संरक्षण में सुधार पर प्रयास से झलकते हैं। प्रियंका की दो चहेती योजनाओं—भ्रष्टाचार मुक्त पंचायत और महिलाओं के लिए आय सृजन की गतिविधियों पर लोगों का ध्यान आकर्षित हुआ। उन्होंने मशरूम की खेती, पॉटरी, अगरबत्ती बनाने, सिलाई करने, साबुन बनाने और बास्केट बनाने की गतिविधियों के जरिए महिलाओं को आय के स्रोत बढ़ाने के लिए प्रेरित किया। सरपंच प्रियंका कुमारी के कार्यों से देखकर इंस्टीट्यूट ऑफ सोशल साइंसेज द्वारा विशिष्ट पंचायत प्रतिनिधि के रूप में 24 अप्रैल से 2015 को पुरस्कृत किया गया।

राजस्थान

कमला देवी एक दलित महिला सरपंच हैं, जिन्होंने परंपरागत शक्ति संतुलन से हटकर अपनी पंचायत में सार्थक सामाजिक बदलाव की जिम्मेदारी को बहुत साहस से निभाया है। इस समय वह अजमेर जिले में तिलोनिया ग्राम पंचायत की सरपंच हैं। यह एक ऐसी पंचायत है, जिसमें लगभग पाँच दशकों से एक परिवार का ही दबदबा था। यह स्थिति लोकतंत्र के लिए सही नहीं कही जा सकती। लगभग तीन वर्ष पहले के पंचायत चुनाव में जब दलित महिला के लिए इस पंचायत का सरपंच पद आरक्षित हुआ तो कमला देवी ने भी इस चुनाव में खड़े होने का मन बनाया।

यह आसान निर्णय नहीं था, क्योंकि आरक्षण के बावजूद पहले के शक्तिशाली

तत्त्वों की सक्रियता बनी हुई थी। उनकी सोच यह थी कि यदि दलित महिला को ही चुना जाना कानूनी मजबूरी है तो ऐसी दलित महिला को चुना जाए, जो उनके दबदबे में कार्य करे और इस तरह अप्रत्यक्ष रूप से पुराना शक्ति-संतुलन ही चलता रहे। लेकिन कमला देवी ने अपनी स्वतंत्र भूमिका निभाने का निश्चय कर लिया था। इससे पहले कमला देवी ने पंचायत समिति की सदस्य का चुनाव जीता था। कमला गर्व से कहती है, ''उस समय मैंने जिस बस्ती में स्कूल खुलवाने का वायदा किया था तो स्कूल आरंभ करवाकर ही दम लिया। यदि मैं वायदा पूरा न कर पाती तो तिलोनिया की सरपंच के चुनाव में भी न खड़ी हो पाती।'' कमला के दो मुख्य सिद्धांत हैं। जो वायदा किया है, उसे पूरा करने का भरपूर प्रयास करो और ईमानदारी से कार्य करो। संभवतः कमला की इस सोच के कारण ही उन्हें गाँव की महिलाओं और युवाओं का भरपूर समर्थन प्राप्त हुआ। अंत में इस समर्थन के बल पर वह कम साधनों के बावजूद यह महत्त्वपूर्ण चुनाव 1,070 मतों से जीत सकी। अनेक प्रतिकूल परिस्थितियों के बावजूद कमला ने अपनी ग्राम पंचायत में विकास कार्य को आगे बढ़ाते हुए अनेक संपर्क मार्गों एवं तालाबों संबंधी कार्यों को आगे बढ़ाया। पंचायत कार्यालय और सूचना केंद्र बहुत अच्छी तरह बने हैं। ग्राम सभा की बैठक अच्छी तरह होती है। सरपंच की देख-रेख में चरागाह की रक्षा का महत्त्वपूर्ण और उपयोगी कार्य हुआ है।

इस पंचायत भवन में जाने पर जिस तरह ग्रामीण महिलाओं का निर्बाध रूप से आना-जाना देखा, उससे यह भी अहसास हुआ कि सरपंच पद पर महिला के आने से ग्रामीण महिलाओं का पंचायत से संपर्क अधिक घनिष्ठ होता है। अतिक्रमण हटाने का कार्य कमला के लिए एक बड़ी चुनौती था। अतिक्रमण हटाने में प्रायः शक्तिशाली तत्त्वों का विरोध सहना पड़ता है और कमला के साथ भी यही हुआ। उस पर एक हमले की कुचेष्टा भी हुई। लेकिन उन्होंने साहसिक तरीके से कठिन स्थिति का सामना किया और खेल के मैदान से अतिक्रमण को सफलतापूर्वक हटवाया।

दूसरा उदाहरण हड़माड़ा पंचायत की दलित सरपंच नौरती बाई ने अतिक्रमण हटवाने में अत्यधिक साहस का परिचय दिया। सरपंच बनने से पहले नौरती बाई ने बेयरफुट कॉलेज और उससे जुड़े महिला समूहों में कार्यकर्ता की भूमिका गहरी निष्ठा से निभाई थी। उन्होंने न्यूनतम मजदूरी पाने के संघर्ष में महत्त्वपूर्ण योगदान दिया। संस्था में कंप्यूटर पर कार्य करना भी सीखा, जिससे सरपंच के

कार्यकाल में नौरती को हिसाब-किताब और रिकॉर्ड रखने में सहायता मिली। नौरती के कार्यकाल में सड़क निर्माण, तालाब निर्माण, निर्धन आवास और पेंशन आदि के कार्य में अच्छी प्रगति हुई। मनरेगा के अंतर्गत वर्ष 2012-13 लगभग 55 लाख रु. की मजदूरी का भुगतान हुआ। पंचायत और सूचना केंद्र न केवल अच्छी तरह बनाया गया, बल्कि उसके बजट से कुछ बचत भी की गई।

नौरती ने भ्रष्ट तत्त्वों के विरुद्ध कार्यवाही भी की। अतिक्रमण हटाने के अभियान से मुस्लिम परिवारों को कब्रगाह के लिए जगह मिल गई, जिस पर पहले अवैध कब्जा हो चुका था। अतिक्रमण हटने से जल संरक्षण में सहायता मिली। भ्रष्टाचार और अतिक्रमण के विरुद्ध कदम उठाने पर नौरती को बहुत विरोध सहना पड़ा। उसके परिवार के सदस्यों, विशेषकर नौरती की बहू को काफी परेशान किया गया। इससे नौरती के स्वास्थ्य पर भी काफी प्रतिकूल असर पड़ा। इसके बावजूद नौरती ने हिम्मत नहीं हारी और कमजोरी-बीमारी के बावजूद पंचायत की जिम्मेदारियाँ बखूबी निभाती रही।

भारत डोगरा ने *पंचायती राज अपडेट* के जनवरी 2014 के अंक में राजस्थान की दलित पंच शोभा देवी के कार्यों का वर्णन किया है। शोभा देवी ने देवाला पंचायत की वार्ड पंच के रूप में इतना सार्थक कार्य किया है कि उनकी ख्याति आसपास की कई पंचायतों में मिल रही है। अजमेर जिले के जवाजा ब्लॉक में स्थित इस पंचायत में शोभा देवी ने वार्ड पंच की जिम्मेदारी को इस खूबी से निभाया है कि इससे वार्ड पंच का उपेक्षित पद बेहतर ढंग से प्रतिष्ठित हुआ है। इस पंचायत में केवल एक-दो परिवार दलित हैं। अतः वह कई लोगों के लिए आश्चर्य का विषय बना है कि शोभा देवी ने दलित होने के बावजूद तीन बार वार्ड पंच का चुनाव कैसे जीता, ऊँची जाति के पुरुषों ने उनका विरोध किया। यह इस कारण संभव हुआ, क्योंकि शोभा देवी को गाँव की महिलाओं का जबरदस्त समर्थन प्राप्त है और वे अपने परिवार के पुरुषों के विरोध के बावजूद भी शोभा देवी को वोट देकर जिताती हैं। अपनी शिक्षा का लाभ शोभा देवी ने सब जरूरतमंद महिलाओं को देने का प्रयास किया है।

किसी को स्वास्थ्य समस्याओं के इलाज में सहायता पहुँचाई तो किसी को अन्य समस्या सुलझाने में और शिकायत की अर्जी लिखने में सहायता दी। महिलाएँ चाहती हैं कि उनकी बेटियाँ उनकी तरह अनपढ़ न रह जाएँ, पर विभिन्न कारणों से कई बच्चियाँ सामान्य स्कूल में नहीं जा सकीं। यहाँ बेयरफुट कॉलेज

ने ऐसी बालिकाओं के लिए रात्रि स्कूल चलाया तो शोभा देवी ने शराब की बुराई गाँव से दूर भगाने में भी नेतृत्व किया। गाँव में शराब जगह-जगह बिकती थी, उस पर रोक लगी। अपने निष्ठावान कार्य के बल पर जब पुरुषों व ऊँची जातियों के प्रतिनिधियों को भी चुनाव में पराजित करने में शोभा देवी को सफलता मिली तो कुछ शक्तिशाली गाँववासियों ने उन्हें परेशान किया व धमकियाँ दीं। इससे शोभा देवी को कुछ समय के लिए गाँव छोड़कर जाना पड़ा और वे ब्यावर में रहने लगीं। पर उनके द्वारा गाँव छोड़ने से लड़कियों की शिक्षा ठप हो गई तथा महिलाओं की कठिनाइयाँ बढ़ गईं। तब सामाजिक कार्यकर्ताओं की सहायता से शोभा देवी को गाँव में सम्मान वापस बुलाया गया। शोभा देवी ने एक शानदार उदाहरण प्रस्तुत किया है कि कोई दलित महिला बहुत प्रतिकूल परिस्थितियों में भी अपनी निष्ठा व सेवा भावना के बल पर नेतृत्व कर सकती है और उन्हें सभी जातिगत भेदभाव तोड़कर सभी महिलाओं को बहुत स्नेह-सम्मान मिल सकता है। शोभा देवी कहती हैं, ‘‘गाँव की महिलाओं का सहयोग मेरी सबसे बड़ी ताकत है। इसके साथ संस्था ने जो कठिन समय में साथ दिया, उससे मुझे ताकत मिलती है।’’

छवि राजावत राजस्थान के पिछड़े जिले टोंक जिले के सोड़ा गाँव की वह सरपंच निर्वाचित हुई हैं। सोड़ा जयपुर से साठ कि.मी. की दूरी पर है। सरपंची का कैरियर शुरू करने से पहले वह कॉरपोरेट जगत की स्टार थीं। वह कहती हैं कि उनकी पढ़ाई की असली परीक्षा अब गाँव के विकास को लेकर होगी। वैसे समाज सेवा उनके खून में है। उनके पिता अपना एक्सपोर्ट बिजनेस छोड़कर महिलाओं के सशक्तीकरण में लगे हैं। दादा ब्रिगेडियर रघुवीर सिंह दो दशक पहले सोडा के सरपंच थे। गाँव में बिजली और सड़कें वह ही लाए थे। उसके बाद गाँव में कोई विकास नहीं हुआ। सरपंचों को लेकर गाँव में भारी असंतोष था। यह सब देखकर ही छवि ने गाँव वालों के कहने पर सरपंची का चुनाव लड़ा और जीता। अब वह मनरेगा की मीटिंग ले रही है। वह अपने गाँव के आसपास की पाँच पंचायतों के लिए पानी लाने के लिए रिपोर्ट तैयार कर रही हैं। दिल्ली में उन्होंने इस बाबत पब्लिक सेक्टर की कई कंपनियों से बात की है। पानी का मसला प्रमुखता में है। वह कहती हैं कि वह राजनीति के खिलाफ नहीं हैं। वह मानती हैं कि राजनीति विकास के लिए होनी चाहिए। पार्टियों से अभी तक उनका कोई सरोकार नहीं हैं। वह चुनाव में उम्मीदवार की खूबी को देख कर वोट करती हैं। कहती हैं कि गाँव किसी भी देश की बुनियाद होते हैं। इसलिए हमने गाँव को चुना है।

ओड़िशा

इंडियन एक्सप्रेस (9 फरवरी, 2014) में धुनकापड़ा गाँव, जिला गंजम, ओड़िशा की सरपंच आरती देवी के कार्यों का वर्णन निम्न प्रकार किया है। 28 वर्षीय आरती देवी ने अपनी ग्राम पंचायत के लिए कई सराहनीय कार्य किए हैं। इससे प्रभावित होकर अमेरिकी विदेश मंत्रालय ने 18 फरवरी को शुरू होने वाले राज्य और स्थानीय सरकारों पर इंटरनेशनल विजिटर्स लीडरशिप प्रोग्राम में भाग लेने के लिए आरती देवी को अमेरिका में निमंत्रित किया। इसके दौरान उन्हें अमेरिकी राष्ट्रपति बराक ओबामा से भी भेंट करने का अवसर दिया गया। इस कार्यक्रम के 21 विदेशी प्रतिभागियों में वह एकमात्र भारतीय थीं। हैदराबाद स्थित यूएस कंसुलेट में सार्वजनिक मामलों की सूचना सहायक पद्माजा के. बताती हैं, "आरती लगभग दो साल पहले सरपंच चुनी गई थीं और इस दौरान उसने न सिर्फ जेंडर मसलों पर अपने नए नजरिए, बल्कि सार्वजनिक वितरण प्रणाली (पीडीएस) में सुधार से भी ग्रामीणों का दिल जीता।"

महिलाएँ अब एक बड़ी संख्या में धुनकापड़ा ग्राम पंचायत की पल्ली सभा (ग्राम सभा) में भाग लेती हैं। पहले ग्राम सभा विरले ही होती थी और उसे बिना नोटिस दिए आयोजित किया जाता था, इसलिए कम लोग उसमें भाग लेते थे। पंचायत की बैठकों में अब छोटे-मोटे विवाद हल कर दिए जाते हैं।

आरती देवी ने पहली उपलब्धि पीडीएस, विशेषकर एपीएल परिवारों में गेहूँ के वितरण में सुधार लाना है। जब उन्होंने पाया कि पीडीएस की दुकानों में पीएल परिवारों को गेहूँ देने से मना कर दिया जाता है तो आरती ने 800 पीएल परिवारों की गणना की और सुनिश्चित किया कि प्रत्येक को प्रतिमाह 5 किग्रा. गेहूँ प्राप्त हो। उनकी अगुवाई में पंचायत ने कैरोसिन के सार्वजनिक वितरण को अपने हाथ में लिया, जिसमें पूर्व सरपंच द्वारा हेरा-फेरी की जाती थी। ग्रामवासी जिन कार्यों के लिए आरती देवी के प्रति अत्यंत आभारी हैं, उनमें सड़क निर्माण एक प्रमुख है। दो महीने पहले उन्होंने 1.20 करोड़ रु. की लागत वाली 12 कि.मी. लंबी सड़क परियोजना मंजूर कराने में सफलता प्राप्त की। पिछली बार एक दशक से भी पहले इस सड़क की मरम्मत की गई थी। उनकी दूसरी उपलब्धि स्कूल शिक्षकों की कमी दूर करना है। एक गाँव की हाईस्कूल में शारीरिक शिक्षा शिक्षक और हिंदी शिक्षक सभी कक्षाओं में पढ़ाया करते थे। आरती ने ओड़िशा स्कूल एवं जनशिक्षा विभाग की मदद का इंतजार किए बिना संविदा आधार पर

शिक्षकों को नियुक्त किया। वह बताती है, "हमने गाँव के तालाबों में मिलने वाले राजस्व से इन शिक्षकों का वेतन दिया। अब विभाग इस साल से उन्हें वेतन देने पर सहमत हो गया है।"

आरती को अफसरशाही की चुनौतियों का भी सामना करना पड़ता है। उदाहरणार्थ, धुनकापड़ा ग्राम पंचायत ने पिछले साल आए चक्रवाती तूफान 'फैलिन' के बाद राहत के लिए जो राशि खर्च की, उसकी अभी तक प्रतिपूर्ति नहीं की गई है। वह बताती है-"हमने प्रशासन की मदद की प्रतीक्षा किए बिना अपने छोटे से कोष से बिना किसी सहायता के खाद्य पदार्थों पर 30,000 रु. खर्च किए थे। ग्रामीण इस सहायता को आज भी याद करते हैं।" एक ग्रामीण त्रिनाथ नायक ने कहा, "आरती ने फैलिन के दौरान 1,200 ग्रामीणों को अपने घरों से निकलकर पंचायत कार्यालय में शरण लेने को कहा। उसने भोजन के लिए साइकिलों पर चावल और गुड़ के बोरे लाने की तुरंत व्यवस्था करवाई, जबकि तेज हवाएँ चल रही थीं।"

ओड़िशा की बागवात चंद्रापुर ग्राम पंचायत की मुखिया तपस्विनी नायक का जीवन अत्यंत संघर्षपूर्ण रहा है। सरपंच निर्वाचित होने के बाद पिछले दो साल में उसने अपनी पंचायत में अनेक विकास गतिविधियाँ चलाईं। उसकी कड़ी मेहनत के चलते पेंशनधारकों की सूची में 200 अतिरिक्त लोगों के नाम जोड़े गए। मनरेगा के तहत वर्ष भर 800 लोगों को रोजगार दिलवाया। मुखिया ने अपने गाँव में सड़कों और जलराशियों का निर्माण करवाने में सफलता प्राप्त की। इसके अलावा, बागवानी विभाग की सहायता से अतिरिक्त जमीन पर किसानों के लिए फल-बगीचे विकसित किए गए हैं। मुखिया अपनी ग्राम पंचायत में स्वास्थ्य सेवाओं और महिलाओं एवं वृद्ध लोगों की गैर-औपचारिक शिक्षा की मॉनीटरिंग तथा सहायता के लिए नियमित रूप से मैनेजमेंट इनफोर्मेशन सिस्टम की बैठक आयोजित करती है। सरपंच तपस्विनी नायक के ग्रामीण विकास एवं पंचायती राज व्यवस्था को सशक्त करने की दिशा में किए गए प्रयासों को देखकर इन्हें इंस्टीट्यूट ऑफ सोशल साइंसेज द्वारा विशिष्ट पंचायत प्रतिनिधि के रूप में पुरस्कार देकर 24 अप्रैल, 2015 को सम्मानित किया।

10

संसद व विधानसभाओं में महिला आरक्षण

इस अध्याय में हम संविधान संशोधन पर जो महिलाओं के संसद व विधान सभाओं में एक-तिहाई आरक्षण के बारे में चर्चा के माध्यम से पंचायतों से प्राप्त अनुभवों के आधार पर यह बताने की कोशिश करेंगे कि इन संस्थाओं में महिलाओं के लिए आरक्षण क्यों जरूरी है। इस आरक्षण से पंचायतों में जो लगभग 11 लाख महिलाएँ सदस्य व अध्यक्ष के पद पर कार्यरत हैं, उन्हें किस प्रकार सहायता मिलेगी, यह पड़ताल भी यहाँ की जाएगी। इन मुद्दों पर चर्चा से पहले एक दृष्टि संसद व विधानसभाओं में महिलाओं के प्रतिनिधित्व पर डालना प्रासंगिक होगा।

विधायिका में महिलाओं की भागीदारी

आजादी के 6 दशक से अधिक पूरे होने के बाद भी महिलाओं को संसद व विधानसभाओं में नाममात्र से अधिक प्रतिनिधित्व नहीं मिल सका। उदाहरण के लिए महिलाओं की लोकसभा में भागीदारी का प्रतिशत निम्न तालिका में दिया गया है। तालिका दर्शाती है कि 1952 में प्रथम लोकसभा में महिलाओं की भागीदारी जो मात्र 5 प्रतिशत थी 16वीं लोकसभा में दुगनी ही हो पाई है। राज्यों में महिला विधायकों की स्थिति ज्यादा बेहतर नहीं है।

तालिका-2

वर्ष	लोकसभा संख्या	प्रतिशत
1952	1	5
1957	2	5
1962	3	7
1967	4	6
1971	5	5
1977	6	4
1980	7	6
1984	8	8
1989	9	5
1991	10	8
1996	11	8
1998	12	8
1999	13	10
2004	14	9
2009	15	11
2014	16	11.3

स्रोत : www.primindia.org

क्यों जरूरी है विधेयक?

निम्न कारणों से यह विधेयक जरूरी है :

- क्योंकि महिलाओं की इन कानून बनाने वाली संस्थाओं में वर्तमान भागीदारी नगण्य है, जबकि इनकी जनसंख्या आधी है।
- 73वें संविधान संशोधन में दो तरह के प्रावधान हैं- प्रथम अनिवार्य, दूसरे स्वैच्छिक। अनिवार्य प्रावधानों में अनुसूचित जाति व जनजाति का आरक्षण, पाँच वर्ष के चुनाव, तीन स्तरीय प्रणाली आदि हैं। स्वैच्छिक प्रावधानों के अंतर्गत पंचायतों को राज्य स्तर से नीचे की ओर अधिकार व शक्तियों की बात कही गई है। जो वास्तव में संपूर्ण अधिनियम का दिल और दिमाग है। अध्ययन बताते हैं कि अधिकतर राज्यों ने पंचायतों को अधिकार व शक्ति के नाम पर अँगूठा दिखा दिया है। इस कमी को पूरा करने के लिए 73वें संविधान संशोधन में संशोधन की जरूरत है। और तो और मध्य प्रदेश के मुख्यमंत्री ने भी एक

विचार-गोष्ठी में ऐसा कहा था कि पंचायतों में जो 11 लाख महिलाएँ हैं वे अपने आपको ठगा हुआ समझती हैं, क्योंकि उनको वास्तव में कोई अधिकार व शक्तियाँ मिली ही नहीं हैं। इसलिए 1995 में जब केंद्रीय ग्रामीण क्षेत्र रोजगार मंत्रालय ने पंचायत अध्यक्षों का सम्मेलन किया था तो उसमें कुरूक्षेत्र से आई महिला पंचायत प्रतिनिधि ने कहा था, ''हमको हमारे अधिकार व शक्तियाँ प्राप्त नहीं हुई हैं। या तो हमको ये दे दीजिए नहीं तो संघर्ष के लिए तैयार हो जाइए, क्योंकि हम स्वयं को ठगा हुआ महसूस करती हैं।''

इस पृष्ठभूमि को ध्यान में रखकर यदि संविधान संशोधन लागू हो जाता है तो महिलाएँ संसद व विधान परिषद् में ऐसे संशोधन लाएँगी, जिनसे पंचायतों की ताकत बढ़े।

पुस्तक के द्वितीय भाग में महिलाओं की विभिन्न चुनौतियों का जिक्र किया गया है। उनमें कानूनी चुनौतियों का भी वर्णन है। राज्य व केंद्र स्तर पर अनेक ऐसे नियम व कानून हैं, जो महिलाओं को आगे बढ़ने से रोकते हैं। उदाहरण के लिए महिलाओं की आर्थिक स्थिति सुधारने के लिए उनको पैतृक संपत्ति में से हिस्सा नहीं मिलता आदि आदि। अगर महिलाएँ स्वयं कानून बनाने में भागीदार होंगी तो महिलाओं के सामने आ रही विभिन्न सामाजिक, आर्थिक व घरेलू समस्याएँ कम होंगी।

- जैसा कि पुस्तक में एक अन्य जगह पर उल्लेख किया गया है कि पंचायत में महिलाएँ घूँघट में रहती हैं। वे अधिकतर अनपढ़ हैं। उनको बाहरी जीवन का वांछित ज्ञान नहीं है। वे पुरुषों से बातचीत करने में कतराती हैं। इसलिए अगर महिलाएँ विधायक व सांसद अधिक से अधिक होंगी तो वे अपनी समस्याएँ अधिक आसानी से कह सकेंगी व खुलकर विचार-विमर्श कर सकेंगी। इससे उनको अपनापन महसूस होगा, जो उनके उत्साह व लगन को बढ़ाएगा।
- पंचायती राज अधिनियम को लागू हुए वैसे तो दो दशक से ज्यादा समय हो गया है। महिलाओं को पंचायती राज में कार्य करने के विभिन्न अनुभव हुए हैं। विभिन्न महिला प्रतिनिधियों ने सराहनीय कार्य किए हैं। अतः संसद व विधानमंडलों में महिलाओं का आरक्षण था। अतः संसद व विधानमंडलों में महिलाओं का आरक्षण होने से पंचायतों में कार्य कर चुकी महिलाएँ सांसद व विधायक का चुनाव लड़ेंगी और जब वह जीतकर संसद व विधानमंडल में जाएँगी तो वहाँ पर पंचायतों के मुद्दे खासतौर पर महिलाओं से जुड़े मुद्दे उठाएँगी,

जो पुनः पंचायती राज व्यवस्था को मजबूत करने में सहायक होंगे। महिलाओं के सामने जो सीमाएँ हैं, उनको दूर करने में भी इससे सहायता मिलेगी।

- वास्तव में पंचायतें संसद व विधानमंडलों में महिलाओं को भेजने के लिए नर्सरी का कार्य करेंगी, क्योंकि पंचायतों में रहकर ये महिलाएँ शासन व प्रशासन की बारीकियों से परिचित होकर केंद्र व राज्य में प्रभावी भूमिका निभा सकेंगी।
- पंचायती राज व्यवस्था में महिलाओं का एक-तिहाई आरक्षण महज राजनीतिक प्रक्रिया की उपज नहीं है, वास्तव में यह महिला आंदोलनों के संघर्ष की उपज है। पुरुष प्रधान व्यवस्था नहीं चाहती कि जीवन के सभी क्षेत्रों में महिलाओं को उनकी वांछित भागीदारी मिले। विदित है कि इस समय भी ऊपर-ऊपर से तो सभी दल इसको पारित करने की बात कर रहे हैं, लेकिन ऐसा प्रतीत होता है कि सांसद स्वयं ही नहीं चाहते कि महिलाएँ इन सदनों में आएँ, क्योंकि ऐसा करने से उनकी खुद की संख्या कम हो जाएगी। अतः वास्तविक ताकत महिलाओं की विभिन्न संस्थाओं के पास है, जो इस विधेयक को पारित कराने के लिए प्रयास कर रही हैं। विधेयक जल्दी से पारित हो, इसके लिए पंचायती राज में चुनी महिला प्रतिनिधि खासतौर से जिला पंचायत के सदस्य व अध्यक्ष भी इस तरफ प्रयासरत हैं।
- संसद व विधानमंडल में महिलाओं का आरक्षण होने से महिलाओं का प्रतिनिधित्व ग्राम सभा रो लोकसभा तक हो जाएगा। महिला सांसद, विधायक, पंचायत प्रतिनिधि व विभिन्न महिला संगठनों की सहायता से इस प्रकार का 'नेटवर्क' बना पाएँगी, जो महिलाओं की समस्याओं को दूर करने में सहायक होगा और अंततः यह विधेयक पंचायत महिलाओं को सशक्त बनाने में कारगर साबित होगा।

निष्कर्ष

फ्रांस के लेखक गुअवर्ट ने कहा था कि पुरुष कानून बनाता है और महिलाएँ उन पर आचरण करती हैं। महिला आरक्षण विधेयक महिलाओं को योग्य बनाता है, कानून बनाने के लिए भी और आचरण करने के लिए भी। सच्चाई यह है कि प्रकृति ने स्त्री को शक्ति दी है, जबकि कानून ने उन्हें बहुत कम शक्ति दी है। सच्चाई यह भी है कि प्रसिद्ध अमेरिकी शिक्षक मारथा थामस ने कहा है कि महिलाएँ संसार का आधा हिस्सा हैं, फिर संसार पुरुष का ही है। सारे कानून

पुरुष के कानून हैं, हर सरकार पुरुष की सरकार है। संसार, पुरुष व स्त्री दोनों का होना चाहिए।

संविधान संशोधन, संसार को अगर नहीं तो भारत को जो पुरुषों का ही है, उसकी महिला व पुरुष दोनों का बनाने का प्रयास है। साथ ही साथ यह विधेयक महिला पंचायत प्रतिनिधियों को उनकी वांछित भागीदारी दिलाने की दिशा में भी एक महत्त्वपूर्ण कदम होगा।

11

महिलाओं की शक्ति-संपन्नता के लिए राष्ट्रीय नीति

भारतीय संविधान में निहित सिद्धांतों में महिला व पुरुष को समानता दी गई है। मैक्सिको कार्य योजना (1975), नैरोबी फारवर्ड लुकिंग स्ट्रेटेजीज (1985), पर उपयुक्त कार्रवाई करने पर भारत द्वारा उनका समर्थन किया गया है। 'समानता की ओर' (1974) में विशद विश्लेषण किया गया है और महिलाओं के लिए राष्ट्रीय परिप्रेक्ष्य योजना (1988-2000) और श्रम शक्ति रिपोर्ट (1988) में इन पर प्रकाश डाला गया है। भारतीय संविधान के 73वें व 74वें संविधान (1993) संशोधन में स्थानीय निकायों, पंचायतों और नगरपालिकाओं में महिला सदस्य के लिए स्थानों का अनुरक्षण उपलब्ध कराया गया है, ताकि गाँव से जिले तक के स्तर पर निर्णय लेने की प्रक्रिया में महिलाओं की भागीदारी सुनिश्चित हो सके। वर्तमान में महिला व पुरुष में असमानता विभिन्न रूपों में प्रकट होती है। गिरता हुआ महिला-पुरुष अनुपात, घरेलू व बाहरी हिंसा, बालिकाओं, किशोर लड़कियों और महिलाओं के साथ भेदभाव इसके उदाहरण हैं। फलस्वरूप महिलाएँ अशिक्षित, अस्वस्थ और उत्पादक साधनों से वंचित और निवेशों का लाभ उठाने के लिए सीमित अवसरों के कारण हाशिए पर हैं। इस

पृष्ठभूमि में राष्ट्रीय और अंतर्राष्ट्रीय विकास को दृष्टिगत रखते हुए और राज्य सरकारों, गैर-सरकारी संगठनों, सामाजिक कार्यकर्ताओं, अनुसंधानकर्ताओं और अन्य विशेषज्ञों से विचार-विमर्श के बाद भारत सरकार ने मानव संसाधन विकास मंत्रालय में महिला एवं बाल विकास विभाग ने यह राष्ट्रीय नीति बनाई है।

राष्ट्रीय नीति का उद्देश्य

राष्ट्रीय नीति का लक्ष्य महिलाओं की उन्नति, विकास और शक्ति संपन्नता है। इस उद्देश्य के लिए सामाजिक रवैये में परिवर्तन करके और महिला पुरुष के बीच सभी प्रकार के भेदभाव के उन्मूलन द्वारा जीवन के सभी क्षेत्रों में महिलाओं की सक्रिय भागीदारी के द्वारा, महिला परिप्रेक्ष्यों को शामिल करके, महिलाओं की स्वैच्छिक समानता को वास्तविक समानता में बदलकर और जहाँ आवश्यक हो, सकारात्मक कार्रवाई के जरिए कोशिश की जाती है। इस तरह के कार्यक्रमों के द्वारा महिलाओं और पुरुषों को परिवर्तन के 'एजेंट' के रूप में अपने-अपने सामाजिक दायित्वों की जानकारी दी जाएगी।

नीति के मुख्य घटक

महिलाओं को सभी प्रकार के अत्याचारों व असमानताओं से मुक्त करने के लिए नीति में निम्न तत्त्व होंगे।

1. मानवाधिकार और मौलिक स्वतंत्रताएँ
2. महिलाओं के साथ होने वाली हिंसा का उन्मूलन,
3. महिलाओं के साथ भेदभाव की समाप्ति,
4. बालिकाओं के साथ भेदभाव और उनके अधिकारों के उल्लंघन का उन्मूलन
5. महिलाओं की शक्ति संपन्नता
6. महिलाओं की निर्णय क्षमता का विकास
7. विकास प्रक्रिया में महिलाओं की हिस्सेदारी
8. महिलाओं से संबंधित मामलों के प्रति संचेतना,
9. महिलाएँ तथा जन-प्रचार
10. निर्धनता-उन्मूलन तथा महिलाओं को बुनियादी सुविधाएँ उपलब्ध कराना। इसके अंतर्गत निम्न तत्त्व रखे गए हैं :

    10.1 निर्धनता उन्मूलन

10.2 भोजन सुरक्षा

10.3 आवास तथा प्रश्रय

10.4 शिक्षा

10.5 स्वास्थ्य

10.6 महिलाएँ तथा अर्थव्यवस्था

10.7 समर्थन सेवाएँ

10.8 पेयजल और स्वच्छता

11. महिलाएँ एवं पर्यावरण
12. विशेष रूप से वंचित वर्ग की महिलाओं की आवश्यकताएँ
13. संसाधन
14. गैर-सरकारी संगठनों की भागीदारी
15. जेंडर विकास क्रियाविधि तैयार करना
16. महिला पुरुष संबंधी पृथक-पृथक आँकड़े
17. अंतरराष्ट्रीय सहयोग

क्रियान्वयन का प्रारूप

उपरोक्त तत्त्वों को कार्यान्वित करने के लिए आधारभूत स्तर, जिला तथा उपजिला स्तर, राज्य व राष्ट्रीय स्तर पर विभिन्न कार्यक्रम व योजनाएँ चलाई जाएँगी, जिनमें मुख्य इस प्रकार हैं –

1. शिक्षा, व्यावसायिक प्रशिक्षण, रोजगार, स्वास्थ्य आदि क्षेत्रों में महिलाओं के लिए संसाधनों की उपलब्धता।
2. नीति के अधिदेशों, कार्यनीतियों को लागू करने की समय-सीमा।
3. विभिन्न सरकारी कार्यक्रमों में महिलाओं की भागीदारी सुनिश्चित करना।
4. महिलाओं व पुरुषों से संबंधित आँकड़ों के आधार पर राष्ट्रीय विकास परिषद् में महिलाओं के लिए राशि सुनिश्चित करना।
5. मौजूदा कानूनों, जिनमें वैयक्तिक, पारंपरिक और आदिवासी नियम, अधीनस्थ विधान, संबंधित नियम तथा कार्यवाही और प्रशासनिक विनियम भी शामिल हैं, की समीक्षा करना।
6. मौजूदा वृहत और सूक्ष्म स्तरीय नीतियों की समीक्षा करना।
7. महिला व बालिकाओं पर हिंसा व अत्याचारों के नियंत्रण के लिए महिलाओं के अधिकार सुनिश्चित करना।

8. महिला संचेतना कार्यक्रमों की समीक्षा करना।
9. संगठित एवं असंगठित क्षेत्र में महिलाकर्मियों के लिए श्रमिक सुरक्षा सुनिश्चित करना। महिलाओं की मजदूरी के निर्धारण हेतु उनके कार्य का वैज्ञानिक मूल्यांकन किया जाएगा तथा सभी श्रम कानूनों की समीक्षा की जाएगी।
10. महिलाओं की स्थिति की हर पाँच वर्ष के बाद समीक्षा करना आदि।

निष्कर्ष

उपरोक्त शक्ति-संपन्नता राष्ट्रीय नीति, जो अप्रैल 2001 को स्वीकृत मान ली गई है, बहुत ही प्रगतिशील है। इस नीति को अगर सही तरीके से अमल में लाया गया तो यह महिलाओं की विभिन्न सीमाओं के समाधान में अहम भूमिका निभाएगी। यह महिलाओं को पंचायती राज में प्रभावी भूमिका अदा करने के लिए मित्रतापूर्ण वातावरण तैयार करने में सहायक होगी।

12

केंद्र, राज्य व अन्य स्तर के कुछ उदाहरण

प्रस्तावना

पंचायतों के क्षेत्र में इन्हें साकार करने के लिए, पंचायत प्रतिनिधियों को सक्षम करने के लिए जिसमें उनके मानदेय की राशि भी शामिल है, संपूर्ण पंचायती राज व्यवस्था को सबल बनाने के लिए केंद्र एवं राज्य स्तर पर अनेक कार्य किए गए हैं। इसके अतिरिक्त स्थानीय स्तर पर पंचायतों में कार्यरत प्रतिनिधियों ने भी अनेक कार्य किए हैं जो सराहनीय हैं। इन्हीं का जिक्र इस अध्याय में किया गया है।

बिहार

एसोसिएशन ऑफ लोकल गवर्नेंस ऑफ इंडिया ने इंस्टीट्यूट ऑफ सोशल साइंसेज (आईएसएस) एवं स्वयंसेवी संगठन 'भरोसा' ने मिलकर वैशाली गणतंत्र यात्रा का आयोजन किया, जिसमें विधानसभाओं एवं संसद में महिलाओं को 50% हिस्सेदारी देने पर बल दिया। यह आयोजन 30 और 31 जनवरी, 2011 को हुआ, जिसमें 1,000 से भी अधिक महिला प्रतिनिधियों ने भाग लिया।

बिहार विधानसभा अध्यक्ष उदय नारायण चौधरी ने कार्यक्रम का उद्घाटन करते हुए कहा कि राज्य की पंचायती राज संस्थाओं में 50 फीसदी महिला आरक्षण की व्यवस्था से महिलाओं में अधिक आत्मविश्वास जागा है और इससे

समाज में क्रांतिकारी बदलाव और सुधार आ रहा है। उन्होंने देश की संसद और विधानसभाओं में भी महिलाओं को 50 फीसदी हिस्सेदारी देने पर बल दिया। उस समय बिहार की समाज कल्याण मंत्री परवीन अमानुल्लाह ने सभा को संबोधित करते हुए कहा कि पंचायती राज व्यवस्था में महिलाएँ अपने अधिकार किसी दूसरे को न दे और स्वयं उनका इस्तेमाल कर फैसला ले। वे पंचायतों के तेजी से विकास पर बल दें और अच्छा काम करे, ताकि राज्य का नाम रोशन हो। उन्होंने यह भी कहा कि महिलाओं को भ्रष्टाचार के खिलाफ आगे आना होगा। इस अभियान में उनकी महत्त्वपूर्ण भूमिका हो सकती है। आईएसएस के निदेशक डॉ. जॉर्ज मैथ्यू ने बिहार की पंचायती राज संस्थाओं में महिलाओं को 50 फीसदी आरक्षण देने पर नीतीश कुमार को बधाई दी और कहा कि इस कदम से प्रेरणा लेकर अन्य राज्य इसे अपने यहाँ लागू कर चुके हैं। यह सिलसिला जल्द ही देशभर में फैलेगा। कार्यक्रम के दूसरे दिन अपने समापन भाषण में बिहार के पंचायती राज मंत्री हरिप्रसाद साह ने कहा महिलाओं के आगे बढ़ने से ही देश तेजी से तरक्की करेगा। उन्होंने कहा कि देश जात से नहीं, जमात से चलता है। इसलिए जाति की बात नहीं होनी चाहिए। उन्होंने सरकार द्वारा पिछड़े एवं अति पिछड़े वर्गों के लिए कल्याणकारी योजनाओं की जानकारी देते हुए बताया कि सरकार ने पंचायती राज ग्राम कचहरी के माध्यम से जल्दी न्याय दिलाने की व्यवस्था की है।

महिला प्रतिनिधियों की ओर से पंचायती राज मंत्री को 13 सूत्रीय एक माँग पत्र सौंपा गया। इसमें माँग की गई कि सरकारी अधिकारियों को महिला प्रतिनिधियों के साथ सहयोग करने और ग्राम सभा की बैठकें नियमित रूप से आयोजित करने के लिए निर्देश जारी किए जाएँ। इसके अलावा, पंचायत प्रतिनिधियों के प्रशिक्षण पर्याप्त व्यवस्था करने, जेंडर बजटिंग लागू करने, जिला स्तरीय महिला आयोग के गठन, पंचायती राज संस्थाओं में रिक्त पद भरने आदि की माँगें की गईं। श्री साह ने कहा कि सरकार इसी तर्ज पर पंचायती राज संस्थाओं को मजबूत बनाने की दिशा में सोच रही है।

केरल

केरल राज्य में महिलाओं को संगठित कर उन्हें स्वयं की रक्षा करने के लिए महिला हितैषी ग्राम पंचायत बनाने का प्रस्ताव है, जिसका जिक्र यहाँ किया गया है। मरिक्कुलम साउथ ग्राम पंचायत अलापुझा जिले में एक महिला-हितैषी ग्राम

पंचायत बनने के कगार पर है। अलापुझा के विधायक थॉमस आइजैक ने बताया कि वह जिले में महिला-हितैषी ग्राम पंचायत बनाने की दिशा में ग्रामीणों, वार्ड सदस्यों, स्वयं सहायता समूहों और ग्राम पंचायत द्वारा उठाए गए कदमों की समीक्षा कर चुके हैं। उन्होंने आगे बताया कि अधिकारी अब पंचायत में महिलाओं की सुरक्षा के लिए उठाए जाने वाले कदम सुनिश्चित कर रहे हैं। पंचायत इस परियोजना के तहत सभी परिवारों को स्वास्थ्य कार्ड वितरित करेगी। उन्होंने कहा, ''इस परियोजना के अंग के तहत हम महिलाओं के लिए मेडिकल शिविरों के आयोजन और स्वास्थ्य जाँच का कार्य भी जारी रखेंगे। पंचायत महिलाओं पर अत्याचार विषय के बारे में अध्ययन के आधार पर महिला-हितैषी केंद्रों की स्थापना करेगी। इन केंद्रों में पुस्तकालय, आँगनवाड़ियाँ और नर्सरी स्कूल होंगे। केंद्रों में शिकायत बॉक्स लगाए जाएँगे, ताकि शिकायतों को गोपनीय रखा जा सके। पंचायत के अध्यक्ष एन.पी. स्नेहाजन ने बताया कि इन केंद्रों में योग और एरोबेटिक्स के प्रशिक्षण की सुविधाएँ भी होंगी। हमलों से गाँव की लड़कियों की रक्षा के लिए लड़कियों की सेना का गठन किया जाएगा। पंचायत ने इस कार्यक्रम के लिए पंचायत क्षेत्र में चल रहे स्कूलों की नवीं एवं दसवीं कक्षा की 620 लड़कियों का चयन किया है। मास्टर्स मार्शल आर्टस फेडेरेशन ऑफ केरला ने उन्हें मार्शल आर्ट्स का प्रशिक्षण दिया है। इस प्रकार का प्रशिक्षण सभी लड़कियों को दिया जाएगा। स्नेहाजन ने कहा-''हाल ही में महिलाओं पर बढ़ते हमलों के मद्देनजर हमने इस परियोजना के तहत इस प्रशिक्षण की व्यवस्था की। केरल इंस्टीट्यूट ऑफ लोकल एडमिनिस्ट्रेशन (केआईएलए) और अलापुझा मेडिकल कॉलेज हॉस्पिटल की मदद से इस परियोजना का कार्यान्वयन किया जा रहा है।''

मध्य प्रदेश

मध्य प्रदेश में अध्यक्ष, उपाध्यक्ष एवं सदस्यों के मानदेय बढ़ा दिया है। इस संबंध में पंचायत एवं ग्रामीण विकास विभाग ने आदेश जारी कर दिया है। इसके मुताबिक जिला पंचायत के अध्यक्ष को प्रतिमाह 11,000 रु. मानदेय मिलेगा। उपाध्यक्ष को 9,500 रु. एवं सदस्यों को 4,500 रु. मिलेंगे। इसी तरह जनपद पंचायत के अध्यक्ष को 6,500 रु., उपाध्यक्ष को 4500 रु. और सदस्यों को 1,500 रु. दिए जाएँगे। इसके अलावा, ग्राम पंचायत के सरपंच का मानदेय पाँच गुना कर 1,750 रु. कर दिया है।

झारखंड

झारखंड राज्य में एक प्रमुख मिसाल सिमडेगा जिले की कोनमिंजरा ग्राम पंचायत है, जिसका अपना वेब पोर्टल (http://konminjra.epanchayat.in) है। यह अपने खुद के पोर्टल वाली राज्य की पहली पंचायत है। सिमडेगा के उपायुक्त ने 24 अगस्त 2013 को यह पोर्टल लॉन्च किया। अब स्थानीय नेता कंप्यूटर चलाना सीख रहे हैं। कोनमिंजरा की मुखिया बताती हैं - ‘‘मैं कंप्यूटर चलाना सीख रही हूँ। मुझे गर्व है कि मेरी पंचायत का अपना वेब पोर्टल है और मुझे नए जमाने के साथ कदमताल करनी चाहिए। हमारे क्षेत्र में 5 राजस्व गाँव हैं, जिनकी कुल आबादी 5,075 है। हमने मौजूदा वित्त वर्ष में शत-प्रतिशत जन्म एवं मृत्यु पंजीकरण पाने का लक्ष्य तय किया है। वर्तमान में इस पोर्टल पर अधिक सूचनाएँ उपलब्ध नहीं हैं, पर शीघ्र ही हम विकास कार्यों के बारे में विस्तृत सूचनाएँ अपलोड करेंगे। हम स्वच्छता और जन्म एवं मृत्यु पंजीकरण पर विशेष जोर दे रहे हैं। युवा लोग इस पोर्टल में बहुत दिलचस्पी प्रकट कर रहे हैं।’’

उत्तर प्रदेश

उत्तर प्रदेश में पंचायती राज ग्राम पंचायत संगठन के सदस्यों ने लखनऊ में 27 अगस्त, 2013 को अपनी माँगों के समर्थन में प्रदर्शन किया। उनकी मुख्य माँग पंचायतों को अधिक अधिकार दिए जाने को लेकर थी। पंचायती राज ग्राम प्रधान संगठन के राज्य अध्यक्ष ने कहा, ‘‘हमें लोकतांत्रिक तरीके से अपनी आवाज उठाने नहीं दिया जा रहा है। प्रशासन का ध्यानाकर्षित करने के लिए हमारे पास यहाँ प्रदर्शन करने के अलावा और कोई रास्ता नहीं था। पुलिस और प्रशासन द्वारा बार-बार अपील किए जाने के बावजूद प्रदर्शनकारियों की संख्या बढ़ती गई, जिससे यातायात पूरी तरह बाधित हो गया। यातायात में भारी रुकावट की वजह से पुलिस ने प्रदर्शनकारियों पर लाठीचार्ज कर उन्हें सड़क के एक किनारे पर धकेल दिया। प्रदर्शनकारियों ने वहीं पर अपना धरना जारी रखा।

पति या संबंधी से काम कराने वाली सरपंचों पर पंचायती राज मंत्रालय ने गंभीरता से लिया है। इस बारे में नई दुनिया (1 सितंबर 2011) में निम्न जिक्र किया गया है। केंद्र सरकार महिला पदाधिकारी के सरकारी कामकाज में उसके पति, भाई या अन्य किसी करीबी रिश्तेदार के दखल को बेहद गंभीरता से ले रही है।

ऐसा करने वाली महिला सरपंच या महिला पदाधिकारी के खिलाफ कानूनी

कार्रवाई हो सकती है। जो अधिकारी या सचिव पदाधिकारी महिला के स्थान पर उसके किसी करीबी पुरुष को कामकाज में दखल देने की अनुमति देगा, वह भी इसके लिए बराबर दोषी माना जाएगा और उस पर भी कानून का शिकंजा कस सकता है। चुनी गई महिला प्रतिनिधियों के कामकाज में उसके करीबी संबंधियों द्वारा कामकाज में दखल देने को केंद्र सरकार महिला सशक्तीकरण की राह में सबसे बड़ी बाधा मानती है।

पंचायती राज मंत्रालय को इस संबंध में बहुत शिकायतें मिली हैं कि जब महिला सदस्य पंचायती राज संस्थान में कार्यभार सँभालती हैं तो उसके पिता, पति या भाई पंचायतों को चलाने का प्रयास करते हैं और महिला को कामकाज करने की इज्जत नहीं देकर खुद ही उसमें पूरा दखल देते हैं।

हरियाणा

हरियाणा सरकार ने 21 अगस्त, 2012 को ग्राम पंचायतों के पंचों और सरपंचों, क्षेत्र पंचायत समिति (ब्लॉक डेवलपमेंट कमेटी) के अध्यक्ष व सदस्यों के साथ ही जिला परिषद् के सदस्यों एवं अध्यक्षों का मानदेय बढ़ा दिया है। इसके साथ ही सरपंचों को दी जाने वाली कैश इन हैंड राशि 10 हजार से बढ़ाकर 25 हजार रु. कर दी गई है। यह घोषणा उस समय के मुख्यमंत्री ने यहाँ सफीदों रोड पर स्थित हुडा मैदान में राज्यस्तरीय पंचायत सशक्तीकरण सम्मेलन में की। इसके पहले मुख्यमंत्री ने पंचायतों को विकास के लिए सीधे विकास राशि देने और पंचायतों को गाँव में विकास कराने के अधिकार सौंपे थे। उन्होंने हर गाँव में सामाजिक कार्यों के लिए राजीव गाँधी केंद्र खोलने की भी घोषणा की। मुख्यमंत्री ने कहा कि वैदिक काल से पंचायत परंपरा चली आ रही है। गाँव के लोगों को पंचों पर विश्वास होता है और आपसी सहमति से मामलों को सुलझा लिया जाता है। महात्मा गाँधी भी ग्राम स्वराज में विश्वास करते थे। पूर्व प्रधानमंत्री स्व. राजीव गाँधी ने भी देश के विकास के लिए गाँवों के विकास का सपना सँजोया था। आज उसी पर अमल करने के लिए प्रदेश सरकार ने पंचायतों को गाँवों के विकास कार्य करवाने के लिए अधिकार दिए हैं। हालाँकि इसके लिए हमें प्रशासनिक अधिकारियों और कुछ विधायकों का विरोध भी झेलना पड़ा, लेकिन यह जरूरी था। शिकायतें आती थीं कि गाँव में पूरी तरह विकास राशि नहीं पहुँच पाती और वह भ्रष्टाचार की भेंट चढ़ जाती है। अब सीधे पंचायत विकास करवाएगी तो असली विकास होगा।

उत्तर प्रदेश

पंचायती राज अपडेट के (नवंबर 2011) के अंक में पढ़ने को आतुर महिला सरपंच की बात इस प्रकार दी है। उत्तर प्रदेश के बहराइच जिले के अहाता गाँव की सरपंच माया निषद को पूरी तरह से बदल गई है। केवट जाति, जो उत्तर प्रदेश की सबसे पिछड़ी जातियों में गिनी जाती है, की माया निषद ने अपने परिवार में गंदा पानी पीकर बच्चों को मरते हुए देखा है। और इसीलिए उन्होंने जिला प्रशासन के अधिकारियों को जल और स्वच्छता व्यवस्था में सुधार लाने के लिए धन्यवाद देने की खातिर पहली बार बहराइच के बाहर कदम रखा। माया दिल्ली में एक कार्य 'तुम' में अपने अनुभव बाँटने आई थी। माया ने कहा, "पहले तो मुझे स्टेज पर जाते हुए डर लग रहा था कि इतने सारे लोग मुझे देख रहे होंगे। लेकिन अब मुझे कोई डर नहीं है।" माया के लिए यह एक ऐसा मौका था, जब वह अपने अनुभव अन्य लाभार्थियों के साथ बाँट सकती थी और दूसरों के संघर्षों की कहानियाँ सुना सकती थी। उन्होंने बताया कि इन कहानियों से उन्हें प्रेरणा मिलती है। अब जबकि वे अपने गाँव बहराइच लौट रही हैं तो वे एक बदलाव चाहती हैं और वह यह कि वे पढ़ना चाहती हैं। उन्होंने कहा, "मुझे कभी मौका नहीं मिला। लेकिन अब इतनी सारी महिलाओं को बिना अपने पतियों के काम करते देखा तो मुझे समझ आया कि शिक्षा से बहुत फर्क पड़ता है। मैं स्कूल तो नहीं जा सकती, लेकिन अपने बच्चों की किताबों से तो पढ़ ही सकती हूँ।

पंजाब

24 सितंबर, 2011 को पंजाब के मुख्यमंत्री ने राज्य में सरपंचों का मानदेय दोगुना कर 600 रु. से 1,200 रु. प्रतिमाह करने की घोषणा की। पंचायत यूनियन, पंजाब के राज्य महासचिव सरपंच सुरजीत सिंह कलेर के नेतृत्व में एक शिष्टमंडल ने चंडीगढ़ में मुख्यमंत्री आवास पर मुलाकात की। शिष्टमंडल ने मुख्यमंत्री से सरपंचों का मानदेय बढ़ाने की माँग उठाई, जिसको उन्होंने तुरंत स्वीकार करते हुए सभी सरपंचों का मानदेय दोगुना करने की घोषणा की। मानदेय में की गई बढ़ोतरी पहली अक्तूबर 2011 से लागू होगी।

केंद्र स्तर

पुरुषों को महिला पदाधिकारियों के कामकाज में दखल देने से रोकने और महिलाओं को स्वतंत्रता से काम करने की मंशा के तहत मंत्रालय ने 19 जनवरी

2010 को सभी राज्यों को पत्र लिखकर कहा है कि पंचायती राज अधिनियम के तहत इस सिद्धांत का उल्लंघन करने वाले आचरण को संबंधित पंचायती राज अधिनियम के तहत दुराचरण माना जाएगा और ऐसे महिला पदाधिकारी के खिलाफ कार्रवाई की जाए।

मंत्रालय ने यह भी कहा है कि यह उत्तरदायित्व पंचायत अधिकारियों और सचिवों का भी होगा कि वे पंचायत बैठकों में निर्वाचित प्रतिनिधि के स्थान पर उनके संबंधियों को भाग नहीं लेने दें। जो अधिकारी ऐसा करेगा, उसे भी इस अपराध का दोषी माना जाएगा। मंत्रालय ने हाल में ही राज्यों को फिर एक बार इस नियम का कड़ाई से पालन करने को कहा है।

ग्रामीण विकास कार्यक्रमों के सही ढंग से क्रियान्वयन के लिए केंद्रीय ग्रामीण विकास मंत्री को पंचायतों पर सबसे ज्यादा भरोसा है। इसीलिए उन्होंने योजना आयोग के उपाध्यक्ष को पत्र लिखकर कहा है कि पंचायती राज संस्थाओं को मजबूत करने के लिए उन्हें 6,000 करोड़ रु. सालाना धनराशि देनी चाहिए।

पत्र में मंत्री ने यह भी बताया है कि धन के अभाव में पंचायती राज संस्थाएँ ठीक से काम नहीं कर पा रही हैं। इसके चलते उनके मंत्रालय के फ्लैगशिप कार्यक्रम भी सही ढंग से लागू नहीं हो पा रहे हैं। इस संदर्भ में उन्होंने उल्लेख किया है कि पंचायती राज मंत्रालय ने राज्यवार आँकड़े जुटाए हैं। उनके मुताबिक सालाना करीब करीब 6,000 करोड़ रु. की जरूरत है, जिससे पंचायती राज संस्थानों में काम करने वालों को वेतन आदि का भुगतान किया जा सकेगा। इतनी राशि का आवंटन होने से पंचायती राज विकास अधिकारियों, एकाउंटेंट, डाटा एंट्री ऑपरेटरों, तकनीकी सहयोगियों, सचिवों आदि को भुगतान किया जा सकेगा।

अन्य उदाहरण

मंगू भाई व अन्य ने 2009 में 200 दलित महिलाओं के अध्ययन के दौरान अनेक वैयक्तिक परिवर्तनों के लिए अधिक सशक्तीकरण भी देखा गया। ये परिवर्तन अधिक आत्मविश्वास (55 प्रतिशत), अधिक सामाजिक संपर्क (37.5 प्रतिशत), घूमने-फिरने की अधिक आजादी (31 प्रतिशत), वृद्धि नेतृत्व क्षमता (31 प्रतिशत) और समाज में सामाजिक-राजनीतिक समस्याओं के प्रति अधिक जागरूकता (29.5 प्रतिशत)। लगभग 40 प्रतिशत ने बताया कि जो निर्वाचित महिलाएँ अपने सरकारी कामकाज को पूरा करती है, उनके बच्चों की देखभाल अन्य परिवारों

द्वारा की गई, महत्त्वपूर्ण पारिवारिक मामलों में इन महिलाओं से परामर्श अधिक लिया गया तथा पारिवारिक मामलों में निर्णय लेने की अधिक स्वतंत्रता दी गई। मोटे तौर से उन्हें परिवार में और सार्वजनिक रूप से बोलने की अधिक आजादी मिली और समाज पर इसका बहुत अधिक प्रभाव पड़ा। सशक्तीकरण के अन्य प्रभाव अधिक सार्वजनिक हिस्सेदारी और घूमने-फिरने की आजादी के रूप में देखी गई। लगभग 60 प्रतिशत महिलाओं को अनुभव किया कि पंचायत में उनकी अपनी स्थिति के कारण अधिक सम्मान मिला, यद्यपि कुछेक ने अनुभव किया कि वे सामाजिक स्थिति में लंबे समय तक प्रभाव डाल सकती है।

22 दिसंबर, 2012 को इंस्टीट्यूट ऑफ सोशल साइंसेज द्वारा 73वें संविधान संशोधन अधिनियम की 20वीं वर्षगाँठ समारोह का उद्घाटन करते हुए केंद्रीय ग्रामीण विकास मंत्री ने कहा कि देश भर में शीघ्र ही राजीव गाँधी पंचायती राज सशक्तीकरण अभियान चलाया जाएगा। इसके तहत पंचायती राज संस्थाओं और उनके निर्वाचित प्रतिनिधियों को अधिक अधिकार देने तथा इन संस्थाओं के जरिए विकास में तेजी लाने पर बल दिया जाएगा। इस एक दिवसीय समारोह में देश भर के लगभग 1500 निर्वाचित पंचायत प्रतिनिधियों, विषय के जानकारों और सिविल सोसायटी के प्रतिनिधियों ने भाग लिया।

केंद्रीय मंत्री ने आगे बताया कि रक्षा मंत्रालय के बाद ग्रामीण विकास मंत्रालय के पास देश का सबसे बड़ा बजट है, क्योंकि ग्रामीण विकास मंत्रालय को पेयजल और स्वच्छता विषयों की जिम्मेदारी भी सौंपी गई है। इन दोनों कार्यों पर सालाना 99 हजार करोड़ रु. ख़र्च किया जाएगा, जिसमें से एक प्रतिशत खर्च पंचायतों के जरिए होगा। मनरेगा, इंदिरा आवास योजना, सर्व शिक्षा अभियान आदि के बाद अब पेयजल एवं स्वच्छता जैसे बड़े कार्यों में भूमिका के चलते पंचायतों और उनके प्रतिनिधियों का महत्त्व बहुत बढ़ गया है। उन्होंने बताया कि सिक्किम देश का पहला 'निर्मल राज्य' बन गया है, जहाँ सभी घरों में शौचालय हैं। केरल शीघ्र ही दूसरा निर्मल राज्य बनने वाला है और हिमाचल प्रदेश, महाराष्ट्र, हरियाणा एवं मध्य प्रदेश जैसे कुछ राज्य इस दिशा में तेजी से कदम आगे बढ़ा रहे हैं।

पूर्व केंद्रीय पंचायती राज मंत्री और सांसद मणि शंकर अय्यर ने मुख्य भाषण देते हुए कहा कि पंचायती राज संस्थाओं के कार्यों, अधिकारों और जिम्मेदारियों का स्पष्ट विभाजन किया जाना चाहिए, ताकि जवाबदेही तय की जा सके। पंचायती

राज के नाम पर सरपंच-बीडीओ साठ-गाँठ पर प्रहार करते हुए उन्होंने कहा कि ग्राम सभा इस भ्रष्टाचार पर अंकुश लगाने के कदम उठाए।

पंचायत प्रतिनिधि सभी राज्यों में ठगे महसूस कर रहे हैं, क्योंकि राज पंचायती न होकर नौकरशाही राज है। यह महसूस करके वे अपने आपको संगठित करने में लगे हैं। अपनी आवाज को बुलंद करने में लगे हैं। इसी का एक उदाहरण बिहार राज्य का यहाँ प्रस्तुत है। जहाँ पर पंचायतों के मुखियाँ (अध्यक्ष ग्राम पंचायत) संगठित हुए हैं।

कई तरह की खामियों और कमियों के चलते बिहार में पंचायती राज संस्थाएँ समुचित ढंग से काम नहीं कर पा रही हैं, जिससे ग्राम पंचायत के मुखियाओं में भारी रोष है। ग्राम सभा पंगु कर दी गई है, क्योंकि राज्य सरकार ने उसके कई अधिकार छीनकर नए हाकिम विकास मित्र, कृषि सलाहकार, इंस्पेक्टर से बने बीडीओ और एसडीओ को दे दिए हैं। ग्राम सभा में अब राशन, केरोसिन, इंदिरा आवास योजना आदि के लाभार्थियों का चयन नहीं हो सकता। इससे लोग ग्राम सभा के प्रति उदासीन हो गए हैं और सभा में कोरम पूरा नहीं होता। सरकार द्वारा वार्ड सभा के नए प्रयोग से ग्राम सभा असरहीन बन चुकी है। ये विचार बिहार प्रदेश मुखिया महासंघ द्वारा लोकनायक जयप्रकाश नारायण की जन्मतिथि 11 अक्तूबर, 2012 को पंचायत अधिकार महासम्मेलन में अनेक वक्ताओं ने प्रकट किए।

महासम्मेलन में कहा गया कि बिहार पंचायती राज अधिनियम की धोर उपेक्षा की जा रही है। आगे कहा गया कि धारा 22 में घोषित 30 विभाग पंचायतों को सौंपने की सरकार ने आज तक अधिसूचना जारी नहीं की। धारा 17-ड के तहत पंचायतकर्मियों का प्रशासनिक नियंत्रण एवं पर्यवेक्षण का अधिकार मुखिया को दिया गया है, पर हकीकत में सरकारी पदाधिकारी नियंत्रण कर रहे हैं। राज्य में मनरेगा की जाँच का डंडा मुखिया के भयादोहन और प्राथमिकी की धमकी पर अवैध दोहन का स्रोत बन गया है। भ्रष्टाचार पर पर्दा डालने के लिए सरकारी तंत्र द्वारा मुखिया को निशाना बनाया जाता है। पंचायती राज संस्थाओं में महिलाओं को 50 प्रतिशत आरक्षण दिया गया, पर कई निर्वाचित महिला प्रतिनिधियों को अपमान सहना पड़ता है। इसका कारण बेलगाम अफसरशाही है।

बिहार प्रदेश मुखिया महासंघ ने एक माँग-पत्र तैयार किया है, जिसमें सरकार से विभिन्न माँगें की गई हैं। प्रमुख माँगें इस प्रकार हैं : ग्राम सभा में बीपीएल

निर्धारण, सामाजिक सुरक्षा पेंशन, इंदिरा आवास, कर निर्धारण राजस्व वसूली सहित सभी विकास एवं कल्याणकारी योजनाओं का निर्धारण हो। घोषित सभी विभागों के अधिकार पंचायतों को सौंपे जाएँ। पंचायत कोष निश्चित किया जाए। राज्य में एक पंचायत कैडर बनाया जाए। पंचायत प्रतिनिधियों को सम्मानजनक वेतन, भत्ता, सुविधाओं का निर्धारण ग्राम सभा में उसी प्रकार हो, जिस प्रकार लोकसभा एवं विधानसभा के सदस्य करते हैं। पंचायती राज संस्थाओं को अफसरशाही से मुक्त किया जाए। सस्ते एवं सुलभ न्याय के लिए ग्राम कचहरी को अधिकार दिए जाएँ। राज्य की संचित निधि का 40 फीसदी हिस्सा पंचायती राज संस्थाओं को दिया जाए और 13वें वित्त आयोग की सिफारिशें लागू की जाएँ। अपराधियों द्वारा मारे गए पंचायत प्रतिनिधियों के परिवारों को सुरक्षा, मुआवजा, बीमा लाभ सुनिश्चित किए जाएँ। ग्राम सभा की मंजूरी के बगैर पंचायतों में खोली गई शराब की दुकानें बंद की जाएँ और शराब के अवैध कारोबार पर रोक लगाई जाए। ग्राम लोकपाल की स्थापना की जाए।

20 और 21 जनवरी, 2013 को संघ का दो दिवसीय अधिवेशन हुआ, जिसमें लगभग 8 हजार मुखियाओं, बुद्धिजीवियों, सामाजिक कार्यकर्ताओं आदि ने भाग लिया। इस अधिवेशन का उद्घाटन बिहार की पंचायती राज टास्क फोर्स के अध्यक्ष डा. जॉर्ज मैथ्यू और मुखिया संघ के प्रदेश अध्यक्ष प्रियदर्शिनी शाही ने संयुक्त रूप से दीप प्रज्वलित कर किया। इस अवसर पर बिहार प्रदेश के मुखिया संघ ने माना कि पंचायतों को उचित अधिकार एवं शक्तियाँ देकर सही मायनों में स्वायत्त संस्थाएँ बनानी चाहिए।

प्रियदर्शिनी शाही ने कहा कि बिहार पंचायती राज कानून 2006 में 29 विभागों के कार्यों को ग्राम पंचायतों को सौंपने की बात कही गई है, पर सरकार ने एक-एक कर ग्राम सभा के अधिकार छीन लिए हैं। आज पंचायतों के नए हाकिम के रूप में विकास मित्र, किसान सलाहकार सहित अन्य लोगों को बहाल कर दिया गया है। इतना ही नहीं, बीपीएल, राशन, केरोसिन, इंदिरा आवास योजना, सामाजिक सुरक्षा पेंशन जैसी योजनाओं की स्वीकृति ग्राम सभा से नहीं होती है। परिणामस्वरूप जनता ग्राम सभा के प्रति उदासीन हो गई है। मुखिया लोग 'सुखिया' बन गए हैं। उन्होंने आगे कहा कि मौजूदा निराशाजनक स्थिति पर मुखिया चुप बैठने वाले नहीं हैं। यदि सरकार उन्हें अधिकार नहीं देगी तो उग्र आंदोलन चलाया जाएगा।

अधिवेशन में निम्नलिखित प्रस्ताव पारित किए गए : (1) 73वें संविधान संशोधन और बिहार पंचायती राज अधिनियम 2006 के प्रावधानों के अनुरूप 29 विभागों का कार्य पंचायतों को सौंपने की अधिसूचना जारी की जाए, (2) ग्राम पंचायतों की स्वायत्ता के लिए पंचायत का अपना कर्मचारी सचिवालय, योजना और योजना भवन, बजट तथा राजकोष की तरह पंचायत कोष सुनिश्चित हो, (3) त्रिस्तरीय पंचायत प्रतिनिधियों का वेतन, भत्ता, बीमा सुविधा का निर्धारण ग्राम सभा में हो, (4) पंचायत प्रतिनिधियों के प्रति अपमानपूर्ण व्यवहार पर रोक लगे, (5) भारतीय संविधान द्वारा निर्धारित राज्य की संचित निधि का 40 प्रतिशत हिस्सा पंचायती राज संस्थाओं को आवंटित किया जाए, (6) सभी स्तर के पंचायत प्रतिनिधियों की विभिन्न योजनाओं में भागीदारी सुनिश्चित की जाए, और (7) भ्रष्टाचार मिटाने के लिए पंचायतों में ग्रामपाल बहाल किए जाएँ।

विशेषज्ञ समिति

पंचायती राज संस्थाओं में महिलाएँ

पंचायत प्रतिनिधियों का कामकाज पंचायती राज संस्थाओं के भीतर और साथ ही सार्वजनिक बातचीत में महिला पुरुषों के विषम अनुपात से प्रभावित है। इस बाधा को दूर करने के लिए पूरे देश के लिए कोई विशेष नीति कारगर नहीं हो सकती है। राज्यों को ग्रामीण स्थानीय शासन में महिलाओं को भी मुख्य धारा में लाने के लिए और संसाधनों की न्यायसंगत उपयोगिता को भी प्रभावित करने वाले भेदभाव, उपेक्षा और उदासीनता के उन्मूलन द्वारा जारी पितृसत्तात्मक प्रतिरोध, उदाहरण के लिए केंद्रीय पोषित योजनाएँ (सी.एस.एस.) का समाधान करने के लिए स्वयं के संदर्भों के आधार पर ध्यानपूर्वक योजना बनाने और कार्य करने की जरूरत है।

पंचायतों और महिलाओं तथा उनके स्व-सहायता समूहों और अन्य समूहों में महिलाओं की संबद्धता एक शक्तिशाली साधन हो सकती है और उसे एक नीति के रूप में समर्थन करने की आवश्यकता है। राज्य उपयुक्त नीति बना सकते हैं, ताकि पंचायती राज संस्थाएँ, महिलाओं को सेवाओं के वितरण में सुधार लाने में स्व सहायता समूहों के संघ जैसी महिला संगठनों का उपयोग कर सकें, और स्व सहायता समूह पंचायतों और अन्य वितरण संस्थाओं को अपनी जरूरतों की मध्यस्थता के साथ ही अपनी शिकायतों को माध्यम दे सकें। उसी

दौरान स्वयं के विकास कार्यक्रमों की योजना बनाने और उन्हें लागू करने के लिए स्व-सहायता समूह संघ की स्वतंत्रता को पंचायती राज संस्थाओं द्वारा स्वीकार किया जाना चाहिए और स्व सहायता समूह/संघ के आंतरिक कामकाज में दखल देने से बचना चाहिए।

राज्य को ग्राम सभा में महिलाओं की पर्याप्त भागीदारी के लिए उचित कदम उठाने चाहिए। महिलाओं द्वारा सामना की जा रही समस्याओं के समाधान के लिए ग्राम सभा के समक्ष रखने के लिए उनकी समस्याओं पर विचार करने के लिए अलग से मुलाकात किए जाने की जरूरत है। ग्राम सभा की बैठक से पहले ऐसी महिला सभा का आयोजन करने के उद्‌देश्य से ऐसी महिला सभा आयोजित करने के लिए सभी राज्य पंचायत कानूनों में उपयुक्त प्रावधान होने चाहिए।

महिला पंचायत पदाधिकारियों और आम सदस्यों के लिए विशेष प्रशिक्षण होना चाहिए। एसआईआरडी या अन्य संस्थानों में प्रशिक्षण के अलावा, निर्वाचित महिला प्रतिनिधियों को उनके कार्यों के संबंध में जितना संभव हो, उतना प्रशिक्षण दिया जाना चाहिए।

प्रत्येक पंचायत द्वारा तैयार की जाने वाली वार्षिक योजना में महिलाओं द्वारा सामना किए जा रहे मुद्‌दों के समाधान के लिए योजना का एक महिला घटक होना चाहिए। इसे संबंधित पंचायत में महिलाओं की स्थायी समिति द्वारा तैयार किया जाना चाहिए और उस प्रयोजन के लिए बजट का एक निर्धारित प्रतिशत होना चाहिए।

निष्कर्ष

केंद्र व राज्य स्तर पर अनेक प्रयास पंचायतों को सशक्त करने के लिए किए गए हैं। इन सभी में सबसे महत्त्वपूर्ण मनरेगा, क्योंकि इस अधिनियम को लागू करने के लिए पंचायतें मुख्य संस्थाएँ है। यही नहीं, 50 बीलियन की लागत के प्रोजेक्ट ग्राम पंचायतों द्वारा लागू किए जाएँगे। अभी हाल में केंद्र सरकार द्वारा पंचायती राज व्यवस्था में महिलाओं की भागीदारी 33 प्रतिशत से बढ़ाकर 50 प्रतिशत करने की पहल महिलाओं के सशक्त करने की प्रक्रिया और मजबूत करेगी।

13

निष्कर्ष

अतीत में महिलाओं का आदर व सम्मान था, लेकिन समय के साथ-साथ उनके स्तर में कमी होना आरंभ हो गया। सामाजिक व धार्मिक रीति-रिवाजों के बंधनों ने महिलाओं को ऐसे शिकंजे में कस दिया, जिससे कि वे सार्वजनिक जीवन में भाग नहीं ले सकें। मुगल व ब्रिटिश काल में व उसके बाद महिलाओं की सामाजिक स्थिति सुधारने के तो अनेक आंदोलन हुए, लेकिन ऐसे प्रयास नहीं किए गए कि महिलाओं की राजनीतिक हैसियत बढ़े, जो वास्तव में सभी समस्याओं को सुलझाने की कुंजी है। हाँ, आजादी के दौरान जरूर महात्मा गाँधी व डॉ. राममनोहर लोहिया ने महिलाओं की राजनीतिक भागीदारी दिलाने की वकालत की। भारत में पंचायती राज व्यवस्था की शुरुआत बलवंत राय मेहता समिति की रिपोर्ट से हुई थी। लेकिन महिलाओं की भागीदारी के बारे में उसमें मात्र इतना कहा गया था कि अगर महिलाएँ स्वयं चुनकर नहीं आती हैं तो उन दो महिलाओं को पंचायतों का सदस्य बना दिया जाए, जो महिलाओं व बच्चों के कल्याण में रुचि रखती हों। इसका अर्थ यह हुआ कि महिलाओं को इस योग्य नहीं समझा गया कि वे पंचायत के कार्यों को कर सकेंगी। यह वास्तव में पुरुषवादी सोच का ही परिणाम है कि महिलाओं को लालन—पालन के अलावा और किसी योग्य नहीं समझा जाता। अशोक मेहता समिति की रिपोर्ट ने भी महिलाओं की भागीदारी सुनिश्चित करने के लिए कोई खास प्रयास नहीं की थी। इस समिति ने संविधान में संशोधन के लिए विधेयक का मसौदा तैयार तो किया था, लेकिन उसमें महिलाओं के आरक्षण

का प्रावधान नहीं किया। बाद में कुछ राज्य, जैसे - कर्नाटक, केरल व पश्चिम बंगाल के राज्य स्तर के राजनीतिकों ने राजनीतिक इच्छा दिखाकर पंचायतों में महिलाओं की भागीदारी सुनिश्चित की, जिसके ग्रामीण विकास व महिलाओं की मुखरता पर अच्छे प्रभाव पड़े। अस्सी के दशक में यह बात साफ तौर पर सामने आई कि बिना महिलाओं की भागीदारी के संपूर्ण ग्रामीण विकास संभव नहीं है।

महिला परिप्रेक्ष्य प्लान (1988-2000) में सिफारिश की गई कि महिलाओं के लिए पंचायतों में 30 प्रतिशत पद आरक्षित होने चाहिए। इस योजना की सिफारिशों व विभिन्न महिला पंचों, संस्थाओं व इस क्षेत्र में कार्यरत बुद्धिजीवियों के प्रयासों का ही यह प्रतिफल है कि 73वें संविधान संशोधन में महिलाओं की सदस्य व अध्यक्ष पद के लिए आरक्षण प्राप्त हुआ, जिसके कारण लगभग 2.5 लाख ग्राम पंचायत, 5000 पंचायत समिति व 500 जिला पंचायतों में लगभग 11 लाख से ऊपर महिलाएँ सदस्य व अध्यक्ष के रूप में चुनकर आई हैं। इस प्रावधान ने महिलाओं की दमित ऊर्जा को उजागर किया है, जो निकट भविष्य में भारतीय राजनीति को नया मोड़ दे सकेगी।

पंचायत चुनाव से पहले भ्रांतियाँ पैदा की जा रही थीं कि चुनाव लड़ने के लिए कहाँ से आएँगी महिलाएँ। लेकिन प्रत्यक्ष को प्रमाण की जरूरत नहीं। जब चुनाव संपन्न हुए तो पाया कि कुछ राज्यों, जैसे - कर्नाटक, पश्चिम बंगाल व केरल में महिलाओं की संख्या न्यूनतम सीमा को भी पार कर गई है। वैसे पंचायतों में महिलाएँ अपनी भूमिका निभा रही हैं, लेकिन प्रभावी भूमिका निभाने के लिए उनके सामने अनेक सामाज़िक, आर्थिक, राजनीतिक व प्रशासनिक सीमाएँ रोड़ा अटका रही हैं। सामाजिक सीमाओं ने उन्हें कमजोर व असहाय बना दिया है। घर व समाज का परिवेश उन्हें आज्ञा नहीं देता कि वे खुलकर पंचायतों में हिस्सा ले सकें। उनकी अशिक्षा व स्वास्थ्य संबंधी समस्याओं ने और मुश्किल खड़ी की हैं। गरीबी भी महिलाओं के लिए कम महत्त्वपूर्ण समस्या नहीं है। परिवार यदि गरीब है तो सबसे ज्यादा बोझ महिलाएँ ही उठाती हैं। महिला पंचायत प्रतिनिधियों के विभिन्न अध्ययन बताते हैं कि चुने हुए प्रतिनिधियों का एक बड़ा हिस्सा गरीबी रेखा से नीचे रह रहा है। महिलाओं की आर्थिक रूप से बिगड़ती स्थिति पर एक प्रहार नई आर्थिक नीति ने किया।

राजनीतिक सीमाओं के अंतर्गत महिलाओं की निर्णय लेने की प्रक्रिया में महिलाओं की वांछित भागीदारी नहीं है। विधायिका के अलावा न्यायपालिका में

भी इनकी संख्या नगण्य है। पंचायती राज अधिनियम में भी कुछ ऐसे प्रावधान हैं, जो महिलाओं को पंचायतों में भाग लेने पर से निरुत्साहित करते हैं। और तो और महिलाओं पर चरित्र हनन का लांछन भी लगा दिया जाता है। जो उनको वापस घर की शरण लेने पर बाध्य करता है।

महिलाओं की नौकरशाही में भागीदारी भी नहीं के बराबर है। महिला पंचायत प्रतिनिधियों को पंचायत व गैर-पंचायत कार्यालयों में पुरुष ही नजर आते हैं जिसके कारण वे अपनी बातें उनसे खुलकर नहीं कह पातीं। इसका प्रभाव उनके कार्य-संपादन पर पड़ता है।

माना कि महिलाओं के सामने सामाजिक, आर्थिक, राजनीतिक व प्रशासनिक सीमाएँ हैं, लेकिन ऐसा नहीं है कि उनको दूर नहीं किया जा सकता या उनका समाधान संभव नहीं है। महिलाओं की गरीबी दूर करने के लिए विभिन्न ग्रामीण विकास व गरीबी उन्मूलन कार्यक्रम जैसे राष्ट्रीय ग्रामीण आजीविका मिशन, राष्ट्रीय ग्रामीण रोजगार गारंटी अधिनियम, इंदिरा आवास योजना, राष्ट्रीय सामाजिक सहायता कार्यक्रम व अन्य जीवन गुणवत्ता कार्यक्रम चलाए जा रहे हैं, जिनमें महिलाओं के लिए विशेष प्रावधान हैं। इनके द्वारा महिलाओं की आर्थिक स्थिति में सुधार आएगा। चूँकि ये कार्यक्रम पंचायतों द्वारा ही लागू किए जाएँगे, जिनमें महिलाएँ स्वयं भागीदार हैं, इसलिए आशा की जाती है कि इनके कार्यान्वयन में सुधार आएगा, जिसका सकारात्मक प्रभाव महिलाओं पर पड़ेगा।

पंचायतों में महिलाओं के अधिकारों, शक्तियों व उत्तरदायित्वों के बारे में पंचायत की कार्यवाही करने के लिए विभिन्न नियमों व कानूनों के बारे में वित्तीय व गैर-वित्तीय संसाधन इकट्ठा करने के बारे में तथा विकेंद्रीकरण योजना तैयार करने के बारे में केंद्र सरकार, राज्य सरकार एवं विभिन्न स्वैच्छिक संस्थाएँ, महिलाओं को प्रशिक्षण दे रही हैं, जिसके परिणामस्वरूप महिलाओं की सोच व समझ का विस्तार हुआ है और वे पंचायतों में अपनी भूमिका प्रभावी ढंग से निभा रही हैं, जो यह ढाढस बँधाते हैं कि महिलाएँ भले ही अशिक्षित हैं व अनेक समस्याओं से ग्रस्त हैं, फिर भी उन्होंने ग्रामीण समाज में नए उदाहरण प्रस्तुत किए हैं। भविष्य में जैसे-जैसे महिलाएँ प्रशिक्षण प्राप्त करने से व पंचायतों की बैठकों में भाग लेने के माध्यम से इकट्ठा होंगी, कम मुखर महिला प्रतिनिधियों पर मुखर महिलाओं का प्रदर्शनकारी प्रभाव पड़ेगा, जो उनकी पंचायतों की भूमिका को सकारांत्मक रूप से प्रभावित करेगा।

81वाँ संविधान संशोधन, जो संसद व विधानसभाओं में महिला आरक्षण के बारे में है, वह महिला पंचायत प्रतिनिधियों व महिला विधायकों व महिला सांसदों के बीच तारतम्य बढ़ाएगा। इससे ग्राम सभा से लेकर लोकसभा तक महिलाओं का एक नेटवर्क तैयार होगा, जो महिला पंचायत प्रतिनिधियों को अपनी प्रभावी भूमिका निभाने में मददगार होगा।

महिलाओं की शक्ति संपन्नता के लिए राष्ट्रीय नीति, जो 1996 में बनाई गई थी, महिलाओं की विभिन्न समस्याओं के निवारण का इलाज है। आनेवाले समय में महिलाओं के स्वयं के प्रभाव से व महिलाओं के विकास में कार्यरत विभिन्न, स्वयंसेवी संगठनों व बुद्धिजीवियों के सहयोग से उनके उद्देश्य कार्यात्मक रूप ले पाएँगे।

दिल्ली में पंचायत अध्यक्षों का सम्मेलन हुआ था, उसमें कुरुक्षेत्र (हरियाणा) से आई एक महिला प्रतिनिधि ने चेतावनी दी कि या तो पंचायतों को अधिकार व कोष दो या फिर जनजागरण का मुकाबला करने के लिए तैयार हो जाओ, क्योंकि सारे मतदाता, जिन्होंने पंचायत के प्रतिनिधियों को चुना है, वह महसूस कर रहे हैं कि उनके साथ विश्वासघात किया गया है। केंद्र व राज्य स्तर के नेताओं व नौकरशाही को इस चेतावनी से सीख लेकर महिला सशक्तीकरण प्रक्रिया को तेजी से लागू करना चाहिए नहीं तो महिलाओं के गुस्से को झेलना उनके लिए बहुत महँगा सिद्ध होगा। पंचायतों में महिलाओं की जागृति दिन-प्रतिदिन बढ़ती जा रही है। यह जागृति संकेत दे रही है कि सिंहासन खाली करो-महिलाएँ आती हैं।

अनुबंध-1

संविधान (73 वाँ संशोधन) अधिनियम, 1992

भारत के संविधान का और संशोधन करने के लिए अधिनियम

भारत गणराज्य के तैंतालीसवें वर्ष में संसद द्वारा निम्नलिखित रूप में यह अधिनियमित होः

संक्षिप्त नाम और प्रारंभ :

1. इस अधिनियम का संक्षिप्त नाम संविधान (73 वाँ संशोधन) अधिनियम, 1992 है।
2. यह उस तारीख को प्रवृत्त होगा, जो केंद्रीय सरकार, राजपत्र में अधिसूचना द्वारा, नियत करे।

नए भाग 9 का अंतःस्थापनः

2. संविधान के भाग 8 के पश्चात् निम्नलिखित भाग अंतःस्थापित किया जाएगा, अर्थात–

भाग 9

पंचायत

परिभाषाएँ

243. इस भाग में, जब तक कि संदर्भ से अपेक्षित न हो-

(क) जिला से किसी राज्य का जिला अभिप्रेत है;

(ख) ग्राम सभा से ग्राम स्तर पर पंचायत के क्षेत्र के भीतर समाविष्ट किसी ग्राम से संबंधित निर्वाचक नामावली में पंजीकृत व्यक्तियों से मिलकर बना निकाय अभिप्रेत है;

(ग) मध्यवर्ती स्तर से ग्राम और जिला स्तरों के बीच का ऐसा स्तर अभिप्रेत है, जिसे किसी राज्य का राज्यपाल, इस भाग के प्रयोजनों के लिए, लोक अभिसूचना द्वारा, मध्यवर्ती स्तर के रूप में विनिर्दिष्ट करे;

(घ) पंचायत से ग्रामीण क्षेत्रों के लिए अनुच्छेद 243 ख के अधीन गठित स्वायत्तता शासन की कोई संस्था (चाहे वह किसी भी नाम से ज्ञात हो) अभिप्रेत है;

(ङ) पंचायत क्षेत्र से पंचायत का प्रादेशिक क्षेत्र अभिप्रेत है

(च) जनसंख्या से ऐसी अंतिम पूर्ववर्ती जनगणना में अभिनिश्चित की गई जनसंख्या अभिप्रेत है, जिसके सुसंगत आँकड़े प्रकाशित हो गए हैं;

(छ) ग्राम से राज्यपाल द्वारा इस भाग के प्रयोजनों के लिए, लोक अधिसूचना द्वारा, ग्राम के रूप में विनिर्दिष्ट ग्राम अभिप्रेत है और इसके अंतर्गत इस प्रकार विनिर्दिष्ट ग्रामों का समूह भी।

ग्राम सभा :

243 क. ग्राम सभा, ग्राम स्तर पर ऐसी शक्तियों का प्रयोग ऐसे कृत्यों का पालन कर सकेगी, जो किसी राज्य के विधानमंडल द्वारा उपबंधित की जाए।

पंचायतों का गठन :

243 ख. (1) प्रत्येक राज्य में ग्राम, मध्यवर्ती और जिला स्तर पर इस भाग उपबंधों के अनुसार पंचायतों का गठन किया जाएगा।

(2) खंड (1) में किसी बात के होते हुए भी, मध्यवर्ती स्तर पर पंचायत का उस राज्य में गठन नहीं किया जा सकेगा, जिसकी जनसंख्या बीस लाख से कम है।

पंचायतों की संरचना :

243 ग. (1) इस भाग के उपबंधों के अधीन रहते हुए, किसी राज्य का विधानमंडल विधि द्वारा, पंचायतों की संरचना की बाबत उपबंध कर सकेगाः

परंतु किसी भी स्तर पर पंचायत के प्रादेशिक क्षेत्र की जनसंख्या ऐसी पंचायत में निर्वाचन द्वारा भरे जाने वाले स्थानों की संख्या के अनुसार समस्त राज्य में यथासाध्य एक ही हो।

(2) किसी पंचायत के सभी स्थान, पंचायत क्षेत्र में प्रादेशिक निर्वाचित क्षेत्रों से प्रत्यक्ष निर्वाचन द्वारा चुने हुए व्यक्तियों से भरे जाएँगे और प्रयोजन के लिए प्रत्येक पंचायत क्षेत्र को प्रादेशिक निर्वाचन क्षेत्रों में से रीति से विभाजित किया जाएगा कि प्रत्येक निर्वाचन क्षेत्र की जनसंख्या का उसको आवंटित स्थानों की संख्या से अनुपात समस्त पंचायत में यथासाध्य एक ही हो।

(3) किसी राज्य का विधानमंडल, विधि द्वारा-

(क) ग्राम स्तर पर पंचायतों के अध्यक्षों का मध्यवर्ती स्तर पर पंचायतों में

या ऐसे राज्य की दशा में जहाँ, मध्यवर्ती स्तर पर पंचायतें नहीं हैं, जिला स्तर पर पंचायतों में;

(ख) मध्यवर्ती स्तर पर पंचायतों के अध्यक्षों को जिला स्तर पर पंचायतों में;

(ग) लोकसभा के ऐसे सदस्यों का और राज्य की विधानसभा के ऐसे सदस्यों का, जो उन निर्वाचन क्षेत्रों का प्रतिनिधित्व करते हैं, जिनमें ग्राम स्तर से भिन्न स्तर पर कोई पंचायत क्षेत्र पूर्णतः या भागतः समाविष्ट है, ऐसी पंचायत में;

(घ) राज्य सभा में सदस्यों का और राज्य की विधान परिषद् के सदस्यों का, जहाँ वे-

(*i*) मध्यवर्ती स्तर पर किसी पंचायत क्षेत्र के भीतर निर्वाचकों के रूप में पंजीकृत मध्यवर्ती स्तर पर पंचायत में;

(*ii*) जिला स्तर पर किसी पंचायत क्षेत्र के भीतर निर्वाचकों के रूप में पंजीकृत हैं, जिला स्तर पर पंचायत में;

प्रतिनिधित्व करने के लिए उपबंध कर सकेगा।

(4) किसी पंचायत के अध्यक्ष और किसी पंचायत के ऐसे अन्य सदस्यों को, चाहे वे पंचायत क्षेत्र में प्रादेशिक निर्वाचन क्षेत्रों से प्रत्यक्ष निर्वाचन द्वारा चुने गए हों या नहीं, पंचायतों के अधिवेशनों में मत देने का अधिकार होगा।

(5) (क) ग्राम स्तर पर किसी पंचायत के अध्यक्ष का निर्वाचन ऐसी रीति से, जो राज्य के विधानमंडल द्वारा, विधि द्वारा उपबंधित की जाए, किया जाएगा और

(ख) मध्यवर्ती स्तर या जिला स्तर पर किसी पंचायत के अध्यक्ष का निर्वाचन, उसके निर्वाचित सदस्यों द्वारा अपने में से किया जाएगा।

स्थानों का आरक्षण :

243 (घ) (1) प्रत्येक पंचायत में-

(ख) अनुसूचित जनजातियों के लिए स्थान आरक्षित रहेंगे और इस प्रकार आरक्षित स्थानों की संख्या का अनुपात, उस पंचायत के प्रत्यक्ष निर्वाचन द्वारा भरे जाने वाले स्थानों की कुल संख्या से यथाशक्य वही होगा, जो उस पंचायत क्षेत्र में अनुसूचित जातियों की अथवा उस पंचायत क्षेत्र में अनुसूचित जनजातियों की जनसंख्या का अनुपात उस क्षेत्र की कुल जनसंख्या से है और ऐसे स्थान किसी पंचायत में भिन्न-भिन्न निर्वाचन क्षेत्रों को चक्रानुक्रम से आवंटित किए जा सकेंगे।

(2) खंड (1) के अधीन आरक्षित स्थानों की कुल संख्या के कम-से-कम एक-तिहाई स्थान, यथास्थिति, अनुसूचित जातियों या अनुसूचित जनजातियों की स्त्रियों के लिए आरक्षित रहेंगे।

(3) प्रत्येक पंचायत में प्रत्यक्ष निर्वाचन द्वारा भरे जाने वाले स्थानों की कुल संख्या के कम-से-कम एक-तिहाई स्थान (जिनके अंतर्गत अनुसूचित जातियों और अनुसूचित जनजातियों की स्त्रियों के लिए आरक्षित स्थानों की संख्या भी है) स्त्रियों के लिए आरक्षित रहेंगे और ऐसे स्थान किसी पंचायत में भिन्न-भिन्न निर्वाचन क्षेत्र को चक्रानुक्रम से आवंटित किए जा सकेंगे।

(4) ग्राम या किसी अन्य स्तर पर पंचायतों में अध्यक्षों के पद अनुसूचित जातियों, अनुसूचित जनजातियों की स्त्रियों के लिए ऐसी रीति से आरक्षित रहेंगे, जो राज्य का विधानमंडल, विधि द्वारा, उपबंधित करे :

परंतु किसी राज्य में प्रत्येक स्तर पर पंचायतों में अनुसूचित जातियों, अनुसूचित जनजातियों के लिए आरक्षित अध्यक्षों के पदों की संख्या का अनुपात प्रत्येक स्तर पर उन पंचायतों में ऐसे पदों की कुल संख्या से यथाशक्य वही होगा, जो उस राज्य में अनुसूचित जातियों की अथवा उस राज्य में अनुसूचित जनजातियों की जनसंख्या का अनुपात उस राज्य की कुल जनसंख्या से है :

परंतु यह और कि प्रत्येक स्तर पर पंचायतों में अध्यक्षों के पदों की कुल संख्या के कम-से-कम एक-तिहाई पद स्त्रियों के लिए आरक्षित रहेंगे :

परंतु यह भी कि इस खंड के अधीन आरक्षित पदों की संख्या प्रत्येक स्तर पर भिन्न-भिन्न पंचायतों को चक्रानुक्रम से आवंटित की जाएगी :

(5) खंड (1) और खंड (2) के अधीन स्थानों का आरक्षण और खंड (4) के अधीन अध्यक्षों के पदों का आरक्षण (जो स्त्रियों के लिए आरक्षण से भिन्न है) अनुच्छेद 334 में विनिर्दिष्ट अवधि की समाप्ति पर प्रभावी नहीं रहेगा।

(6) इस भाग की कोई बात किसी राज्य के विधानमंडल को पिछड़े हुए नागरिकों के किसी वर्ग के पक्ष में किसी स्तर पर किसी पंचायत में स्थानों के या पंचायतों में अध्यक्षों के पदों के आरक्षण के लिए कोई उपबंध करने से वंचित नहीं करेगी।

पंचायतों की अवधि आदि :

243 ङ (1) प्रत्येक पंचायत, यदि तत्समय प्रवृत्त किसी विधि के अधीन पहले ही विघटित नहीं कर दी जाती है तो अपने प्रथम अधिवेशन के लिए नियत तारीख से पाँच वर्ष तक बनी रहेगी, इससे अधिक नहीं।

(2) तत्समय प्रवृत्त किसी विधि के किसी संशोधन से किसी स्तर पर किसी

पंचायत का, जो ऐसे संशोधन के ठीक पूर्व कार्य कर रही है, तब तक विघटन नहीं होगा, जब तक खंड (1) में विनिर्दिष्ट उसकी अवधि समाप्त नहीं हो जाती।

(3) किसी पंचायत का गठन करने के लिए निर्वाचन-

(क) खंड (1) में विनिर्दिष्ट उसकी अवधि की समाप्ति से पूर्व;

(ख) उसके विघटन की तारीख से छह मास की अवधि की समाप्ति के पूर्व पूरा किया जाएगा।

परंतु जहाँ वह शेष अवधि, जिसके लिए कोई विघटित पंचायत बनी रहती, छह मास से कम है, वहाँ ऐसी अवधि के लिए उस पंचायत का गठन करने के लिए इस खंड के अधीन कोई निर्वाचन कराना आवश्यक नहीं होगा।

(4) किसी पंचायत की अवधि की सामाप्ति के पूर्व उस पंचायत के विघटन पर गठित की गई कोई पंचायत, उस अवधि के केवल शेष भाग के लिए बनी रहेगी, जिसके लिए विघटित पंचायत खंड (1) के अधीन बनी रहती, यदि वह इस प्रकार विघटित नहीं की जाती।

सदस्यता के लिए निरर्हताएँ

243 च. (1) कोई व्यक्ति किसी पंचायत का सदस्य चुने जाने के लिए और सदस्य होने के लिए अयोग्य होगा–

(क) यदि वह संबंधित राज्य के विधानमंडल के निर्वाचनों के प्रयोजनों के लिए तत्समय प्रवृत्त किसी विधि द्वारा या उसके अधीन इस प्रकार अयोग्य कर दिया जाता हैः

परंतु कोई व्यक्ति इस आधार पर, निरर्हित नहीं होगा कि उसकी आयु पच्चीस वर्ष से कम है, यदि उसने इक्कीस वर्ष की आयु प्राप्त कर ली है;

(ख) यदि वह राज्य के विधानमंडल द्वारा बनाई गई किसी विधि द्वारा या उसके अधीन इस प्रकार अयोग्य कर दिया जाता है।

(2) यदि यह प्रश्न उठता है कि किसी पंचायत का कोई सदस्य खंड (1) में वर्णित किसी अयोग्यता से ग्रस्त हो गया है या नहीं तो वह प्रश्न ऐसे प्राधिकारी को, और ऐसी रीति से, जो राज्य का विधानमंडल, विधि द्वारा उपबंधित करे, विनिश्चय के लिए निदेर्शित किया जाएगा।

पंचायतों की शक्तियाँ, प्राधिकार और उत्तरदायित्व

243 छ. संविधान के उपबंधों के अधीन रहते हुए, किसी राज्य का

विधानमंडल, पंचायतों को ऐसी शक्तियाँ और प्राधिकार प्रदान कर सकेगा, जो उन्हें स्वायत्तता शासन की संस्थाओं के रूप में कार्य करने में समर्थ बनाने के लिए आवश्यक हों और ऐसी विधि में पंचायतों को उपयुक्त स्तर पर, ऐसी शर्तों के अधीन रहते हुए, जो उसमें विनिर्दिष्ट की जाएँ, निम्नलिखित के संबंध में शक्तियाँ और उत्तरदायित्व सौंपने के लिए उपबंध किए जा सकेंगे, अर्थात-

(क) आर्थिक विकास व सामाजिक न्याय के लिए योजनाएँ तैयार करना,

(ख) आर्थिक विकास और सामाजिक न्याय की ऐसी स्कीमों को, जो उन्हें सौंपी जाएँ, जिनके अंतर्गत वे योजनाएँ भी हैं, जो 11वीं अनुसूची में सूचीबद्ध विषयों के संबंध में हैं, कार्यान्वित करना। पंचायतों द्वारा कर अधिरोपित करने की शक्तियाँ और उनकी निधियाँ

243 ज. किसी राज्य विधानमंडल, विधि द्वारा-

(क) ऐसे कर, शुल्क, पथकर और फीसें उद्गृहीत, संगृहीत और विनियोजित करने के लिए किसी पंचायत को, ऐसी प्रक्रिया के अनुसार ऐसे निर्बधों के अधीन रहते हुए, प्राधिकृत कर सकेगा;

(ख) राज्य सरकार द्वारा उद्गृहीत और संगृहीत ऐसे कर, शुल्क, पथकर और फीसें किसी पंचायत को, ऐसे प्रयोजनों के लिए, तथा ऐसी शर्तों और निर्बंधनों के अधीन रहते हुए, समनुदिष्ट कर सकेगा;

(ग) राज्य की संचित निधि में से पंचायतों के लिए ऐसे सहायता-अनुदान देने के लिए उपबंध कर सकेगा; और

(घ) पंचायत द्वारा या उनकी ओर से क्रमशः प्राप्त किए गए सभी धनों को जमा करने के लिए ऐसी निधियों का गठन करने और उन निधियों में से धनों को निकालने के लिए उपबंध भी कर सकेगा, जो विधि में विनिर्दिष्ट किए जाएँ।

वित्तीय स्थिति के पुनर्विलोकन के लिए वित्त आयोग का गठनः

243 झ. (1) राज्य का राज्यपाल, संविधान (73 वाँ संशोधन) अधिनियम, 1992 के प्रारंभ से एक वर्ष पूर्व के भीतर यथाशीघ्र और तत्पश्चात्, प्रत्येक पाँचवें वर्ष की समाप्ति पर, वित्त आयोग का गठन करेगा, जो पंचायतों की वित्तीय स्थिति का पुनर्विलोकन करेगा और जो

(क) (*i*) राज्य द्वारा उद्गृहीत करों, शुल्कों, पथकरों और फीसों के लिए ऐसे शुद्ध आगमों के राज्य और पंचायतों के बीच, जो कि इस भाग के अधीन

उनमें विभाजित किए जाएँ, वितरण को और सभी स्तरों पर पंचायतों के बीच ऐसे आगमों के तत्संबंध भाग के आवंटन को;

(*ii*) ऐसे करों, शुल्कों, पथकरों और फीसों के अवधारण को, जो पंचायतों को समनुदिष्ट की जा सकेंगी या उनके द्वारा विनियोजित की जा सकेंगी;

(*iii*) राज्य की संचित निधि में से पंचायतों के लिए सहायता अनुदान को, शासित करने वाले सिद्धांतों के बारे में,

(ख) पंचायतों को वित्तीय स्थिति सुधारने के लिए आवश्यक अध्यायों के बारे में;

(ग) पंचायतों के सुदृढ़ वित्त के हित में राज्यपाल द्वारा वित्त आयोग को निर्दिष्ट किए गए किसी अन्य विषय के बारे में, राज्यपाल को सिफारिश करेगा।

(2) राज्य का विधानमंडल, विधि द्वारा आयोग की संरचना का, उन अर्हताओं का, जो आयोग के सदस्यों के रूप में नियुक्ति के लिए उपेक्षित होंगी और उस रीति का, जिससे उनका चयन किया जाएगा, उपबंध कर सकेगा।

(3) आयोग अपनी प्रक्रिया अवधारित करेगा और उसे अपने कृत्यों के पालन में ऐसी शक्तियाँ होंगी, जो राज्य का विधानमंडल, विधि द्वारा उसे प्रदान करे।

(4) राज्यपाल इस अनुच्छेद के अधीन आयोग द्वारा की गई प्रत्येक सिफारिश को, उस पर की गई कार्रवाई के स्पष्टीकरण ज्ञापन सहित, राज्य के विधानमंडल के समक्ष रखवाएगा।

पंचायतों के लेखाओं की संपरीक्षा

243 च. किसी राज्य का विधानमंडल, विधि द्वारा पंचायतों द्वारा लेखे रखे जाने और ऐसे लेखाओं की संपरीक्षा करने के बारे में, उपबंध कर सकेगा।

पंचायतों के लिए निर्वाचन

243 ट. (1) पंचायतों के लिए कराए जाने वाले निर्वाचनों के लिए भी निर्वाचन नामावली तैयार कराने का और उन सभी निर्वाचनों के संचालन का अधीक्षण, निदेशन और नियंत्रण एक राज्य निर्वाचन आयोग में निहित होगा, जिसमें एक राज्य निर्वाचन आयुक्त होगा, जो राज्यपाल द्वारा नियुक्त किया जाएगा।

(2) किसी राज्य के विधानमंडल द्वारा बनाई गई किसी विधि के उपबंधों के अधीन रहते हुए, राज्य निर्वाचन आयुक्त की सेवा की शर्तें और पदावधि ऐसी होगी, जो राज्यपाल नियम द्वारा अवधारित करें।

परंतु राज्य निर्वाचन आयुक्त को उसके पद से उसी रीति से और उन्हीं आधारों पर ही हटाया जाएगा, जिस रीति से और जिन आधारों पर उच्च न्यायालय के न्यायाधीश को हटाया जाता है, अन्यथा नहीं और राज्य निर्वाचन आयुक्त सेवा की शर्तों में उसकी नियुक्ति के पश्चात् उसके लिए अलाभकारी परिवर्तन नहीं किया जाएगा।

(3) जब राज्य निर्वाचन आयोग ऐसा अनुरोध करें, तब किसी राज्य का राज्यपाल निर्वाचन आयोग को उतने कर्मचारी उपलब्ध कराएगा, जितने खंड (1) द्वारा राज्य निर्वाचन आयोग को उसे सौंपे गए कृत्यों के निर्वहन के लिए आवश्यक हों।

(4) इस संविधान के उपबंधों के अधीन रहते हुए, किसी राज्य का विधानमंडल, विधि द्वारा, पंचायतों के निर्वाचनों से संबंधित या सशक्त सभी विषयों के संबंध में उपबंध कर सकेगा।

संघ राज्य क्षेत्रों पर लागू होना

243 ठ. इस भाग के उपबंध संघ राज्य क्षेत्रों पर लागू होंगे मानो किसी राज्य के राज्यपाल के प्रति निर्देश, अनुच्छेद 239 के अधीन नियुक्त संघ राज्य क्षेत्र के प्रशासक के प्रति निर्देश हों और किसी राज्य के विधानमंडल या विधानसभा के प्रति निर्देश किसी संघ राज्य क्षेत्र के संबंध में, जिसमें विधानसभा है, उस विधानसभा के प्रति निर्देश हो

परंतु राष्ट्रपति, लोक अधिसूचना द्वारा, यह निर्देश दे सकेगा कि इस भाग के उपबंध किसी संघ राज्य क्षेत्र या उसके किसी भाग को ऐसे अपवादों और उपांतरणों के अधीन रहते हुए, लागू होंगे, जो वह अधिसूचना में विनिर्दिष्ट करे।

इस भाग का कतिपय क्षेत्रों पर लागू होना

243 ङ (1) इस भाग की कोई बात अनुच्छेद 244 के खंड (1) में निर्दिष्ट अनुसूचित क्षेत्रों और उसके खंड (2) में निर्दिष्ट जनजाति क्षेत्रों में लागू नहीं होगी।

(2) इस भाग की कोई बात निम्नलिखित को लागू नहीं होगी, अर्थात्-

(क) नागालैंड, मेघालय और मिजोरम राज्य।

(ख) मणिपुर राज्य में ऐसे पर्वतीय क्षेत्र, जिनके लिए तत्समय प्रवृत्त किसी विधि के अधीन जिला परिषदें विद्यमान हैं।

(3) इस भाग की-

(क) कोई बात जिला स्तर पर पंचायतों के संबंध में पश्चिमी बंगाल राज्य के दार्जीलिंग जिले के ऐसे पर्वतीय क्षेत्रों पर लागू नहीं होगी, जिनके लिए तत्समय प्रवृत्त किसी विधि के अधीन दार्जिलिंग गोरखा परिषद् के कृत्यों और शक्तियों पर प्रभाव डालती है;

(4) इस संविधान में किसी बात के होते हुए भी-

(क) खंड (2) के उपखंड (क) में निर्दिष्ट किसी राज्य का विधान मंडल, विधि द्वारा इस भाग का विस्तार खंड (1) में निर्दिष्ट क्षेत्रों के सिवाय, यदि कोई हो, उस राज्य पर उस दशा में कर सकेगा, जब उस राज्य की विधानसभा इस आशय का एक संकल्प उस सदन की कुल सदस्य संख्या के बहुमत द्वारा तथा उस सदन के उपस्थित और मत देने वाले सदस्यों के कम-से-कम दो तिहाई बहुमत द्वारा पारित कर देती है;

(ख) संसद विधि द्वारा इस भाग के उपबंधों का विस्तार खंड (1) में निर्दिष्ट अनुसूचित क्षेत्रों और जनजाति क्षेत्रों पर, ऐसे अपवादों और उपांतरणों के अधीन रहते हुए कर सकेगी, जो ऐसी विधि में विनिर्दिष्ट किए जाएँ और ऐसी किसी विधि को अनुच्छेद 368 के प्रयोजनों के लिए इस संविधान का संशोधन नहीं समझा जाएगा।

विद्यमान विधियाँ और पंचायतों का बना रहना

243 ढ. इस भाग में किसी बात के होते हुए भी, संविधान (तिहत्तरवाँ संशोधन) अधिनियम, 1992 के प्रारंभ के ठीक पूर्व किसी राज्य में प्रवृत्त पंचायत से संबंधित किसी विधि का कोई उपबंध, जो इस भाग के उपबंधों से असंगत है, जब तक सक्षम विधान मंडल द्वारा या अन्य सक्षम प्राधिकारी द्वारा उसे संशोधित या निरसित नहीं कर दिया जाता है या जब तक ऐसे प्रारंभ से एक वर्ष समाप्त नहीं हो जाता है, इनमें से जो भी पहले हो, तब तक प्रवृत्त बना रहेगा।

परंतु ऐसे प्रारंभ के ठीक पूर्व विद्यमान सभी पंचायतें, यदि उस राज्य की विधानसभा द्वारा या ऐसे राज्य की दशा में, जिसमें विधान परिषद् है, उस राज्य के विधानमंडल के प्रत्येक सदन द्वारा पारित इस आशय के संकल्प द्वारा पहले ही विघटित नहीं कर दी जाती हैं, तो अपनी अवधि की समाप्ति तक बनी रहेंगी।

निर्वाचन संबंधी मामलों में न्यायालयों के हस्तक्षेप का वर्णन

243 ण. इस संविधान में किसी बात के होते हुए भी-

(क) अनुच्छेद 243 ट के अधीन बनाई गई या बनाई जाने के लिए तैयार की गई किसी विधि की विधिमान्यता, जो निर्वाचन क्षेत्रों के परिसीमन या ऐसे निर्वाचन-क्षेत्रों को स्थानों के आवंटन से संबंधित है, किसी न्यायालय में प्रश्नगत नहीं की जाएगी;

(ख) किसी पंचायत के लिए कोई निर्वाचन, ऐसी निर्वाचन अर्जी पर ही प्रश्नगत किया जाएगा, जो ऐसे प्राधिकारी को और ऐसी रीति से प्रस्तुत की गई है, जिसका किसी राज्य के विधानमंडल द्वारा बनाई गई किसी विधि द्वारा या उसके अधीन उपबंध किया जाए, अन्यथा नहीं।

अनुच्छेद 280 का संशोधन 3 संविधान के अनुच्छेद 280 के खंड (3) के उपखंड (ख) के पश्चात् निम्नलिखित उपखंड अंतःस्थापित किया जाएगा अर्थात्-

(ख) राज्य के वित्त आयोग द्वारा की गई सिफारिशों के आधार पर राज्य में पंचायतों के संसाधनों की अनुपूर्ति के लिए किसी राज्य की संचित निधि के संवर्धन के लिए आवश्यक प्रावधानों के बारे में........।

(4) संविधान की दसवीं अनुसूची के पश्चात् निम्नलिखित अनुसूची जोड़ी जाएगी अर्थात्

ग्यारहवीं अनुसूची
(अनुच्छेद 243 छ)

1. कृषि, जिसके अंतर्गत कृषि-विस्तार है
2. भूमि विकास, भूमि सुधार का कार्यान्वयन, चकबंदी और भूमि संरक्षण
3. लघु सिंचाई, जल प्रबंध और जल विभाजक क्षेत्र का विकास
4. पशुपालन, डेरी उद्योग और कुक्कट-पालन
5. मत्स्य उद्योग
6. सामाजिक वानिकी और फार्म वानिकी
7. लघु वन उपज
8. लघु उद्योग, जिनके अंतर्गत खाद्य प्रसंस्करण (प्रोसेसिंग) उद्योग भी हैं
9. खादी, ग्रामोद्योग और कुटीर उद्योग
10. ग्रामीण आवासन
11. पेयजल

12. ईंधन और चारा
13. सड़कें, पुलिया, पुल, फेरी, जलमार्ग और अन्य संचार साधन
14. ग्रामीण विद्युतीकरण, जिसके अंतर्गत विद्युत का उपकरण है
15. अपारंपरिक ऊर्जा स्रोत
16. गरीबी उन्मूलन कार्यक्रम
17. शिक्षा, जिसके अंतर्गत प्राथमिक और माध्यमिक विद्यालय भी हैं
18. तकनीकी प्रशिक्षण और व्यावसायिक शिक्षा
19. प्रौढ़ और अनौपचारिक शिक्षा
20. पुस्तकालय
21. सांस्कृतिक क्रियाकलाप
22. बाजार और मेले
23. स्वास्थ्य और स्वच्छता, जिनके अंतर्गत अस्पताल, प्राथमिक स्वास्थ्य केंद्र
24. परिवार कल्याण
25. महिला और बाल विकास
26. समाज कल्याण, जिसके अंतर्गत विकलांगों और मानसिक रूप से मंद व्यक्तियों का कल्याण भी है
27. कमजोर वर्गों का और विशिष्टतया, अनुसूचित जातियों और अनुसूचित जनजातियों का कल्याण
28. सार्वजनिक वितरण प्रणाली
29. सामुदायिक परिसंपत्तियों का अनुरक्षण

अनुबंध-2

पंचायत उपबंध (अनुसूचित क्षेत्रों में विस्तार) अधिनियम, 1996
(1996 का अधिनियम संख्यांक 40)
(24 दिसंबर, 1996)

पंचायतों से संबंधित संविधान के भाग 9 के उपबंधों का अनुसूचित क्षेत्रों में विस्तार करने का उपबंध करने के लिए अधिनियम

भारत के गणराज्य के सैंतालीसवें वर्ष में संसद द्वारा निम्नलिखित रूप में यह अधिनियमित हो-

संक्षिप्त नाम

1. इस अधिनियम का संक्षिप्त नाम पंचायत उपबंध (अनुसूचित क्षेत्रों का विस्तार) अधिनियम, 1996 है।

परिभाषा

2. इस अधिनियम में, जब तक कि संदर्भ से अन्यथा अपेक्षित न हो अनुसूचित क्षेत्रों से ऐसे अनुसूचित क्षेत्र अभिप्रेत हैं, जो संविधान के अनुच्छेद 244 के खंड (1) में निर्दिष्ट हैं।

संविधान के भाग 9 का विस्तार

3. पंचायतों से संबंधित संविधान के भाग 9 के उपबंधों का, ऐसे अपवादों और उपांतरणों के अधीन रहते हुए, जिनका उपबंध धारा 4 में किया गया है, अनुसूचित क्षेत्रों में विस्तार किया जाता है।

संविधान के नाम 9 के अपवाद और उपांतरण

4. संविधान के भाग 9 में किसी बात के होते हुए भी, किसी राज्य का विधानमंडल, उस भाग के अधीन ऐसी कोई विधि नहीं बनाएगा, जो निम्नलिखित लक्षणों में किसी से असंगत हो, अर्थात्-

(क) पंचायतों के बारे में कोई राज्य रुढ़िवादी विधि, सामाजिक और धार्मिक प्रथाओं और समुदायों के संसाधनों की परंपरागत प्रबंध पद्धतियों के अनुरूप होगा;

(ख) ग्राम साधारणतया आवास या आवासों के समूह अथवा पुरबा या पुरबों के समूह से मिलकर बनेगा, जिसमें समुदाय समाविष्ट हो और जो परंपराओं तथा रूढ़ियों के अनुसार अपने कार्यकलापों का प्रबंध करता हो;

(ग) प्रत्येक ग्राम की एक सभा होगी, जो ऐसे व्यक्तियों से मिलकर बनेगी, जिनके नामों को ग्राम स्तर पर पंचायत के लिए निर्वाचक नामावलियों में सम्मिलित किया गया है;

(घ) प्रत्येक ग्राम सभा, लोगों की परंपराओं और रूढ़ियों, उनकी सांस्कृतिक पहचान, समुदाय के संसाधनों और विवाद निपटाने के रूढ़िगत ढंग का संरक्षण और परिरक्षण करने के लिए सक्षम होगी;

(ङ) प्रत्येक ग्राम सभा-

(*i*) सामाजिक और आर्थिक विकास के लिए योजनाओं, कार्यक्रमों और परियोजनाओं को इसके पूर्व कि ग्राम स्तर पर पंचायत द्वारा ऐसी योजनाओं, कार्यक्रमों और परियोजनाओं के क्रियान्वयन के लिए हाथ में लिया जाए, अनुमोदन करेगी;

(*ii*) गरीबी उन्मूलन और अन्य कार्यक्रमों के अधीन हिताधिकारियों के रूप में व्यक्तियों की पहचान या उनके चयन के लिए उत्तरदायी होगी;

(च) ग्राम स्तर पर प्रत्येक पंचायत से यह अपेक्षा की जाएगी कि वह ग्राम सभा के खंड (ड) में निर्दिष्ट योजनाओं, कार्यक्रमों और परियोजनाओं के लिए उस पंचायत द्वारा निधियों के उपयोग का प्रगाणन अभिप्राप्त करें।

(छ) अनुसूचित क्षेत्रों की प्रत्येक पंचायत में स्थानों का आरक्षण, उस पंचायत में उन समुदायों की संख्या के अनुपात में होगा, जिनके लिए संविधान के भाग 9 के अधीन आरक्षण दिया जाना है।

अनुसूचित जातियों तथा अनुसूचित जनजातियों के लिए आरक्षण स्थानों की कुल संख्या के आधे से कम नहीं होगा। परंतु यह और कि पंचायत के अध्यक्षों के स्थान सभी स्तरों पर अनुसूचित जनजातियों के लिए आरक्षित रहेंगे;

(ज) राज्य सरकार ऐसी अनुसूचित जनजातियों के व्यक्तियों को, जिनका

मध्यवर्ती स्तर पर पंचायत या जिला स्तर पर पंचायत में कोई प्रतिनिधित्व नहीं है, नाम निर्देशित कर सकेगी।

(झ) अनुसूचित क्षेत्रों में विकास परियोजनाओं के लिए भूमि का अर्जन करने के पूर्व और अनुसूचित क्षेत्रों में ऐसी परियोजनाओं से प्रभावित व्यक्तियों को फिर से बसाने या उनको पुनर्वासित करने के पूर्व उपयुक्त स्तर पर ग्राम सभा या पंचायतों से परामर्श किया जाएगा;

अनुसूचित क्षेत्रों में परियोजनाओं की वास्तविक योजना और उनका कार्यान्वयन राज्य स्तर पर समन्वित किया जाएगा;

(ण) अनुसूचित क्षेत्रों में लघु जल निकायों की योजना और उनका प्रबंध उपयुक्त स्तर पर पंचायतों को सौंपा जाएगा;

(ट) समुचित स्तर पर ग्राम सभा या पंचायतों की सिफारिशों को अनुसूचित क्षेत्रों में गौण खनिजों के लिए पूर्वेक्षण अनुज्ञप्ति या खनन पट्टा प्रदान करने के पूर्व आज्ञारक बनाया जाएगा;

(ड) अनुसूचित क्षेत्रों में पंचायतों को ऐसी शक्तियाँ और प्राधिकार प्रदान करते समय, जो उन्हें स्वायत्तता शासन की संस्थाओं के रूप में कार्य करने में समर्थ बनाने के लिए आवश्यक हों, राज्य विधानमंडल यह सुनिश्चित करेगा कि पंचायतों और ग्राम सभा को उपयुक्त स्तर पर विनिर्दिष्ट रूप से-

(*i*) मद्यनिषेद प्रवर्तित करने या किसी मादक द्रव्य के विक्रय और उपभोग को विनियमित या निर्बाधित करने की शक्ति प्रदान की जाए;

(*ii*) गौण वन उपज का स्वामित्व प्रदान किया जाए;

(*iii*) अनुसूचित क्षेत्रों में भूमि के अन्य संक्रमण को निवारित करने और किसी अनुसूचित जनजाति की विधिविरुद्धता तथा अन्य संक्रमित भूमि को प्रत्यावलतत करने के लिए उपयुक्त कार्रवाई करने की शक्ति प्रदान की जाए;

(*iv*) ग्राम बाजारों का, चाहे वे किसी भी नाम से ज्ञात हों, प्रबंध करने की शक्ति प्रदान की जाए;

(*v*) अनुसूचित जनजातियों को धन उधार देने पर नियंत्रण करने की शक्ति प्रदान की जाए;

(*vi*) सभी सामाजिक क्षेत्रों में संस्थाओं और कृत्यकारियों पर नियंत्रण रखने की शक्ति प्रदान की जाए;

(*vii*) स्थानीय योजनाओं पर और ऐसी योजनाओं के लिए, जिनके अंतर्गत

जनजातीय उपयोजनाएँ हैं, संसाधनों पर नियंत्रण रखने की शक्ति प्रदान की जाए

(ढ) ऐसे राज्य विधानों में, जो पंचायतों को ऐसी शक्तियाँ और प्राधिकार प्रदान करें, जो उन्हें स्वायत्तता शासन की संस्थाओं के रूप में कार्य करने में समर्थ बनाने के लिए आवश्यक हों, यह सुनिश्चित करने के लिए रक्षोपाय अंतर्विष्ट होंगे कि उच्च स्तर की पंचायतें, निम्न स्तर की किसी पंचायत या ग्राम सभी की शक्तियाँ और प्राधिकार अपने हाथ में न लें;

(ण) राज्य विधानमंडल, अनुसूचित क्षेत्रों में जिला स्तरों पर की पंचायतों के प्रशासनिक व्यवस्थाओं की परिकल्पना करते समय संविधान की छठी अनुसूची के पैटर्न का अनुसरण करने का प्रयास करेगा।

विद्यमान विधियों और पंचायतों का बना रहना

इस अधिनियम द्वारा किए गए अपवादों और उपांतरणों संहित संविधान के भाग 9 में किसी बात के होते हुए भी, उस तारीख के ठीक पूर्व, जिसके इस अधिनियम को राष्ट्रपति की अनुमति प्राप्त होती है, अनुसूचित क्षेत्रों में प्रवृत्त पंचायतों से संबंधित किसी विधि का कोई उपबंध, जो ऐसे अपवादों और उपांतरणों सहित भाग 9 के उपबंधों से असंगत है, जब तक किसी सक्षम विधानमंडल या अन्य सक्षम प्राधिकारी, द्वारा उसे संशोधित या निरस्त नहीं कर दिया जाता या तब जब उस तारीख से, जिसको इस अधिनियम को राष्ट्रपति की अनुमति प्राप्त होती है, एक वर्ष समाप्त नहीं हो जाता है, तब तक प्रवृत्त बना रहेगा;

परंतु ऐसी तारीख से ठीक पूर्व विद्यमान सभी पंचायतें, यदि उस राज्य की विधानसभा द्वारा ऐसे राज्य की दशा में जिसमें विधान परिषद् है, उस राज्य के विधानमंडल के प्रत्येक सदन द्वारा पारित इस आशय के संकल्प द्वारा पहले ही विघटित नहीं कर दी जाती है, तो अपनी अवधि की समाप्ति तक बनी रहेंगी।

अनुबंध-3

भारत में पंचायतों में चयनित महिलाएँ (1996-2010)

	भारत में राज्यवार चुने महिला सदस्य (%)												चुनी गई महिलाओं का प्रतिनिधित्व (%)		
राज्य/कें.प्र.	ग्राम पंचायत				पंचायत समिति				जिला परिषद्						
	1996	2000	2008	2010	1996	2000	2008	2010	1996	2000	2008	2010	2000	2008	2010
आंध्र प्रदेश	33.84	33.84	35.74	33.31	–	37.01	33.08	33.07	33.21	33.21	33.55	33.54	34.02	35.55	33.22
अरुणाचल प्रदेश	1.15	0.00	39.50	43.00	–	0.00	35.20	37.00	0.00	0.00	33.10	35.00	0.00	35.93	42.29
असम	30.00	30.00	39.20	39.20	–	29.07	36.82	36.83	0.00	0.00	34.62	34.62	0.00	38.93	38.93
बिहार	0.00	0.00	46.68	46.83	–	0.00	46.44	46.44	0.00	0.00	48.88	48.88	0.00	46.68	46.81
छत्तीसगढ़	–	–	33.80	55.44	–	–	33.70	54.33	–	–	33.77	56.21	–	33.79	51.97
गोवा	36.53	36.53	34.00	34.00	–	0.00	0.00	0.00	0.00	0.00	40.00	40.00	0.00	34.19	34.19
गुजरात	33.35	33.35	33.33	33.33	–	33.40	33.50	33.50	33.38	33.38	33.46	33.46	33.35	33.34	33.34
हरियाणा	33.10	33.10	36.65	36.92	–	33.37	33.96	33.96	33.33	33.33	35.16	35.16	33.12	36.53	36.78
हिमाचल प्रदेश	32.93	32.93	39.13	39.12	–	33.59	35.56	36.00	33.33	33.33	36.65	36.60	32.99	38.86	40.65
कर्नाटक	43.79	43.79	43.33	43.33	–	40.21	41.45	41.45	36.45	36.45	37.19	37.19	43.57	43.19	43.19
केरल	32.94	37.81	35.32	35.32	–	36.39	34.66	34.66	34.67	34.67	34.69	34.69	37.55	35.24	35.24
मध्य प्रदेश	32.93	32.93	34.56	48.44	–	34.84	34.15	49.40	33.72	33.72	35.56	48.77	32.96	34.55	48.46
महाराष्ट्र	33.00	33.00	33.33	33.33	–	33.31	33.32	33.32	33.31	33.31	33.35	33.35	33.01	33.33	33.33

मणिपुर	37.02	37.02	51.28	51.28	–		0.00	0.00	36.07	36.07	36.07	36.07	0.00	50.75	5075
ओड़िशा	35.27	35.27	35.83	35.83	–	35.55	35.14	35.14	34.43	34.43	34.66	34.66	35.28	35.78	35.78
पंजाब	35.35	30.25	35.03	34 9	–	13.36	32.78	33.11	32.48	32.48	32.65	33.95	29.75	34.96	34.84
राजस्थान	32.48	32.48	35.30	49.00	–	33.10	38.31	52.00	33.20	33.20	37.40	58.00	32.51	35.45	49.22
सिक्किम	9.85	1.48	38.90	38.90	–		0.00	0.00	30.43		32.00	32.00	0.00	38.21	38.21
तमिलनाडु	33.67	33.45	33.69	33.69	–	35.31	35.45	35.45	34.72	34.72	34.60	34.60	33.58	33.79	33.79
त्रिपुरा	33.33	33.33	34.60	36.05	–	34.18	35.45	35.78	34.15	34.29	34.15	34.14	33.37	34.64	36.01
उत्तर प्रदेश	25.55	25.55	38.85	38.40	–	24.07	37.57	38.23	25.4	24.4	41.59	40.22	25.43	38.75	38.39
उत्तराखंड	–	–	37.64	50.37	–	–	34.23	??	–	–	35.00	51.75	–	37.43	50.45
प. बंगाल	35.57	35.41	36.63	43.00	–	33.65	34.49	42.00	34.02	34.19	34.44	46.80	35.17	36.29	42.99
केंद्र शासित प्रदेश															
अंडमान और निकोबार द्वीप	37.72	34.33	34.43	34 43	–	0.00	37.31	37.31	33.33	33.33	33.33	33.33	0.00	34.62	34.62
चंडीगढ़	20.18	20.18	32.69	32.69	–	33.33	40.00	40.00	30.00	30.00	16.67	16.67	21.60	21.80	21.80
दादर और नगर हवेली	34.07	34.07	39.47	39.47	–	0.00	0.00	0.00	25.00	25.00	36.36	36.36	0.00	39.20	39.20
दमन और दीव	55.56	39.68	38.96	38.96	–	0.00	0.00	0.00	33.33	33.00	35.00	35.00	0.00	38.14	38.14
पुडुचेरी	0.00	0.00	36.14	36.14	–	0.00	37.04	37.04	0.00	0.00	0.00	0.00	0.00	36.24	36.24
लक्षद्वीप	37.97	–	37.65	37.65	–	–	–	–	36.36	–	36.00	36.00	–	37.27	37.27
समग्र भारत	31.37	31.37	36.36	38.40	NA	20.71	36.37	37.19	31.84	31.80	36.64	35.80	31.14	36.36	39.11

स्रोत : लोकसभा में प्रश्न संख्या 518 जिसका 11.5.2012 को उत्तर दिया गया।

संदर्भ

अरुण श्रीवास्तव, *भारत में पंचायती राज,* रावज पब्लिशर्स, जयपुर, 1994।

ए.डी. मालवीय, *विलेज पंचायत इन इंडिया,* अखिल भारतीय कांग्रेस कमेटी, 1956।

के. सुबा, *कर्नाटक पंचायत इलेक्शन,* 1996, *परौसेस इशु एंड मेम्बरशीप पेराफाइड,* इंस्टीट्यूट ऑफ सोशल साइंसेज, नई दिल्ली, 1995।

बल्लभ शरण, *नई पंचायती व्यवस्था-सवैधानिक संशोधन और राज्य,* इंस्टीट्यूट ऑफ सोशल साइंसेज, नई दिल्ली, 1994।

विद्युत मोहंती व अन्य, *महिलाएँ और राजनीतिक सशक्तीकरण,* इंस्टीट्यूट ऑफ सोशल साइंसेज, नई दिल्ली, 1997।

जॉर्ज मैथ्यू व रमेश चंद्र नायक, *पंचायतें: व्यवहार में क्या लाभ है* इनसे शोषित वर्गों को? इंस्टीट्यूट ऑफ सोशल साइंसेज, नई दिल्ली, 1996।

महीपाल व अन्य, *राज्यों में पंचायत अधिनियम : एक आलोचनात्मक समीक्षा,* वालंटरी एक्शन नेटवर्क इंडिया, नई दिल्ली, 1995।

महीपाल, *हरियाणा पंचायती राज अधिनियम की आलोचनात्मक समीक्षा,* 1995, बंधुआ मुक्ति मोर्चा, नई दिल्ली।

सुशीला कौशिक *वीमन पंच इन पोजिशन, द स्टेडी ऑफ पंचायती राज इन हरियाणा,* सेंटर फार डवलपमेंट स्टेडीज एंड एक्शन, नई दिल्ली, 1997।

विजय रंजन दत्त, *पंचायती राज : संकल्पना और वर्तमान स्वरूप,* सर्वसेवा संघ प्रकाशन राजघाट वाराणसी, पृष्ठ संख्या 140, 1997।

यतींद्र सिसोदिया, *पंचायती राज एवं अनुसूचित जाति महिला नेतृत्व,* रावत पब्लिशर्स, जयपुर, पृष्ठ संख्या 138, 2000।

महीपाल, *ग्राम नियोजन,* राष्ट्रीय पुस्तक न्यास, भारत, 2012।

लेख

अनिश गुप्ता, *पूअर प्लानिंग,* संडे, 29 जुलाई-3 अगस्त, 1996।

गोपा जोशी, *नारी असमानता : व्यवस्था या संस्कृति की उपज?* समाज कल्याण, अगस्त-सितंबर, 1997।

चंदनदत्ता, *पंचायती राज संस्थाओं को मजबूत बनाने में स्वयंसेवी संस्थाओं की भूमिका,* कुरुक्षेत्र-अप्रैल, 1998।

चंद्रिका परमार, *फैक्ट फाइल,* 1952-1997 सेमीनार-सितंबर, 1997।

जयतिलक गुहा राय, *डेमोक्रेटेलाइजेशन, डेवलपमेंट एंड द रोल ऑफ वीमन, पश्चिम बंगाल एक्सपीयर्स,* आई.आई.पी.ए. नई दिल्ली, 1996।

जसवीर सिंह, *कृषि में महिलाओं के योगदान को मान्यता नहीं,* समाज कल्याण, अगस्त-सितंबर, 1977।

जॉर्ज मैथ्यू, *पंचायतों के लिए स्वयंसेवी तकनीकी दल,* पंचायती राज अपडेट, मई, 1997।

नीरा चौधरी, *पंचायती संस्थाओं और स्वयंसेवी संगठनों में सहयोग,* पंचायती राज अपडेट, अगस्त, 1996।

महीपाल, *प्लानिंग फॉर वीमनर्स प्रोग्रेस अंडर पंचायती राज,* योजना–फरवरी, 1994।

महीपाल, *इमपावरिंग वहमन थर्रो पंचायती राज इंस्टीट्यूशंस,* कुरुक्षेत्र–जून, 1994।

महीपाल, *आखिर किसको सशक्त बनाएगा पंचायती राज,* राष्ट्रीय सहारा, (हस्तक्षेप)-8 मई, 1994।

महीपाल, *नई पंचायती राज : तब और अब,* कुरुक्षेत्र–अप्रैल, 1995।

महीपाल, *पंचायत में स्त्री : हरियाणा के अनुभव,* नवभारत टाइम्स, 30 अगस्त, 1995, नई दिल्ली।

महीपाल, *पंचायती राज संस्थाओं की वित्त समस्या एवं समाधान,* कुरुक्षेत्र–अप्रैल, 1995।

महीपाल, *उत्तर प्रदेश का पंचायती अनुभव,* नवभारत टाइम्स, 8 मार्च, 1996, नई दिल्ली।

महीपाल, *पंचायत में महिलाएँ : अगला कदम, समाज कल्याण,* अगस्त-सितंबर, 1997।

महीपाल, *वीमन इन पंचायत : एक्सपीर्यंस ऑफ ए ट्रेनिंग कैंप,* इकॉनोमिक एंड पोलिटिकल वीकली, 24-30 जनवरी, 1998।

महीपाल, *पंचायत और उनका कैडर,* कुरुक्षेत्र–अप्रैल, 1998।

महीपाल, *पंचायत में दलितों की भागेदारी,* हिंदुस्तान, पटना, 27 दिसंबर, 1999।

महीपाल, *पाँचवीं अनुसूची में गुमसुम : एक मूल्यांकन, पंचायती राज अपडेट,* जनवरी, 2000।

महीपाल, *पंचायतों से टकराते 53 कानून,* हिंदुस्तान, 23 सितंबर, 2000।

मंजू पंवार, *महिला और पंचायत : पाँच वर्ष का आकलन,* कुरुक्षेत्र, अप्रैल, 1998।

मीरा शिवा, *महिलाओं के स्वास्थ्य की चिंताजनक स्थिति,* समाज कल्याण, अगस्त-सितंबर, 1997।

रोमा सेन, *इज पंचायती राज दा आंसर?* वालेंटरी एक्शन, मार्च-अप्रैल, 1996।

रिपोर्ट व अन्य संबंधित दस्तावेज

रिपोर्ट ऑफ दि टीम फार दि स्टडी ऑफ कम्युनिटी प्रोजेक्टस एंड नेशनल, अध्यक्षः बलवंत राज जी, मेहता, 1957।

रिपोर्ट ऑफ द कमेटी ऑन द स्टेस ऑफ वीमन इन इंडिया, गवर्नमेंट ऑफ सोशल वेलफेयर, नई दिल्ली, 1974।

पंचायती राज समिति की रिपोर्ट (अध्यक्ष : अशोक मेहता), ग्रामीण विकास विभाग, भारत सरकार, 1978।

रिपोर्ट ऑफ दि एल.एम. सिंघवी रिपोर्ट ऑफ पंचायती राज, ग्रामीण विकास विभाग, भारत सरकार, 1986।

नेशनल परसपैरीव प्लान फॉर वीमन 1988-2000 ए.डी., *द पार्स्टमेंट वीमन एंड चाइल्ड डेवलपमेंट,* गवर्नमेंट ऑफ इंडिया, 1988।

कानफरंस ऑफ मिनिस्टर/सेकेट्री, इंचार्ज ऑफ पंचायत परोसीडिंड एंड पेपर्स, मिनिस्ट्री ऑफ रूरल डवलपमेंट, गवर्नमेंट ऑफ इंडिया, 3 जुलाई, 1993।

मुद्दे बीजिंग की ओर राजनयिक मसविदा, समन्वय इकाई, चतुर्थ महिला विश्व सम्मेलन, बीजिंग, नई दिल्ली, 1995।

पारटीसीपेशन ऑफ वूमन इन पंचायती राज ए स्टेट्स रिपोर्ट, इंस्टीट्यूट ऑफ सोशल साइंसेज, नई दिल्ली, 1995।

राज्यों/संघ शासित क्षेत्रों में पंचायत मंत्रियों और सचिवों का सम्मेलन, एजेंडा पेपर, 11 सितंबर 1995, भारत सरकार, ग्रामीण और रोजगार मंत्रालय, नई दिल्ली।

भारत में महिलाएँ और पुरुष, केंद्रीय सांख्यिकीय विभाग, योजना और कार्यक्रम कार्यान्वयन मंत्रालय, भारत सरकार, 1995।

पंचायती राज डेवलपमेंट रिपोर्ट-1995।

इंस्टीट्यूट ऑफ सोशल साइंसेज, 1996।

ऑफ वीमन, पोलिटिक्स एंड पंचायत (वर्क्स इन प्रोग्रेस) सेंटर फॉर वीमन एंड एजुकेशन, सितंबर, 1996।

महिलाओं की शक्ति संपन्नता के लिए राष्ट्रीय नीति, (अंतिम प्रारूप), भारत सरकार, मानव संसाधन विकास मंत्रालय, महिला एवं बाल विकास विभाग, नई दिल्ली, 1996।

निर्मला बुच (1996) : *पंचायत ऑफ्टर दा 73 अमेंडमेंट,* (ए स्टेडी ऑफ द पंचायती राज इंस्टीट्यूशन इन मध्य प्रदेश), महिला चेतना मंच, भोपाल, वैकल्पिक आर्थिक सर्वे दिसंबर 1996-97 विकास : सोसायटी फॉर पीपल्स डेवलपमेंट, नई दिल्ली।

नौवीं पंचवर्षीय योजना 1997-2002 का दृष्टिकोण, 16 जनवरी, 1997, भारत सरकार, योजना आयोग।

डेमोक्रेटिंग डीसेंट्रेलाइजेशन कॉन्फ्रेंस ऑफ चीफ मिनिस्टर्स, मिनिस्ट्री ऑफ रूरल एरिया एवं इंपावरमेंट, गर्वनमेंट ऑफ इंडिया, नई दिल्ली, 2 अगस्त, 1997।

वार्षिक रिपोर्ट ग्रामीण विकास मंत्रालय, 2014-15।

महीपाल, *पंचायती राज : फाइईयर्स ऑफ एक्सपीरर्यंस, प्रिया,* नई दिल्ली, फरवरी 1998।

पंचायती राज अपडेट के विभिन्न अंक।

रैक्मो प्रेस प्राईवेट लिमिटेड, गेटर नोएडा द्वारा मुद्रित